主　　编　孙晓勇　国家法官学院院长
　　　　　　　　　最高人民法院司法案例研究院院长
副 主 编　彭永和　最高人民法院司法案例研究院副院长
　　　　　刘　畅　最高人民法院司法案例研究院规划部主任
　　　　　黄　斌　国家法官学院科研部负责人
主编助理　边疆戈　国家法官学院科研部编辑
　　　　　赵文轩　最高人民法院司法案例研究院规划部编辑
　　　　　刘丽媛　最高人民法院司法案例研究院规划部编辑

《中国法院年度案例》编辑人员（按姓氏笔画）
刘　畅　朱建伟　朱　琳　李晓果　杨小利
罗胜华　胡　岩　赵文轩　唐世银　袁登明
曹海荣　梁　欣　程　瑛

本书编审人员　刘　畅

中国法院

2021年度案例

国　家　法　官　学　院
最高人民法院司法案例研究院◎编

人格权纠纷

（含生命、健康、身体、名誉、姓名、肖像、一般人格权纠纷）

中国法制出版社
CHINA LEGAL PUBLISHING HOUSE

《中国法院年度案例》通讯编辑名单

序

党的十八大以来，以习近平同志为核心的党中央高度重视法治在推进国家治理体系和治理能力现代化中的重要作用，中央全面依法治国工作会议更是明确习近平法治思想在全面依法治国中的指导地位，为全面依法治国提供了根本遵循和行动指南。近年来，人民法院始终将加强司法案例研究作为推进全面依法治国的重要途径，通过发布具有普遍指导意义的典型案例，统一法律适用、提高审判质量，不断推进人民法院严格公正司法。《中国法院年度案例》丛书，旨在完善中国特色案例指导制度，总结提炼典型案例的裁判规则和裁判方法，发挥司法规范、指导、评价、引领的重要作用，大力弘扬社会主义核心价值观，增强全民法治意识和法治素养，展现新时代我国法治建设新成就。

《中国法院年度案例》丛书自2012年编辑出版以来，已连续出版9套，受到读者广泛好评。近年来，为更加全面地反映我国司法审判执行工作的发展进程，顺应审判执行实践需要，响应读者需求，丛书2014年度新增金融纠纷、行政纠纷、刑事案例3个分册，2015年度将刑事案例调整为刑法总则案例、刑法分则案例2个分册，2016年度新增知识产权纠纷分册，2017年度新增执行案例分册，2018年度将刑事案例扩充为4个分册。自2020年起，丛书由国家法官学院与最高人民法院司法案例研究院共同编辑，每年年初定期出版。在全国各级人民法院的大力支持下，丛书编委会现编辑出版《中国法院2021年度案例》系列丛书，共23册。

《中国法院年度案例》丛书以开放务实的态度、简洁明快的风格，在编辑中坚持以下方法，努力把案例书籍变得“好读有用”：一是高度提炼案例内容，控制案例篇幅，每个案例基本在3000字以内；二是突出争议焦点，剔除无效信息，尽可能在有限的篇幅内为读者提供有效、有益的信息；三是注重对裁判文书的再加工，大多数案例由案件的主审法官撰写“法官后语”，高度提炼、总结案例的指导价值，力求引发读者思考，为司法工作提供借鉴，为法学研究提供启迪。

《中国法院年度案例》丛书编辑工作坚持以下原则：一是广泛选编案例。国家法官学院和最高人民法院司法案例研究院每年通过各高级人民法院从全国各地法院汇集上一年度审结的典型案例近万件，使该丛书有广泛的精选基础，优中选优，可提供给读者新近发生的全国各地多种类型的典型性案例。二是方便读者检索。为体现以读者为本，丛书分卷细化，每卷下还将案例主要根据案由分类编排，每个案例用一句话概括裁判规则、裁判思路或焦点问题作为主标题，让读者一目了然，迅速找到目标案例。

中国法制出版社始终全力支持《中国法院年度案例》丛书的出版，给了作者和编辑们巨大的鼓励。2021年，丛书将继续提供数据库增值服务。购买本书，扫描前勒口二维码，即可在本年度免费查阅往年同类案例数据库。我们在此谨表谢忱，并希望通过共同努力，逐步完善，做得更好，真正探索出一条编辑案例书籍、挖掘案例价值的新路，更好地服务社会主义法治国家建设、服务法治社会建设、服务学习研究法律的读者。

《中国法院年度案例》丛书既是法官、检察官、律师等法律工作者的办案参考和司法人员培训的实用教材，也是社会大众学法用法的经典案例读本，同时是教学科研机构案例研究的良好系列素材。当然，案例作者和编辑在编写过程中也难以一步到位实现最初的编写愿望，客观上会存在各种不足甚至错误，欢迎读者批评指正。我们愿听取各方建议，不断扩宽深化司法案例研究领域，实现中国特色案例研究事业的新发展。

国家法官学院

最高人民法院司法案例研究院

2021年2月22日

目　录

Contents

一、生命权、健康权、身体权纠纷

（一）未成年人损害赔偿纠纷

（二）未尽安全保障义务的损害赔偿纠纷

（三）过错的认定

（四）因果关系的认定

（五）其他

二、名誉权纠纷

（一）新闻报道相关纠纷

（二）网络通信工具侵权相关纠纷

三、姓名权、肖像权纠纷

四、一般人格权纠纷

（一）隐私权纠纷

（二）其他

一、生命权、健康权、身体权纠纷

（一）未成年人损害赔偿纠纷

1

未成年人校园伤害案件中学校责任比例的确定

——石某诉育英学校等生命权、健康权、身体权案

【案件基本信息】

1. 裁判书字号

北京市海淀区人民法院（2019）京0108民初35701号民事判决书

2. 案由：生命权、健康权、身体权纠纷

3. 当事人

原告：石某

被告：育英学校、董某、董某1、王某、景某、景某1、王某1、赵某、赵某1、陈某

【基本案情】

董某系董某1与王某之子，景某系景某1与王某1之女，赵某系赵某1与陈某之子。石某、董某、景某、赵某系育英学校同班同学。

2018年6月8日12时40分左右，石某、董某、景某、赵某与班级同学到育英学校操场的“筑梦苑”活动区活动，女同学站在滑梯平台上面不让男同学上，男同

学往上冲想占领平台，男同学与女同学相互推搡，景某冲上平台后与赵某相互推搡，其间景某碰到董某，董某推倒正从斜坡往上爬的石某，致其受伤。后同学们跑到操场东南侧找班主任谢老师，谢老师带石某做了简单处理并上报学校，电话通知了石某家长，年级组长张老师和家长带石某去北京大学口腔医院就诊。石某、董某、景某、赵某称事发时老师在教学楼前的主席台附近。

当日，石某经诊断为1+1牙齿挫入（冠折露髓）、+2牙齿部分脱出、2+牙半脱位、21+12牙震荡等。2018年6月10日至2019年10月24日，石某多次到北京大学口腔医院复查。石某个人支付医疗费4174.75元。

事发当日景某方支付石某1500元。

【案件焦点】

1. 学校提供的游戏设施是否存在安全隐患；2. 学校是否尽到教育、管理职责。

【法院裁判要旨】

北京市海淀区人民法院经审理认为，董某、景某、赵某、石某与班级同学在课间活动时，为争夺滑梯平台共同参与存在安全风险的游戏，董某在推搡过程中受到景某的碰撞将石某推倒致其受伤，是导致石某牙齿受伤的直接原因，应当承担侵权责任；景某、赵某相互推搡，以致景某碰撞董某，进而引发董某推倒石某受伤，二人的推搡行为与石某受伤之间存在因果关系，故应承担相应的责任；同时，石某在滑梯平台上有同学相互推搡的情况下，仍从斜坡往平台上爬，该行为本身存在发生事故的危险，自身亦存在一定过错，应自担部分损失。董某、景某、赵某系限制民事行为能力人，董某1、王某作为董某的监护人，景某1、王某1作为景某的监护人，赵某1、陈某作为赵某的监护人，亦应承担侵权责任。事故发生时石某、董某、景某、赵某均已年满八周岁，属限制民事行为能力人。限制民事行为能力人在学校或者其他教育机构学习、生活期间受到人身损害，学校或者其他教育机构未尽到教育、管理职责的，应当承担责任。育英学校对在校学习的未成年学生负有教育、管理职责，该校组织学生课间开展户外活动应进行安全教育，保障学生安全。事发地点“筑梦苑”为圆形坡状活动设施，斜坡上方平台范围有限，多名学生在此追逐跑动时容易引发安全事故，存在一定安全隐患；而且，该设施针对低年级学生开放，故学校在此区域开展课间活动应承担更高的安全注意义务。育英学校虽辩称老师在操场巡查以监管学生安全，但学校提供的时长近两分钟的监控录像显示在“筑梦苑”活动的学生间有明显的推搡行为，且有学生被他人拽倒趴下，出现了极易发生意外伤害的可能，但既没有老师进行制止，也没有老师在附近巡查；而且从石某受伤后，同学们奔跑找老师的速度和方向来看，在操场巡查的老师和班主任与学生有一定距离，与学校关于“学生离不开老师的视线”的要求不符，故育英学校未对学生在操场上的活动情况及时予以关注，未积极履行职责、尽到注意义务，故育英学校对于石某受伤事故的发生，应承担相应的责任。判决如下：

一、自本判决生效之日起七日内，育英学校赔偿石某医疗费、护理费、交通费、营养费、精神损害抚慰金共计4449元；

二、自本判决生效之日起七日内，董某、王某、董某1赔偿石某医疗费、护理费、交通费、营养费、精神损害抚慰金共计2225元；

三、自本判决生效之日起七日内，景某、景某1、王某1赔偿石某医疗费、护理费、交通费、营养费、精神损害抚慰金共计1669元（已支付1500元，实际执行169元）；

四、自本判决生效之日起七日内，赵某、赵某1、陈某赔偿石某医疗费、护理费、交通费、营养费、精神损害抚慰金共计1669元；

五、驳回石某的其他诉讼请求。

【法官后语】

根据《中华人民共和国民法典》第一千一百九十九条、第一千二百条、第一千二百零一条规定，未成年人在学校内受到伤害，学校未尽到教育、管理职责的，应承担责任。对于无民事行为能力人在幼儿园、学校或者其他教育机构学习、生活期间受到人身损害的，适用过错推定原则；对于限制民事行为能力人在学校或者其他教育机构学习、生活期间受到人身损害的，适用过错责任原则。在未成年人校园人身伤害类案件中，学校大多作为当事人参与诉讼，如何确定学校的过错程度及相应的责任比例是审理难点。在判断学校是否尽到教育、管理职责时，可以从以下几方面着重考虑。

第一，考察学校注意义务的程度。未成年人在学校学习、生活期间，学校在履行教育、管理职责方面应当尽到必要的注意义务，这种注意义务并非固定不变的，应当根据事发地点、时间、学生年龄等因素对学校课以不同程度的注意义务。本案中，事发地点本身存在一定安全隐患，且针对低年级学生开放，八九岁的儿童喜欢打闹、安全意识差，学校在此区域开展课间活动时应当具有更高的注意义务。反之，如果高年级学生在午间自由活动，学校的注意义务应当较小。

第二，学校是否尽到了相当的注意义务。学校应对学生人身健康安全尽到合理、谨慎的注意义务，换言之，学校应根据注意义务程度的不同履行相应的教育、管理职责。实践中，可从学校是否进行安全教育、是否采取充分的安全防护措施、事故发生时老师是否在场并进行了有效管理、学校救助是否及时等方面认真查明事实，从而判断学校是否尽到了相当的注意义务。本案证据显示，在“筑梦苑”活动的学生间有明显推搡行为，出现极易发生意外伤害的可能时，老师未制止且无老师在附近巡查；在操场巡查的老师和班主任距离学生有一定的距离，故学校并未对在操场活动的学生进行有效的管理，未积极履行职责、尽到相当的注意义务。

第三，在确定学校的责任比例时应充分考虑学校违反注意义务的程度。注意义务的程度是指学校所尽注意义务与应尽注意义务之间的差距，差距越大，学校承担的责任比例越大。在有直接侵权人的案件中，若学校存在明显的教育、管理失职情形，则所承担的责任比例不应低于30%。同时，也需注意学校怠于履行的具体义务与伤害结果的关联程度，关联性越强，则学校应承担的责任越大。本案中，在“筑梦苑”这一可能出现较大危险的场地，学校老师本应投入更多的注意义务，却未在附近巡查、及时制止学生的危险行为，与石某伤害结果之间存在密切关联，属于明显失职情形，故最终认定学校承担40%的责任。

编写人：北京市海淀区人民法院　曹晓颖　计莉卉

2

未成年人高空抛物致人死亡的责任承担

——赵某忠等诉王某一等生命权案

【案件基本信息】

1. 裁判书字号

贵州省贵阳市南明区人民法院（2019）黔0102民初13092号民事判决书

2. 案由：生命权纠纷

3. 当事人

原告：赵某忠、赵甲、赵乙、袁某强、何某萍

被告：王某一、方某、王进某、中铁建物业贵阳分公司、中铁建物业公司

【基本案情】

赵某忠、赵甲、赵乙、袁某强、何某萍分别系死者袁某会之夫、长子、次子、父、母。王进某、方某系王某一之父母。2019年7月2日16时10分许，王某一放学后欲回到贵阳市南明区国际城G组团某栋A单元×层×号其舅舅方某贵家中，因家中无人，进门未果。其由八楼步梯行至七楼，从楼道墙上消防柜中取出灭火器（手提式干粉灭火器），提着灭火器将七楼右手边步梯间防火门推开，看到楼道间窗户打开，遂将灭火器竖立放在窗台靠外面，于16时45分50秒将灭火器推下楼，该灭火器掉落于该A单元侧门地上，砸中袁某会在地上晾晒的洋芋片，弹入附近草坪中。袁某会于16时48分50秒出现在其房屋旁即楼栋侧门通道处，翻晒其晾晒在地上及草坪上的洋芋片，其间，赵乙及另一孩童亦在该处玩耍洋芋片。16时53分20秒，王某一将另一个灭火器从同一位置推出，砸中正在通道附近晾晒洋芋片的袁某会的头部。袁某会当场倒地晕迷，头部出血，两孩童亦受到惊吓。16时53分50秒保洁员来到现场，16时55分许王某一出现在案发现场，停留约3分50秒。其间，中铁建物业公司工作人员陆续到达现场，并拨打急救电话。17时24分许120急救车抵达现场，将袁某会送至贵阳市第四人民医院，后经抢救无效死亡。经

鉴定，袁某会系被钝器打击头部致重型颅脑损伤死亡。

方某、王进某原系夫妻关系，于2017年5月31日协议离婚，其《离婚协议》约定，“王某一归女方抚养，男方每月20日前支付贰仟元整，生活费、教育费、医疗费等相关费用由男方承担。高中教育阶段后的费用男女双方日后协商，伍佰元以上的大额医疗费用男女双方共同承担”。另，王某一诉王进某抚养费纠纷一案，法院于2017年10月10日作出（2017）黔0102民初8941号民事调解书，当事人自愿达成如下协议：“一、王进某从2017年10月开始每月20日之前支付抚养费1500元至婚生子王某一年满十八周岁为止。医疗费超过3000元以上的双方各负担一半，大额教育费（兴趣班费用）双方协商后各负担一半。二、王进某于2017年10月30日前一次性支付所欠抚养费6000元及2017年的保险费用3000元给王某一。”

2019年7月4日，赵某忠（甲方）与王进某（乙方）、方某（丙方）、中铁建物业贵阳分公司（丁方）就袁某会死亡一事签订协议并已履行，王进某、方某、中铁建物业贵阳分公司分别向赵某忠先期垫付10万元、10万元和5万元。

事发时，案涉消防柜柜门关闭，有封条（非火警请勿使用）贴于柜门缝隙，柜门上另贴有巡检记录。案发前国际城G组团某栋七楼右侧楼梯间窗户窗门往内拉开，无防护网。案发后，中铁建物业贵阳分公司在国际城小区所有楼道窗户下均张贴“禁止抛物、禁止攀爬”的警示。

【案件焦点】

1. 王某一致袁某会死亡应由谁承担侵权责任；2. 中铁建物业贵阳分公司、中铁建物业公司是否应承担本案的民事赔偿责任。

【法院裁判要旨】

贵州省贵阳市南明区人民法院经审理认为：（1）关于王某一的侵权行为造成的他人损害，应由谁承担责任的问题。王某一高空抛物致袁某会死亡，案发时系限制民事行为能力人，没有经济收入，根据《中华人民共和国侵权责任法》[1] 第三十二

---

[1] 《中华人民共和国民法典》于2021年1月1日起实施，《中华人民共和国婚姻法》《中华人民共和国继承法》《中华人民共和国民法通则》《中华人民共和国收养法》《中华人民共和国担保法》《中华人民共和国合同法》《中华人民共和国物权法》《中华人民共和国侵权责任法》《中华人民共和国民法总则》同时废止。最高人民法院对相关司法解释也进行了废止或修改。本书收录的案例均裁判于《中华人民共和国民法典》生效前，适用的是当时有效的法律法规及司法解释，下文将不再对此进行提示。

条“无民事行为能力人、限制民事行为能力人造成他人损害的，由监护人承担侵权责任”之规定，应由其监护人承担侵权责任。虽然王进某与方某已经离婚，王某一由其母方某抚养，但王进某仍为王某一的法定监护人，应与方某共同承担监护和抚养王某一的义务。故王进某、方某应共同承担本案的赔偿责任。（2）中铁建物业贵阳分公司、中铁建物业公司是否应承担本案的民事赔偿责任。中铁建物业贵阳分公司对本小区及房屋负有维修、养护、管理和维护的义务。袁某会的死亡虽系因王某一高空抛物所致，但物业公司对占用通道晾晒洋芋片的行为不加制止，对人流高峰时段有重物落下未及时发现，可以认定对于本案的发生，其存在管理上的疏漏。根据《中华人民共和国侵权责任法》第三十七条“宾馆、商场、银行、车站、娱乐场所等公共场所的管理人或者群众性活动的组织者，未尽到安全保障义务，造成他人损害的，应当承担侵权责任。因第三人的行为造成他人损害的，由第三人承担侵权责任；管理人或者组织者未尽到安全保障义务的，承担相应的补充责任”之规定，中铁建物业贵阳分公司对袁某会的死亡应承担补充责任，综合本案的事实，本院认定由中铁建物业贵阳分公司承担本案损害后果的5%的补充责任。同时，根据《中华人民共和国民法总则》第七十四条第二款“分支机构以自己的名义从事民事活动，产生的民事责任由法人承担；也可以先以该分支机构管理的财产承担，不足以承担的，由法人承担”之规定，中铁建物业贵阳分公司的财产不足以承担部分由中铁建物业公司承担。

方某、王进某应赔偿赵某忠、赵甲、赵乙、袁某强、何某萍的各项经济损失共计984520.5元。因方某、王进某已经支付赔偿款共计200000元，故尚应支付784520.5元。中铁建物业贵阳分公司在49226元（984520.5元×5%）损失范围内承担补充赔偿责任，中铁建物业贵阳分公司的财产不足以承担部分由中铁建物业公司承担。中铁建物业贵阳分公司已垫付的50000元可用于折抵。

贵州省贵阳市南明区人民法院依照《中华人民共和国民法总则》第七十四条，《中华人民共和国侵权责任法》第二条、第三条、第六条、第三十二条、第三十七条，《最高人民法院关于审理人身损害赔偿案件适用法律若干问题的解释》第十七条第三款、第十八条、第二十七条、第二十八条、第二十九条，《最高人民法院关于确定民事侵权精神损害赔偿责任若干问题的解释》第一条、第十条规定，作出如下判决：

一、方某、王进某于本判决生效后五日内赔偿赵某忠、赵甲、赵乙、袁某强、何某萍各项经济损失共计784520.5元；

二、中铁建物业贵阳分公司在49226元损失范围内承担补充赔偿责任，中铁建物业贵阳分公司的财产不足以承担部分由中铁建物业公司承担；

三、驳回赵某忠、赵甲、赵乙、袁某强、何某萍的其余诉讼请求。

【法官后语】

高空抛物、坠物事件的发生，严重威胁着群众的生命、财产安全。对于此类案件的法律适用，《中华人民共和国侵权责任法》（以下简称《侵权责任法》）第八十五条和第八十七条规定衔接适用，保证了受害人能够得到救济。但有观点认为，第八十七条的规定打击面过广、有违归责原则基本原理，也不利于有效打击和预防高空抛物行为。2019年10月21日，最高人民法院印发《关于依法妥善审理高空抛物、坠物案件的意见》（以下简称《高空抛物意见》），第十一条规定“区分坠落物、抛掷物的不同法律适用规则”，第十二条规定“依法确定物业服务企业的责任”，对物业服务企业的责任范围作了明确规定。《中华人民共和国民法典》（以下简称《民法典》）第一千二百五十四条进一步明确了从建筑物中抛掷物品或者从建筑物上坠落的物品造成他人损害的责任承担。其中第一款明确规定“禁止从建筑物中抛掷物品”，明确了从建筑物中抛掷物品或者从建筑物上坠落的物品造成他人损害的非法性，对于损害的救济，由侵权人依法承担侵权责任为一般原则，在难以确定具体侵权人的例外情形下，由可能加害的建筑物使用人给予补偿。第二款明确规定了物业服务企业等建筑物管理人的安全保障责任，即物业服务企业等建筑物的管理者应当采取必要的安全保障措施防止高空抛物、坠物等情形的发生。《最高人民法院关于适用〈中华人民共和国民法典〉时间效力的若干规定》第十九条“民法典施行前，从建筑物中抛掷物品或者从建筑物上坠落的物品造成他人损害引起的民事纠纷案件，适用民法典第一千二百五十四条的规定”之规定，又赋予了《民法典》第一千二百五十四条“高空抛物条款”的溯及适用力。

本案系未成年人高空抛物致人死亡的社会热点案件，判决是在《民法典》尚未出台，物业服务企业的安全保障义务尚未有明确的法律依据以及无判决先例的情况下作出，但本案判决结果基本上符合《民法典》“高空抛物条款”的要义。在案件审理过程中，关于限制民事行为能力人离婚父母及物业服务企业的责任问题争议较大。

关于监护人如何承担责任问题。限制民事行为能力人的侵权行为造成他人损害的，应由其监护人承担侵权责任。本案中，王某一的父母即被告方某、王进某已经离婚，王某一由方某抚养，是否应对方某、王进某的责任比例进行划分存在争议。判决认为，《侵权责任法》第三十二条（《民法典》第一千一百八十八条）系规定无民事行为能力人、限制民事行为能力人造成他人损害时，由监护人作为对外承担民事责任的主体，而被告方某、王进某虽已经离婚，王某一由方某抚养，但并未改变王进某作为王某一的法定监护人的身份，王进某作为王某一的法定监护人仍应与方某共同承担监护和抚养王某一的义务，故被告王进某、方某应共同承担本案的赔偿责任。关于二人的内部责任比例问题，可待本案生效后，二人另行协商或诉讼处理。

关于物业服务企业是否应承担责任问题。本案中，经过释明，原告选择侵权纠纷向物业服务企业提起诉讼，关于物业服务企业是否应承担本案赔偿责任的问题，争议较大。观点一认为：本案系第三人致害导致被害人死亡，物业服务企业不应承担责任。此观点的主要依据是《高空抛物意见》第十二条，即“依法确定物业服务企业的责任。物业服务企业不履行或者不完全履行物业服务合同约定或者法律法规规定、相关行业规范确定的维修、养护、管理和维护义务，造成建筑物及其搁置物、悬挂物发生脱落、坠落致使他人损害的，人民法院依法判决其承担侵权责任。有其他责任人的，物业服务企业承担责任后，向其他责任人行使追偿权的，人民法院应予支持。……”本案中，实际侵权行为人王某一已经找到，亦未发生搁置物、悬挂物致他人损害，物业服务企业的完全履约与否，与袁某会的死亡之间并无因果关系，故不应承担本案的赔偿责任。观点二认为：物业服务企业作为公共场所的管理人应尽到安全保障义务，承担相应的补充责任。本案发生地点系公共区域（侧门通道），亦系人流高峰时段（学生放学时段，现场除死者外另有两孩童），且死者袁某会在侧门的通道处长时间晾晒洋芋片，未受到物业公司制止。由此可见，物业公司在履行物业管理职责时确有疏漏，故根据《侵权责任法》第三十七条（《民法典》第一千一百九十八条）“宾馆、商场、银行、车站、娱乐场所等公共场所的管理人或者群众性活动的组织者，未尽到安全保障义务，造成他人损害的，应当承担侵权责任。因第三人的行为造成他人损害的，由第三人承担侵权责任；管理人或者组织者未尽到安全保障义务的，承担相应的补充责任”之规定，应承担补充责任。

对于以上争议，判决采纳了第二种观点，《侵权责任法》第三十七条的宗旨在于要求管理人、组织者履行安全保障义务，防止因其管理疏漏造成或引发他人损害。本案案发区域均属于公共区域，亦属于物业服务企业的管理范围。王某一先后扔下两个灭火器，在学生放学高峰时段，有重物坠落而未被物业服务企业工作人员及时发觉，死者袁某会在通道处长时间晾晒洋芋片而未受到制止，物业服务企业的管理疏漏显而易见。虽然，物业服务企业的管理疏漏并非袁某会致死的直接原因，但并不能因此排除物业服务企业作为公共场所管理者的法定的安全保障职责。

就本案关于物业服务企业是否承担责任的争议，根据《民法典》第一千二百五十四条规定，需要强调两点：一是立法增加“管理人责任”的目的在于规范物业企业等管理人的管理行为，引导其加强安全保障力度，保障对受害人的救济，所以认定管理人责任的标准是其是否采取了必要的安全保障措施，是否履行了法定或约定的安全保障义务，并非要求其不作为是损害后果的直接原因；二是关于追偿权的问题，第一千二百五十四条并未赋予管理人对直接责任人的追偿权，所以，承担高空抛物致损的补充责任后，即使有明确的侵权人，也不能对其行使追偿权。

编写人：贵州省贵阳市南明区人民法院　鲁迪

（二）未尽安全保障义务的损害赔偿纠纷

3

水库游泳溺亡，水库管理者无安全保障义务

——黄某麟、刘某花诉贵港市达开水库管理局生命权案

【案件基本信息】

1. 裁判书字号

广西壮族自治区贵港市中级人民法院（2019）桂08民终9号民事判决书

2. 案由：生命权纠纷

3. 当事人

原告（上诉人）：黄某麟、刘某花

被告（被上诉人）：贵港市达开水库管理局

【基本案情】

黄某珍于2008年11月12日出生，系黄某麟和刘某花的女儿。黄某丽于2010年2月23日出生，系黄某雀和陈某芬的女儿。2018年6月10日14时左右，黄某丽与黄某珍找到黄某，相约瞒着家长到丰林屯后背的西干渠游泳。三人从黄某丽家后背的荔枝树小路走到水渠边，看到有人经过便躲在草丛中，之后沿西干渠堤岸走到一处水渠阶梯处，黄某丽和黄某珍先从西干渠的阶梯下去试试水温，觉得不冷后两人即脱掉衣服、鞋子下去游泳，黄某丽在阶梯处不慎滑下去，被水冲走，黄某珍欲拉回黄某丽，也被水冲走。黄某即跑回来找大人去救她们，最先跑到黄某丽家，黄某丽之父黄某雀即拿着扁担往黄某指的方向冲过去。庆丰镇鹤林村委支书黄某蒙正准备上水库看看，黄某雀即将情况告知黄某蒙，黄某蒙立即组织施救，并报了警。经众人努力，14时50分将溺水儿童黄某珍打捞上来，并送桂平市石龙镇卫生院抢救。17时45分左右将另一名溺水儿童黄某丽打捞上来。黄某珍、黄某丽被打捞上来时均没有生命体征，身体也没有发现受伤的痕迹。

2018年6月15日，贵港市公安局庆丰派出所出具证明："黄某珍的父亲黄某麟、黄某丽的父亲黄某雀均认为，黄某珍、黄某丽排除他杀的可能，是意外溺水身亡，均要求公安机关不立案处理，同时要求自行处理遗体。"

港北区庆丰镇鹤林村丰林屯村边的达开水库西干渠始建于1960年左右，用于灌溉庆丰镇、大圩镇等地的水田。西干渠的坡度较大，有些地方设有阶梯，方便附近群众用水。港北区庆丰镇鹤林村丰林屯后背到达开水库西干渠路口原设有警示标志，但从派出所提供的照片无法看清字迹，黄某麟、刘某花表示该警示牌上面的字迹模糊了，要走近才能看到，是他们村的校长立上去的，且该警示牌离黄某珍、黄某丽下水的位置比较远。

【案件焦点】

对于黄某珍的溺水死亡，贵港市达开水库管理局是否存在过错，是否应当承担民事赔偿责任。

【法院裁判要旨】

广西壮族自治区贵港市港北区人民法院经审理认为：安全保障义务是指从事住宿、餐饮、娱乐等经营活动或者其他社会活动的自然人、法人、其他组织应尽合理限度范围内的使他人免受人身损害的义务。达开水库西干渠是国家所有的水利工程，并非经营性娱乐场所，根据收益与风险相一致的原则，对贵港市达开水库管理局显然不能设置与其他收费性游泳娱乐场所同等的义务。黄某珍、黄某丽系自行到水库阶梯处游泳戏水不慎溺亡。事发时黄某珍将近10岁，黄某丽年满8岁，已具备一定的分辨是非、保护自身安全的意识和能力，两人不会游泳，应当意识到到水库游泳戏水的危险性，但其相约不让大人知道，遇有成年人经过时刻意避开大人，冒险游泳戏水，造成溺水死亡，其责任应自行承担。出事之日是星期日，作为黄某珍的监护人，对黄某珍到水库游玩发生溺水，与黄某麟、刘某花疏于安全教育、管理存在一定因果关系，其应承担监护不力的责任。达开水库西干渠沿途有几十公里，建成至今已有将近六十年历史，受害人黄某珍、黄某丽并非不知道到水库游泳有危险，而是明知有危险仍然刻意隐瞒大人，冒险到西干渠玩水游泳，其行为如同到自然形成的江河湖泊中游泳一样，所产生的后果应由行为人自负。且港北区庆丰镇鹤林村丰林屯后背到达开水库西干渠路口原设有警示标志，无论该警示标志是否系贵港市达开水库管理局所设，已起到警示作用。

广西壮族自治区贵港市港北区人民法院依照《中华人民共和国侵权法》第六条第一款、第三十七条第一款，《最高人民法院关于民事诉讼证据的若干规定》第二条规定，作出如下判决：

驳回黄某麟、刘某花的诉讼请求。

黄某麟、刘某花不服一审判决，提出上诉。广西壮族自治区贵港市中级人民法院经审理认为：达开水库西干渠属国家水利工程，并非经营性场所，贵港市达开水库管理局作为达开水库的管理者，其安全保障义务主要是指确保行洪、输水安全运行以及水利设施健全、功能完好等，不因水灾危害库区人民群众生命财产安全，而不是指保障每位进入水库戏水游泳人员的安全。而且贵港市达开水库管理局也已履行安全警示义务。贵港市达开水库管理局在管理期间，已通过学校宣传和设置警示牌等措施向不特定人告知禁止在水库戏水游泳等，并建立渠道巡查制度，已尽到警示义务。事故发生时，黄某珍已满 9 周岁尚未满 10 周岁，属限制民事行为能力人，具有与其年龄相一致的认知水平、防范意识。黄某珍不会游泳，其与黄某丽、黄某相约到水库游泳戏水而不让大人知道，遇到大人经过而刻意躲避，证明其也知道或可预见到私自到水库游泳戏水可能导致的危险后果，但仍执意而为，其对自身的行为所造成的后果应当责任自负。事发当天为周末，黄某麟、刘某花作为黄某珍的监护人，对黄某珍的安全未尽监护义务，应当承担监护不力的责任。因此，黄某麟、刘某花要求贵港市达开水库管理局承担 30% 的损害赔偿责任没有事实和法律依据，不予支持。

广西壮族自治区贵港市中级人民法院依照《中华人民共和国民事诉讼法》第一百七十条第一款第一项规定，作出如下判决：

驳回上诉，维持原判。

【法官后语】

水库与江河湖海一样具有危险性，无论是谁到水库游泳或者钓鱼或者清洗物品等，均应自行谨慎、注意，避免发生悲剧。如果苛责水库管理者承担安全保障义务，则与设置安全保障义务的目的和法理依据相违背，与收益和风险相一致的原则相违背。

1. 不对公众开放的水库不属于公众场所，水库管理者无安全保障义务。安全保障义务作为侵权责任法层面的法定义务，《中华人民共和国民法典》（以下简称《民法典》）对之进行了完善。《民法典》第一千一百九十八条第一款针对《中华人民共和国侵权责任法》第三十七条第一款进行了扩展，在公共场所列举方面增加了机场、体育场馆两个公共场所类型，安全保障义务主体表述相应地调整为“经营场所、公共场所的经营者、管理者”，加上原有的组织者，更加完善了安全保障义务主体的范围。根据《民法典》第一千一百九十八条的规定，安全保障义务的主体包括两类：一是经营场所、公共场所的经营者、管理者，包括以公众为对象进行商业性经营的场所，也包括对公众提供服务的场所；二是群众性活动的组织者，群众性活动主要是面向社会公众举办的参加人数较多的活动，如比赛、游园、晚会等。水库是用于防洪蓄水、调节水流、灌溉或发电的水利设施，不具有公共场所的功能。本案中，贵港市达开水库西干渠不属于经营性场所，亦非向公众提供服务的场所，不同于对外开放的游泳馆，因此，水库管理者不属于安全保障义务的主体，不需要对擅入水库游泳的人承担安全保障义务责任。本案不能适用安全保障义务责任的规定进行裁判。

2. 本案属于一般侵权行为，应适用过错责任原则。在一般侵权行为引起的损害赔偿案件中，行为人主观上的过错是承担侵权责任的要件之一。由于过错体现在行为之中，对于过错的认定应当从行为中检验、判断。本案中，认定水库管理者是否具有过错，应当综合考虑水库的功能作用、水库管理者的职责及其行为对于损害后果发生的作用等因素。贵港市达开水库建成已近六十年，主要用于蓄水、防洪和灌溉；水库管理者主要负责水库防汛抗旱工作，维护水库和堤坝的日常运行管理，以保障库区人民群众的生命财产安全。在日常管理上，水库管理者通过设置警示标志、组织学校防溺水安全宣传活动、建立落实渠道巡查制度等方面尽到了应尽的管理、警示义务，故其对于本案损害后果的发生不存在过错。

黄某珍作为限制民事行为能力人，已具备一定风险认知和判断能力，学校的防溺水安全教育能让其对到水库游泳的危险有一定的预见性，其应自觉避免此类危险行为。黄某珍和朋友到水渠边时看到有人经过而刻意躲避，可见其知晓擅自到水库游泳的危险性，其行为将被成年人所禁止，但其不顾生命安全，仍然自行前往水库游泳，导致溺亡；事故发生当天是休息日，黄某麟、刘某花作为监护人对黄某珍能够履行管护职责但是监管不到位，导致损害后果的发生，应自行承担不利后果。综上，本案损害后果系受害人及其监护人自身的过失行为所致，应自负其责。

黄某珍等人私自到水库游泳溺亡的后果令人惋惜和同情，但是在法律责任的判断上，应严格把握安全保障义务责任适用的主体范围，否则将使人动辄得咎，影响社会秩序的稳定和司法公正。司法并非“谁伤谁有理”，而应明确各方过错，以对公民的行为规范和社会观念作出正确的引导，营造良好的法治环境。

编写人：广西壮族自治区贵港市港北区人民法院　梁友梅

4

在开放式河道内溺亡，管理者应否担责

——李某、王某诉北京市某区水务局等生命权、健康权、身体权案

【案件基本信息】

1. 裁判书字号

北京市第三中级人民法院（2019）京 03 民终 9615 号民事判决书

2. 案由：生命权、健康权、身体权纠纷

3. 当事人

原告（被上诉人）：李某、王某

被告（上诉人）：北京市某区河湖管理处（以下简称河湖管理处）

被告（被上诉人）：北京市某区大华山镇小峪子村民委员会（以下简称村委会）、北京市某区大华山镇人民政府（以下简称镇政府）

被告：北京市某区水务局（以下简称水务局）

【基本案情】

李某和王某是夫妻，李小某系二人之子。2018 年 8 月的一天，李小某（时年 12 岁）与其同伴（时年 14 岁）在村头桥南的河里游玩，至河中深坑时溺水而亡。后李某、王某诉至法院，要求水务局、河湖管理处、镇政府、村委会赔偿各项损失。

涉案河道系开放性河道，在村委会村域范围内，上游系水库，镇政府在村子的桥边立有“水深危险、严禁戏水、严禁游泳、严禁捕鱼”的警示标志。村委会曾通过广播等方式告知村民禁止到河中游玩、戏水等。河湖管理处的业务范围为“负责为全区河湖正常运行提供管理保障；负责区管河湖水利工程运行维护管理，河湖水资源保护，防汛调度”。李某、王某自述未对李小某进行安全教育。

二审期间，河湖管理处提交《中共北京市平谷区委、北京市平谷区人民政府关

于印发〈北京市平谷区全面落实河长制实施方案〉的通知》《中共北京市委办公厅、北京市人民政府办公厅关于印发〈北京市进一步全面推进河长制工作方案〉的通知》复印件等，证明镇政府、村委会应对涉案河道履行管理职责，河湖管理处无管理职责。

【案件焦点】

受害人在开放式河道内溺亡，管理者如何认定及是否担责。

【法院裁判要旨】

北京市平谷区人民法院经审理认为：李某、王某系李小某的监护人，应当履行监护职责，但李某、王某平时未对李小某进行安全意识教育，未能履行其所承担的安全监护职责，应负主要责任。河湖管理处作为平谷区河湖的管理单位，对于平谷区境内的汝河具有管理职责，在河道管理过程中，应该预见到河道内的深坑具有安全隐患，在发现河道内有坑后应及时采取相应措施加以防范，以保障河湖的正常运行，应负次要责任。

北京市平谷区人民法院依据《中华人民共和国民法总则》第一百一十条，《最高人民法院关于审理人身损害赔偿案件适用法律若干问题的解释》第十七条、第十八条、第二十七条、第二十九条规定，判决：

一、河湖管理处于判决生效之日起10日内赔偿李某、王某医疗费、死亡赔偿金、丧葬费、误工费、交通费、精神损害抚慰金合计140171.38元；

二、驳回李某、王某的其他诉讼请求。

河湖管理处不服一审判决，提出上诉。

北京市第三中级人民法院经审理认为：李某、王某作为监护人，未充分履行监护职责，应负主要责任。从事故发生原因看，涉案河道存在深坑是导致李小某溺亡的原因之一，故涉案河道的管理者存在过错。河湖管理处“负责为全区河湖正常运行提供管理保障；负责区管河湖水利工程运行维护管理，河湖水资源保护，防汛调度”，故其对保障汛期内河道顺畅亦应有管理职责，现涉案河道存有大坑致使发生溺亡事故，河湖管理处应承担赔偿责任。根据北京市落实河长制相关文件精神，镇政府、村委会对属地河流负有“清河底”之责，镇政府、村委会亦未尽到管理职责，应承担赔偿责任。

北京市第三中级人民法院依照《中华人民共和国侵权责任法》第六条、第八条、第二十六条、第三十七条，《最高人民法院关于审理人身损害赔偿案件适用法律若干问题的解释》第十七条、第十八条、第二十七条、第二十九条，《中华人民共和国民事诉讼法》第一百七十条第一款第二项规定，判决：

一、撤销北京市平谷区人民法院（2019）京0117民初613号民事判决；

二、河湖管理处、村委会、镇政府于判决生效之日起10日内共同赔偿李某、王某医疗费、死亡赔偿金、丧葬费、误工费、交通费、精神损害抚慰金合计140171.38元；

三、驳回李某、王某的其他诉讼请求。

【法官后语】

对于受害人在开放式河道内溺亡，河道管理者的认定以及是否承担责任的问题，实践中有不同的观点。第一种观点认为，对于开放式河道，现行法律法规没有规定要设置安全保护设施及安全警示标志，也不禁止人员游泳及其他水上行为，在开放式河道内溺亡，被害人应对自己的行为承担责任。第二种观点认为，对于在开放式河道内溺亡的，应结合河道位置、溺亡原因、管理者是否尽责等案件具体情况认定。笔者同意第二种观点。

首先，涉及开放式河道内溺亡的案件，不适用《中华人民共和国民法典》（以下简称《民法典》）有关安全保障义务的规定。安全保障义务仅适用于特定主体，即宾馆、商场、车站、娱乐场所等经营场所、公共场所的经营者、管理者或者群众性活动的组织者。安全保障义务旨在维护公共安全，一方面，宾馆、商场、车站、娱乐场所等经营场所、公共场所供不特定人进出和活动，人流密集；另一方面，博览会、招聘会、运动会等群众性活动，参与人数也极为众多，上述场所、活动均涉及不特定多数人之人身和财产安全，为经营者、管理者、组织者设定安全保障义务，系为有效维护公共安全和社会秩序。开放式河道并非公共场所，不涉及人流密集或不特定人进出问题，实践中应避免任意扩大安全保障义务之适用范围。

其次，涉及开放式河道内溺亡的案件，应适用一般侵权之归责原则。对此类案件，应按照加害行为、过错、因果关系、损害后果四要件进行判断。受害人溺亡，损害后果已经发生，故审查重点是加害行为、过错、因果关系。其中，加害行为通常是不作为，即负有作为义务而不积极履行义务致使发生损害。不作为的前提是负有作为义务，而作为义务的来源一般包括法定的作为义务、约定的作为义务、先前行为引发的义务以及基于诚信原则所产生的义务等。若管理主体负有作为义务而不积极履行，致使损害后果发生，则需要承担相应的赔偿责任。

本案中，涉案河道在村域范围内，河流紧靠通行的道路及桥梁，人流难谓不多。而河道内存在深坑是导致李小某溺亡的原因之一，涉案河道的管理者存在未及时回填之过错。从作为义务的来源看，河湖管理处的职责系“负责为全区河湖正常运行提供管理保障；负责区管河湖水利工程运行维护管理，河湖水资源保护，防汛调度”，其对保障汛期内河道顺畅应有管理职责，现涉案河道存有大坑致使发生溺亡事故，河湖管理处存在不作为之过错，应承担赔偿责任。根据《北京市河湖保护管理条例》及北京市、平谷区推进、落实河长制相关规范性文件的精神，镇政府、村委会对案涉属地河流负有“清河底”之责，北京市“河长制”要求“平时要看水，汛时要看人”，现河道内存在大坑，镇政府、村委会亦未尽管理职责，应承担赔偿责任。综上，村委会、镇政府和河湖管理处都是本案的责任主体。

最后，处理此类案件应结合受害人过错予以认定。通常情况下，开放式水域并非公共场所，即使紧邻道路，开放式水域也不具有游玩垂钓等休闲娱乐功能，受害人溺亡一般都存在自身过错。根据《民法典》第一千一百七十三条、第一千一百七十四条规定，若受害人存在过错，可以减轻管理者的责任；若损害是受害人故意造成的，管理者不承担责任。本案中，受害人李小某是未成年人，其监护人王某、李某未尽到监护之责是事故发生的主要原因，故一、二审法院认定的责任比例是适当的。

综上，开放式河道内发生溺亡事故，不能简单机械地做“一刀切”处理。需要结合开放式河流的自然情况、管理人是否尽到管理职责、被害人是否存在过错等具体情况具体分析。

编写人：北京市第三中级人民法院　金妍熙　王世洋

5

未成年人在“小饭桌”托管期间受伤的责任承担

——孙某 1 诉朱某 1 等生命权、健康权、身体权案

【案件基本信息】

1. 裁判书字号

北京市第三中级人民法院（2019）京 03 民终 10788 号民事判决书

2. 案由：生命权、健康权、身体权纠纷

3. 当事人

原告（上诉人）：孙某 1

被告（上诉人）：宝某、朱某 1、娜某、朱某 2

【基本案情】

孙某 1 系孙某 2 与张某之子，朱某 1 系朱某 2 与娜某之子，宝某系涉案“小饭桌”的经营者。

孙某 1 曾在宝某经营的小饭桌吃午饭和晚饭，周一至周五全托。2017 年 11 月 17 日下午，在玩耍过程中，孙某 1 用圆规碰到朱某 1 的头，后朱某 1 用壁纸刀将孙某 1 右手划伤。孙某 1 受伤后，宝某先为其做了基本的包扎，当天跟随孙某 1 的亲属将其送至北京市顺义区医院治疗，其伤情被诊断为手开放性伤口，建议休息三天。孙某 1 后多次至北京积水潭医院就诊，共计支付医疗费 1991.27 元。

孙某 1 主张的赔偿费标准为：护理费按照张某的工资计算，张某从事保险工作，称其从孙某 1 受伤后一直照顾他没时间跑客户，影响了收入；补课费按照实际报班的花费计算，孙某 1 称受伤前上的补课班是多人班，受伤后因为怕再次伤到手指上的是一人班。

【案件焦点】

1. 本次事故发生在已满八周岁的未成年人之间，责任比例如何判定；2. “小饭桌”作为特定的经营场所，对孙某1的受伤是否应该承担责任以及承担责任的比例如何判定。

【法院裁判要旨】

北京市顺义区人民法院经审理认为：限制民事行为能力人在学校或者其他教育机构学习、生活期间受到人身损害，学校或者其他教育机构未尽到教育、管理职责的，应当承担责任。无民事行为能力人、限制民事行为能力人造成他人损害的，由监护人承担侵权责任。孙某1和朱某1作为限制民事行为能力人在宝某经营的小饭桌打闹，致使孙某1受伤，双方对事故的发生都存在一定的过错，宝某未能尽到监管保护的义务，应当承担相应的赔偿责任，朱某1的监护人朱某2、娜某也应承担相应的赔偿责任。鉴于朱某1的行为后果更加严重，本院酌定的责任分配比例如下：孙某1承担百分之二十，朱某1承担百分之六十，宝某承担百分之二十。

北京市顺义区人民法院依照《中华人民共和国侵权责任法》第十六条、第三十二条、第三十九条，《最高人民法院关于审理人身损害赔偿案件适用法律若干问题的解释》第十七条、第十八条、第十九条、第二十一条、第二十二条、第二十四条，《中华人民共和国民事诉讼法》第六十四条规定，作出如下判决：

一、朱某2、娜某共同赔偿孙某1各项损失合计6234.76元，于本判决生效之日起七日内执行；

二、宝某赔偿孙某1各项损失合计2078.25元，于本判决生效之日起七日内执行；

三、驳回孙某1的其他诉讼请求。

孙某1、宝某、朱某1、朱某2、娜某不服一审判决，提出上诉。北京市第三中级人民法院同意一审法院裁判意见，依据《中华人民共和国民事诉讼法》第一百七十条第一款第一项规定，判决如下：

驳回上诉，维持原判。

【法官后语】

本案是一起涉及未成年人之间侵权的案件，其特殊之处在于未成年人处于“小饭桌”经营者或者其工作人员的管理、教育之下，自身权益受到侵害或者侵害他人合法权益后，“小饭桌”或者其经营者的责任承担。法官判案过程中需要分析“小饭桌”这一特殊主体的性质、是否应承担侵权责任、承担什么类型的侵权责任以及责任比例的分担问题。

“小饭桌”兴起是经济社会发展的需求，很多年轻父母因忙于工作无暇照顾未成年子女，遂把子女托管在“小饭桌”这种家庭式私人托管机构，由此引发的纠纷呈增加趋势。“小饭桌”的经营者应当如何承担法律责任已成为社会关注的焦点。但司法实践中，对“小饭桌”经营者应承担的法律责任未形成统一的认识，各地法院出现了不同的判决。笔者检索到2020年与未成年人相关的“小饭桌”侵权案件有19件，对“小饭桌”的主体性质认定不一，其中将“小饭桌”定性为其他教育机构的有12件，认为是一般侵权主体的有5件，认为是委托合同主体的有2件，适用的法律条文、认定的责任比例不尽相同，服判息诉率普遍较低。

第一种裁判意见将“小饭桌”认定为一般侵权人，适用《中华人民共和国侵权责任法》（以下简称《侵权责任法》）第六条的规定，认为“小饭桌”的经营者对于托管的未成年人负有安全管理责任，应保障托管未成年人的人身安全。但是这种观点忽略了未成年人的举证责任问题，如果将“小饭桌”定性为一般侵权人，原告应承担举证责任。而“小饭桌”托管的对象是未成年人，其认识和判断能力不健全，不具有或者不完全具有成年人收集或者保存证据的意识和能力，如果法律苛以其承担成年人应当具备的注意义务，显然不具有合理性，不利于保护未成年人的合法权益。从持此观点的样本案例看，“小饭桌”经营者承担的责任低于50%甚至不承担责任，很显然不利于对未成年人权益的保护。

第二种裁判意见将“小饭桌”认定为为未成年人提供午餐、午休、接送上（放）学等服务，其与托管的未成年人家长之间形成了服务合同关系，对托管的未成年人的人身安全负有保障义务，这种情况下“小饭桌”的经营者就类似于公共场所的管理人。但公共场所的服务对象是不特定人群，管理人只需尽到一般的安全保障义务即可。“小饭桌”的服务对象是特定的未成年人，经营者不仅要尽到一般的安全保障义务，还要对托管的未成年人尽到相应的管理、教育责任，这也符合法律对未成年人实施特殊保护的基本精神和原则。

第三种裁判意见将“小饭桌”认定为其他教育机构，因为“小饭桌”不仅为托管未成年人提供餐饮、休息、住宿，也有照顾、辅导作业等服务，从而适用《侵权责任法》第三十八条、第三十九条、第四十条的相关规定。从《中华人民共和国教育法》对其他教育机构设立的形式条件上来讲，经营者选择在学校附近自家或者租用的居民楼内开办“小饭桌”，很多没有经过教育管理部门的审批或者备案，不符合教育机构设立的形式条件。从实际情况看，经营者的科学文化素质、法律意识及安全意识也确实有待提高。但从“小饭桌”提供的服务来看，其往往承担着对未成年人进行教育、管理的责任，不仅有餐饮、照料、辅导作业，还有对无民事行为能力人提供类似于幼儿园的服务，有的还形成了全托模式，未成年人长期由“小饭桌”照管，家长定期接回。事实上，“小饭桌”已经在扮演教育机构的角色。

笔者认为，“小饭桌”的性质不应简单被认定为一般侵权人或者公共场所管理人，应将其定性为“其他教育机构”，对其责任认定适用过错原则或者过错推定原则。理由如下：(1)“小饭桌”的服务对象一般是12周岁以下的未成年人，“小饭桌”不仅给未成年人提供餐饮、休息服务，还提供照料、辅导作业等服务，对于6周岁以下的未成年人更是提供类似于幼儿园的服务，有些未成年人甚至长期由其照管，从服务内容来看，其已经在扮演着教育机构的角色，对托管的未成年人履行着管理、照顾、教育的职责。按照权责相统一原则，由其承担与其他教育机构一样的责任，也符合公平原则，有利于保护未成年人的合法权益。(2)“小饭桌”的经营者应承担主体责任，对无民事行为能力人适用过错推定的归责原则，如果经营者能够证明自己已经尽到教育、管理职责的，不承担责任。即由经营者证明损害不是因为自己的过错导致的，如果不能证明自己没有过错，则推定其有过错；对限制民事行为能力人适用过错原则，由原告举证证明经营者未尽到教育、管理职责，否则承担举证不能的法律后果。对“小饭桌”的严格要求也与当下其认可度高、信赖度强、分布范围广有很大关联性，明确其责任范围及归责原则，有助于引导“小饭桌”规范经营，加强对未成年人合法权益的保障。

综上，本案判决没有因为被托管的一方受伤、另一方未受伤就绝对地免除受伤一方的责任，也没有因为“小饭桌”经营者辩称其已经尽到了安全管理职责而免除其应承担的责任，而是适用过错推定原则，综合三方的陈述、证据认定其过错程度来作为判案的依据，为处理类案作出了探索。

编写人：北京市顺义区人民法院　杨杰

（三）过错的认定

6

乡镇自建房建设装修领域中法律关系的认定

——覃某意诉宁某、覃某生命权、健康权、身体权案

【案件基本信息】

1. 裁判书字号

广西壮族自治区贵港市中级人民法院（2019）桂08民终691号民事判决书

2. 案由：生命权、健康权、身体权纠纷

3. 当事人

原告（上诉人）：覃某意

被告（被上诉人）：宁某、覃某

【基本案情】

2018年3月，宁某经他人介绍承揽覃某自建房的刮腻子工程，双方达成口头协议，约定由宁某以包工不包料的方式承接该工程，报酬按照6元/平方米计算。承接该工程后，宁某召集覃某意、覃某海一起参与施工，并按照合作惯例平分利润。2018年3月19日，覃某意等人对天花板进行施工，向覃某的家属借来竹梯使用。覃某意在竹梯上施工过程中，该竹梯突然断裂，覃某意摔下受伤。后覃某意被送往贵港市中西医结合骨科医院诊治。覃某意住院期间（39天）共支出医药费46154.49元。事故发生后，覃某意与宁某、覃某三方协商赔偿事宜，据宁某在贵港市港北区建设局所作的询问笔录所述，各方商定每方先垫付17000元医药费。随后宁某向覃某意支付了17000元医疗费，覃某向覃某意支付了6000元医疗费。经法

院释明，覃某意表示如法院认定覃某海需承担责任，其自愿放弃向覃某海主张权利。

【案件焦点】

1. 覃某意与宁某、覃某之间是何种法律关系；2. 宁某、覃某对覃某意的损害后果应否承担民事责任。

【法院裁判要旨】

广西壮族自治区贵港市港北区人民法院经审理认为：关于第一个争议焦点。承揽法律关系是指承揽人按照定作人的要求完成工作，交付工作成果，定作人接受工作成果并给付报酬的法律关系。宁某以6元/平方米包工不包料的方式承揽覃某自建房刮腻子工程后，召集覃某意、覃某海自带部分工具，利用自身技能为覃某的自建房刮腻子，宁某与覃某之间的法律关系符合承揽法律关系的特征，应认定为承揽关系。覃某意及宁某、覃某海相约从事刮腻子活动，此前多次合作均是平分收益，宁某未从中获取差价，覃某意也未能举证证实其与宁某存在雇佣关系，故结合双方所述及行业习惯，认定三人之间形成临时性组织的松散型合伙关系，共同承揽了覃某自建房刮腻子工程。

关于第二个争议焦点。基于上述对双方之间法律关系的认定，覃某、宁某与覃某意均不是雇佣关系，故覃某和宁某均无须对覃某意在施工中受伤的损害后果承担雇主责任。但覃某向覃某意提供具有安全隐患的梯子，覃某意是在使用该梯子施工时因梯子断裂摔伤，覃某具有一定过错，结合具体案情，覃某应对覃某意的合理损失承担25%的赔偿责任。覃某意在借用他人竹梯使用时，未认真检查该竹梯的安全性能，并小心谨慎使用，对造成自己受伤的损害后果也有一定过错，应自负一定责任。覃某意与宁某、覃某海是利益共享、风险共担的个人合伙关系，覃某意在执行合伙事务中受伤，是为了全体合伙人谋福祉，依据《最高人民法院关于贯彻执行〈中华人民共和国民法通则〉若干问题的意见（试行）》第一百五十七条的规定以及《最高人民法院关于个人合伙成员在从事经营活动中不慎死亡其他成员应否承担民事责任问题的批复》的指导精神，宁某和覃某海应给予覃某意一定的经济补偿。结合具体案情，补偿25%为宜。覃某意自愿放弃向覃某海主张权利，属其合法权利，本院不持异议。

关于覃某意的各项损失。结合其诉请，参照《2018 年广西壮族自治区道路交通事故人身损害赔偿项目计算标准》认定医疗费、住院伙食补助费、护理费、误工费共计 77836.86 元，应由宁某补偿 25%、覃某赔偿 25%，即 19459.22 元。事故发生后，宁某已向覃某意垫付 17000 元，覃某已向覃某意垫付 6000 元，扣减后，宁某尚需补偿 2459.22 元，覃某尚需赔偿 13459.22 元。

综上，依照《最高人民法院关于贯彻执行〈中华人民共和国民法通则〉若干问题的意见（试行）》第一百五十七条，《最高人民法院关于审理人身损害赔偿案件适用法律若干问题的解释》第十七条、第十九条、第二十条、第二十一条、第二十二条、第二十三条、第二十四条规定，判决：

一、宁某补偿覃某意经济损失 2459.22 元；

二、覃某赔偿覃某意经济损失 13459.22 元；

三、驳回覃某意的其他诉讼请求。

覃某意不服一审判决，提起上诉。广西壮族自治区贵港市中级人民法院经审理认为：本案二审期间的争议焦点是：覃某意、宁某、覃某相互之间属于什么法律关系。本案中，没有明确证据证明宁某以雇主身份雇请覃某意和覃某海为其承接的工程工作和牟利。根据两人的陈述，覃某意与宁某、覃某海三人多次合作刮腻子，有时是宁某承接工程并邀请另外两人参加，有时也是覃某意联系承接并邀请宁某等人参加。在合作过程中，双方并不存在管理和被管理关系，没有证据证明宁某以雇主身份指示、指挥和监督覃某意等人工作并进行管理。在工作中，三人之间为平等协作关系，并不具有从属性。而覃某将其房屋刮腻子工程交给覃某意及宁某、覃某海三人，仅以交付完成该项工作成果为目的，合同双方地位平等，符合承揽合同的特征。综上，一审法院认定覃某与覃某意及宁某、覃某海等三人之间为承揽合同关系，认定覃某意及宁某、覃某海之间为松散型合伙关系，符合本案事实。据此，一审法院判决由宁某补偿一定比例的损失给覃某意，以提供具有安全隐患的工具存在过错为由判决覃某赔偿覃某意的部分损失是正确的，应予维持。覃某意的上诉缺乏事实和法律依据，应予驳回。依照《中华人民共和国民事诉讼法》第一百七十条第一款第一项规定，判决：

驳回上诉，维持原判。

【法官后语】

近年来，为了改善居住条件，不少居民拆旧房，建新宅，然而，在建房装修过程中，由于缺乏专业的建房施工队、先进的施工设备、必要的安全防范措施，建房装修常以房主直接雇用工人及以施工队或工人以临时性松散型合伙关系进行承揽方式进行，导致在建房装修过程中各种纠纷频发，如何认定其中的法律关系，保护好各方当事人的合法权益，是审判实务中的难点。

本案是乡镇自建房建设装修领域中广泛存在的纠纷类型，不同法律关系的定性，直接决定了不同的责任主体，而不同责任主体的赔偿能力差异，也会直接影响受害人损害赔偿能否快速实现，故此类案件的重点和难点在于如何认定承揽关系和雇佣关系。具体而言，主要是对雇佣关系和承揽关系进行辨析。首先，如果双方签订了合同，按照私法自治原则，应根据合同的名称和具体内容予以认定，但需注意，如果约定的合同名称或者用语与合同所确立的权利义务不符，且双方当事人对此存在争议的，应当以合同内容为准。其次，如果双方未签订合同，则需结合双方的合同目的、交易习惯、工作性质、控制程度、工作工具、技能要求、工作时间、付酬方式等一系列标准综合判断。从《中华人民共和国民法典》合同编的有关规定看，两者主要有以下区别：第一，目的不同。雇佣关系是以直接提供劳务为目的，承揽关系则是以完成工作成果为目的，提供劳务仅仅是完成工作的手段，承揽人提供的工作成果并非单纯的劳务。第二，人身依附关系不同。雇佣关系的受雇人在一定程度上要受雇主的支配，在完成工作中须听从雇主的安排、指挥；承揽人与定作人之间不存在支配与服从的关系，承揽人在完成工作中有独立性。第三，风险不同。雇佣关系中风险由雇主承担，对雇员在从事雇佣活动中遭受人身损害的应承担赔偿责任，而且适用无过错责任原则。承揽关系中，承揽人在完成工作过程中造成自身损害的，定作人不承担赔偿责任，而只对定作、指示或选任有过失的，承担相应的赔偿责任。

本案中，围绕责任认定涉及三重法律关系。一是宁某与覃某之间的承揽关系。宁某利用自己的技术、设备，以包工不包料的方式承揽覃某自建房刮腻子工程，覃某以接受宁某完成的工作成果为目的，按面积计付工程款，施工期间未支配、安排、指挥宁某开展工作。从这些特征可以认定覃某与宁某之间是承揽合同关系，宁某对覃某意的受伤不承担雇主责任。二是覃某与覃某意之间的侵权关系。覃某作为定作人，一般不对承揽人自己在完成工作期间的伤害承担赔偿责任，但是，因覃某为覃某意提供的工具存在瑕疵，未尽到对工具使用者的人身安全应有的注意义务，与覃某意的摔伤具有因果关系，故对覃某意的人身构成侵权，应根据过错程度对覃某意承担赔偿责任。三是宁某、覃某意、覃某海三人之间的合伙关系。宁某承揽工程后召集覃某意、覃某海一起施工，并未从中获取差价，也没有以雇主身份指示、指挥和监督覃某意、覃某海工作，且其三人此前曾多次合作从事刮腻子工作，均是平等协作，平分收益。结合本案实际及行业习惯，覃某意与宁某、覃某海之间具有合伙关系共同出资（共同提供技术、劳力）、共同经营（平等协作）、共负盈亏、共担风险（平分收益）的典型特征，他们是以临时性的松散型合伙形式共同承揽了覃某自建房刮腻子工程。在认定覃某意与宁某、覃某海是个人合伙关系的基础上，根据个人合伙成员在从事合伙事业活动中不慎伤亡的处理原则，宁某、覃某海应承担一定的补偿责任。

编写人：广西壮族自治区贵港市港北区人民法院　叶星球　吴晓

7

非经营性私人场所不动产权人的注意义务

——饶某诉张某等生命权、健康权、身体权案

【案件基本信息】

1. 裁判书字号

广东省广州市中级人民法院（2019）粤 01 民终 15127 号民事判决书

2. 案由：生命权、健康权、身体权纠纷

3. 当事人

原告（被上诉人）：饶某

被告（上诉人）：张某、叶某健

被告（被上诉人）：胡某霞

【基本案情】

涉案物业是一套两室一厅框架结构的住宅套房，2010年5月14日至2017年7月11日权属人为胡某霞。2016年7月10日，张某通过钟福广场家如中介签订承租协议，承租涉案物业。2017年4月30日，张某电话联系送气工上门更换一罐气瓶，存放在进厨房右侧的橱柜里，钢瓶通过橡胶软管与墙内暗管连接，导入燃气灶和热水器附近，再用橡胶软管接到燃气灶和热水器，热水器安装在卫生间里。张某与饶某是同学，2017年5月4日晚，张某接饶某一同回涉案物业住宿。5月6日零时许，张某外出，饶某自行回涉案物业。饶某进门后，先开客厅照明灯，再进入卧室开灯并给手机充电，然后在客厅脱下衣服进入卫生间开灯准备洗澡，当开启淋浴水龙头时，眼前一片火海，一股热浪把饶某冲击到客厅。饶某立刻直奔门外向隔壁邻居求救，邻居立即报警。约0时45分左右，消防车到达并开始扑灭火灾，120救护车来到后立即送饶某到祈福医院治疗。

【案件焦点】

1. 如何确定胡某霞、张某、叶某健对饶某的损害结果应当承担的责任比例；2. 如何认定饶某损失的项目、数额。

【法院裁判要旨】

广州市番禺区人民法院经审理认为：《中华人民共和国侵权责任法》第六条第一款规定，因过错侵害他人民事权益，行为人应当承担侵权责任。因此，为解决侵权责任的承担问题，需要对本案各方当事人对于饶某受伤是否存在过错、具体过错程度如何进行分析。

叶某健作为涉案物业的管理人，明知涉案物业出租给张某使用，理应保证涉案物业及其设施设备符合安全标准。经广州市城市管理综合执法局番禺区分局邀请相关专业人员组成调查组调查认为，本次事故的原因是卫生间连接热水器的燃气软管老化和软管与热水器连接口较松、胶管卡箍不紧，以及热水器存在超过有效期使用的可能。叶某健作为管理人，怠于履行管理义务，未能及时发现并解决上述煤气管道及热水器问题，对饶某的损害存在过错，应承担相应的赔偿责任。胡某霞作为涉案物业的权属人，将涉案物业交由叶某健管理，可以预见涉案物业会有叶某健或其他人员来访，故应尽合理注意义务以防止来访人员受到损害。但胡某霞既未监督叶某健切实履行管理责任，自身亦未采取合理措施，依照《中华人民共和国侵权责任法》第八条、《最高人民法院关于审理人身损害赔偿案件适用法律若干问题的解释》第三条第一款的规定，应与叶某健承担连带责任。张某在使用热水器的过程中长期不关闭燃气阀，且购买了臭剂含量不足的液化石油气，导致液化石油气泄漏也难以察觉，存在一定过错，亦应承担部分赔偿责任。综上，依照《中华人民共和国侵权责任法》第十二条、《最高人民法院关于审理人身损害赔偿案件适用法律若干问题的解释》第三条第二款的规定，根据各当事人的过失大小、原因力比例，叶某健应与胡某霞连带承担70%的责任，张某应承担30%的责任。

饶某因本次事故而产生的损失共计539818.45元。按上述责任比例，叶某健、胡某霞应连带赔偿饶某377872.92元，扣除叶某健已垫付的医疗费20000元，尚需赔偿357872.92元；张某应赔偿饶某161945.54元，扣除已垫付及给付的13753.81元，尚需赔偿148191.73元。

广州市番禺区人民法院判决：

一、张某应在本判决生效之日起五日内向饶某赔偿各项损失148191.73元；

二、胡某霞、叶某健应在本判决生效之日起五日内向饶某赔偿各项损失357872.92元；

三、驳回饶某的其他诉讼请求。

张某、叶某健不服一审判决，提起上诉。

广州市中级人民法院经审理认为，二审的争议焦点是张某、叶某健对饶某的损害结果应当承担的责任比例以及损失项目、数额的认定问题。

关于叶某健是否应在本案中承担责任的问题。叶某健主张其仅为代收租金，并非涉案物业的管理人，提供了与微信号“wxid_ m9cz1m1w0p7y22”的聊天记录，但该微信号无法确认使用人身份，不足以排除叶某健与涉案物业有关的可能。叶某健自认涉案物业在管理处所留的业主电话是其联系电话，其在签订租赁合同时在场，将个人联系电话及银行账号给了张某。根据以上事实，一审法院认定叶某健是涉案物业的管理人符合证据规则，予以确认。因此，一审法院认定叶某健应当对涉案物业承担管理责任，并与业主胡某霞承担连带赔偿责任并无不当，予以维持。

关于张某在本案中的承责比例问题。由于张某并未通过正规渠道购买液化石油气，石油气钢瓶无钢瓶身份标识码，钢瓶内的液化石油气臭剂含量不够，导致在泄漏后很难闻到臭味，不易引起警觉，而且张某在使用过程中平时不关闭煤气瓶的阀门，因此对液化石油气的泄漏也存在过错，其应对事故的发生承担相应的责任。一审法院根据各方当事人的过失大小、原因力比例等，确定由叶某健、胡某霞连带承担70%的责任，张某承担30%的责任并无不当，亦予维持。

关于爆燃事故调查意见是否能作为本案定案依据的问题。本次爆燃事故发生在居民住所内，城市管理执法部门作为依法具有市政管理职能的机关，委托具有专门知识的人员对现场进行勘察，并听取相关人员证词，在此基础上对本次爆燃事故的原因和经过进行分析而形成的相关意见，依据较为充分，立场客观中立，故可以作为本案认定事实的依据。叶某健虽有异议，但并无相反证据足以反驳或推翻该调查报告，故对其该项主张不予采纳。

广州市中级人民法院依照《中华人民共和国民事诉讼法》第一百七十条第一款第一项规定，判决如下：

驳回上诉，维持原判。

【法官后语】

近年来，随着市场经济的发展，人与人之间的交往日益频繁，不动产引发的侵权案件层出不穷。《中华人民共和国侵权责任法》主要对公共场所的管理人施以安全保障义务，《中华人民共和国民法典》又将这一义务的主体范围扩展到经营场所的经营者、管理者，但是，对于非经营性私人场所的不动产权人是否要对进入者承担注意义务及所应承担的注意义务范围等问题，则无明确规定。本案中，饶某应张某的邀请进入涉案住宅套房并遭受了损害，而该套房归胡某霞所有，由叶某健管理，由张某占有使用。诉讼中，各方当事人对涉案物业不动产权人是否需要对进入者饶某承担注意义务，以及胡某霞、叶某健、张某作为涉案物业不动产权人、管理人、占有人各自应承担的注意义务范围，存在较大争议。是以下文立足于本案，讨论非经营性私人场所不动产权人对进入者的注意义务。

1. 对进入者身份的法律区分

传统普通法侵权责任法根据进入者进入不动产权人不动产之内或之上是否得到不动产权人的许可，是否对不动产权人带来直接或间接的物质或经济利益而将进入者分为应邀来访者、被许可进入者和侵入者，此为三分法区分原则。而现代普通法对三分法区分原则进行了发展，将应邀来访者和被许可进入者均称为合法进入者，不再区分不动产权人对他们承担的注意义务，此为二分法区分原则。我国有学者基于保护不动产权人的利益，平衡物权的排他性效力与原告的人身安全权，建议引入二分法的身份区分原则，以避免不动产权人对小偷和宾客承担同样的侵权责任。但无论是哪种区分原则，均要求不动产权人对合法进入者承担合理注意义务，无论该进入者是否会为不动产权人带来直接或间接的物质或经济利益。至于侵入者，由于不动产权人无法预见其会进入不动产，故要求他们承担警告、保护等义务显然有失公平，且要求不动产权人花费成本去保护侵入者亦不利于发挥不动产的最大效用。本案中，张某作为承租人，是基于所有人胡某霞的经济或物质上的利益而进入涉案物业，饶某虽然不能为胡某霞提供经济或物质上的利益，但胡某霞理应预见会有张某的同行人员来访，故胡某霞对饶某亦负有合理注意义务。另外，饶某是基于张某好意施惠而借住在涉案物业之内，是经张某的许可而进入，故张某亦应对饶某负有合理注意义务。

2. 注意义务的范围

根据进入者身份的不同，不动产权人承担范围大小不同的注意义务。三分法区分原则要求，不动产权人对应邀来访者承担最重的注意义务，注意义务范围主要表现在异常危险的警告义务、危险活动的警告义务以及对未知危险的检查和发现义务；对被许可进入者承担已知危险的警告义务，不承担未知危险的警告义务和检查义务；原则上不对侵入者承担注意义务。而二分法区分原则要求不动产权人对合法进入者承担合理的注意义务，并综合考虑损害的可预见性，进入者进入不动产之内或之上的目的，进入者进入不动产之内或之上的时间、方式和具体情况，不动产的使用用途或将要发挥的使用用途，不动产权人检查、修理或警告的合理性，不动产权人修理、矫正或给予警告的机会或容易程度，不动产权人提供适当保护所需要支付的成本等因素来决定不动产权人是否尽到合理注意义务。笔者认为，三分法区分原则存在难以适用、同一行为损害不同身份的人会产生不同责任的不公现象以及无法满足现代社会要求等问题。然而，不加区分不动产权人有否从受害人进入不动产获得经济或物质利益，而施加同等的注意义务，显然也不符合一般社会大众的公平正义观念。实际上，二分法区分原则在认定不动产权人是否尽到合理注意义务时同样也需考量多种案件事实因素。故此，不动产权人有无获取经济或物质利益亦宜作为司法裁判的考量因素之一。本案事故的原因包括设备设施安全隐患和液化气质量瑕疵。叶某健作为涉案物业的管理人，应合理预见张某及其同行人员会使用涉案物业内热水设施设备，理应保证相关设施设备符合安全标准，但是怠于履行检查和发现等义务，未能及时发现并解决涉案房屋内煤气管道及热水器问题，没有采取合理的措施来防止损害发生，对饶某的损害存在过错，应承担相应的赔偿责任。而胡某霞作为涉案物业的所有人，将涉案物业交由叶某健管理，既未监督叶某健切实履行管理责任，自身亦未采取合理措施，应与叶某健承担连带责任。至于张某，其作为涉案物业的承租人，基于好意施惠而邀请饶某借住涉案物业，若对其苛责检查和发现燃气软管或者热水器内部存在泄漏液化气等隐蔽危险的义务，既不切合实际情况，也不利于弘扬友爱互助的善良风俗。但是，张某在可以合理预见饶某会使用热水设施设备的情况下，本可以通过正规渠道购买液化气、使用后关闭煤气瓶阀门等合理措施来杜绝或至少降低损害发生的可能性，却未能尽到合理注意义务，以致液化石油气泄漏后因臭剂含量不够，不易引起警觉，最终导致事故的发生，故张某亦应对饶某承担部分赔偿责任。

综上所述，在厘定非经营性私人场所不动产权人对进入者的注意义务时，应当根据进入者的身份来确定不动产权人承担的注意义务范围，并综合分析具体案件事实来认定不动产权人是否尽到应尽注意义务，如此才有利于平衡不动产权利人与进入者的利益，在司法实践中彰显社会主义核心价值观，达到维护公平正义的目的。

编写人：广东省广州市番禺区人民法院　黎晓婷

8

在校学生私自外出游泳溺亡的责任承担

——刘某、陆某青诉某县峙浪乡小学等生命权案

【案件基本信息】

1. 裁判书字号

广西壮族自治区宁明县人民法院（2019）桂1422民初1011号民事判决书

2. 案由：生命权纠纷

3. 当事人

原告：刘某、陆某青

被告：某县峙浪乡中心小学（以下简称峙浪小学）、某县水利局、某县峙浪乡人民政府、农某、农某雄、黎某银、廖某康、廖某深、黄某丽、黄某俊、黄某理、黄某梅、李某、李某峰、马某青、颜某伍、颜某笛、伦某青、闭某彪、闭某忠、王某玲

【基本案情】

刘某、陆某青的儿子刘某森是峙浪小学五年级的内宿住校生，时年 13 周岁。2019 年 6 月 20 日晚饭后，峙浪小学四（1）班农某、廖某康，四（4）班黄某俊，五（1）班李某通过失修的铁丝网洞口爬出，到乡政府后面的思陵河河边游泳，后刘某森溺水身亡。刘某、陆某青认为，学校未尽到安全管理职责，应当承担大部分责任，同行游泳人员应当有相互提醒不去游泳的义务，应当承担一定责任，某县水利局和某县峙浪乡人民政府未设立安全警示标志，应当承担责任。刘某是某县林业局防火办工人，属于非农业户口，后因辞职才将户籍迁回老家，全家参加城镇居民基本医疗保险，刘某森的死亡赔偿金应按城镇居民标准计算。

农某、廖某康、黄某俊、李某、颜某伍、闭某彪均系未成年人，刘某森溺水时，一同游泳的学生向岸边人求救但未能救起刘某森。

【案件焦点】

1. 刘某、陆某青因刘某森的死亡导致的经济损失应当适用农村居民标准还是城镇居民标准；2. 各被告对刘某森的死亡是否应当承担责任，如何承担。

【法院裁判要旨】

广西壮族自治区宁明县人民法院经审理认为：（一）刘某森生前户籍在某县峙浪乡洞浪村戈龙屯 A 号，属于农村户口。法庭辩论终结之前，《最高人民法院关于授权开展人身损害赔偿标准城乡统一试点的通知》尚未发布，且该通知适用于施行后新受理的案件，故而对于刘某森的死亡赔偿金，适用农村居民人均可支配收入标准计算。参照《2019 年广西壮族自治区道路交通事故人身损害赔偿项目计算标

准》，刘某、陆某青因刘某森死亡所遭受的经济损失如下：1. 死亡赔偿金：12435元/年×20年=248700元；2. 丧葬费：6129元/月×6个月=36774元；3. 亲属办理后事误工费：131.96元/天×3人×3天=1187.64元，以上三项合计286661.64元。（二）未成年人的父母是未成年人的监护人，学生在校并不导致监护权的自动转移。峙浪小学在平时的教学过程中已经多次进行安全警示教育，开展多样化的防溺水教学，应当认为其安全教育已经到位。但是学校没有及时发现围墙的铁丝网有漏洞缺口，导致学生从缺口处翻墙外出游泳。其疏于管理是本次事故发生的原因之一，本院酌定峙浪小学承担20%的赔偿责任，即赔偿57332.33元；农某、廖某康、黄某俊、李某、颜某伍、闭某彪均系未成年人，相互之间不存在互救的法定义务，且刘某森溺水时，一同游泳的学生已经向岸边人求救，不承担赔偿责任；某县水利局和峙浪乡人民政府作为行政机关，其职能是对于社会的综合管理。刘某和陆某青将某县水利局和峙浪乡人民政府未树立安全警示标语作为刘某森溺水的原因之一，过于拔高二行政机关的义务和责任，理由过于牵强，不予支持，刘某和陆某青也没有证据证明二机关在事发之前没有张贴警示教育标志，故而二机关不承担赔偿责任；受害人刘某森在学校已经接受防溺水的安全警示教育，对于私下外出游泳的危险性应有足够清醒的认识，但其无视学校的管理，与同学私自下河游泳导致溺水死亡，应承担此次事故的绝大部分责任。此案并无直接侵权人，刘某森溺水身亡系其自身行为所导致，刘某、陆某青要求各被告支付精神抚慰金，不予支持。

综上，广西壮族自治区宁明县人民法院依照《中华人民共和国侵权责任法》第十八条，《最高人民法院关于审理人身损害赔偿案件适用法律若干问题的解释》第七条、第十七条、第二十七条、第二十九条、第三十五条，《中华人民共和国民事诉讼法》第一百四十四条、第一百四十九条规定，判决如下：

一、峙浪小学于本判决生效之日起赔偿刘某、陆某青经济损失57332.33元；

二、驳回刘某、陆某青的其他诉讼请求。

【法官后语】

本案是未成年人学生结伴进行具有危险性活动导致人身损害的案件，属于校园安全事故，是生活中比较常见的一种侵权责任纠纷。审理中需要厘清学校、相关人员及受害者本人的责任认定。本案中，受害人作为限制行为能力人，在校住宿期间违反校规爬墙外出，明知在涉案水域游泳存在危险仍然置自身安全于不顾，对溺亡后果存在明显的过错，原告作为其监护人，应当承担相应责任。需要探讨的是，本案损害发生在校外，受害人与其他同学结伴外出，如何认定学校以及同行人员的责任。

1. 关于教育机构责任的认定。《中华人民共和国民法典》的第一千一百九十九条、第一千二百条、第一千二百零一条，《中华人民共和国未成年人保护法》（以下简称《未成年人保护法》）第三十五条，《学生伤害事故处理办法》第九条等系统规定了学校等教育机构（以下简称教育机构）对未成年人的人身保护职责和义务，未成年人在教育机构受到人身损害的，教育机构应当承担侵权责任。其中，无民事行为能力人受到教育机构人身损害的，教育机构承担过错推定责任；限制民事行为能力人受到教育机构人身损害的，教育机构承担过错责任；未成年人在教育机构受到第三人侵害的，教育机构承担补充责任。教育机构是否应当承担责任，关键看其是否尽到了教育和管理职责。

《未成年人保护法》第三十五条规定，学校、幼儿园应当建立安全管理制度，对未成年人进行安全教育，完善安保设施、配备安保人员，保障未成年人在校、在园期间的人身和财产安全；学校、幼儿园不得在危及未成年人人身安全、身心健康的校舍和其他设施、场所中进行教育教学活动；学校、幼儿园安排未成年人参加文化娱乐、社会实践等集体活动，应当保护未成年人的身心健康，防止发生人身伤害事故。据此，教育机构应承担开展安全教育活动、培养学生安全风险意识、预防伤害事故的法定职责。教育机构履职是否达到标准是其在未成年人人身损害事件中应否承担赔偿责任的重要参考。有无健全的安全制度、制度是否得以落实、有无完善的安全防护措施等是判断学生是否受到安全保护，教育机构是否尽到法定教育、保护义务和监督管理职责的关键。

从本案来看，学校每个学期都多次开展防溺水等安全教育活动，可以认定其在安全教育方面已经尽到职责。但是在安全保护方面，没有及时发现围墙铁丝网的破损并及时修复，使学生得以爬墙外出，因此可以认定学校的安全管理存在疏漏，对于此次事故发生具有一定过错。关于损害的地点处于校园范围之外对学校承担责任有无影响，从法律规定的职责来看，学校承担的是学生在校生活、学习期间的监督管理职责，包含时间和空间范畴。对于住宿制的学生，学校应当对其住宿期间的安全承担保障义务。即使损害发生的地点不在学校的监管范围，但由于学校在监督管理期间未尽到职责，致使未成年学生脱离其管理而发生人身损害事件的，学校应当承担相应的责任。因此，损害发生的地点并不影响本案学校责任的认定。

2. 关于一起外出游泳人员责任的认定。本案中，原告起诉请求与受害人同行游泳学生及其监护人承担赔偿责任。对此，需要判断同行人员对受害者是否构成侵权行为，故同行人员相互间是否有法定、约定的注意义务值得探讨。

民法上的注意义务是过错侵权责任的核心要素。在司法实践中，过失被界定为违反法定或约定的注意义务。本案中，同行人员均是未成年人，对危险的认知和判断并不比受害人更加成熟，受害者溺亡的直接原因是自行下水游泳，与同行人员无关；且发现受害人溺水后，同行人员及时向岸边成年人呼救，已做出与其智力、能力相当的施救行为，法律不超出行为主体能力范围来规定义务。因此本案判定一同外出游泳人员不承担过错责任判有所据。

校园安全事故时有发生，每一个小生命的逝去，都是对其亲属的重大打击。因此，我们希望通过此类案件，能够引导、督促教育机构更加严格地落实安全教育责任、完善安全防护措施，也提醒学生及家长，学生的安全不仅需要教育机构的教育和管理，也需要家长尽到监护职责，更需要学生养成珍惜生命健康的意识和遵规守纪的良好行为习惯。

编写人：广西壮族自治区宁明县人民法院　黄润威

9

在电力线路保护区内进行建设施工造成触电事故的责任承担

——黄某芬诉某县水利电业有限公司、陆某金触电人身损害责任案

【案件基本信息】

1. 裁判书字号

广西壮族自治区龙州县人民法院（2019）桂1423民初222号民事判决书

2. 案由：触电人身损害责任纠纷

3. 当事人

原告：黄某芬

被告：某县水利电业有限公司（以下简称水电公司）、陆某金

【基本案情】

2003 年，水电公司架设途经龙州县金龙镇三圣村板敢屯的 10 千伏高压线。2009 年前后，陆某金在该高压线安全保护区范围内建设住房，未取得相关建设审批手续，陆某金新建房屋离高压线最近距离是 2.9 米。第一层楼房建成后，陆某金于 2011 年前后加建第二层。2018 年 7 月，陆某金在第二层楼顶搭建简易铁棚，雇请潘某兴和黄某彰帮工，工钱每人每天 150 元。7 月 31 日上午，在施工过程中，黄某彰在吊运铁棚钢梁过程中，钢梁触碰陆某金屋旁的高压线，黄某彰触电后坠楼身亡。黄某彰生前未婚，无子女，事发时其父亲已经去世，黄某芬是黄某彰的母亲，黄某芬共生育有七个子女。

【案件焦点】

电力线路保护区内发生触电事故责任应如何划分。

【法院裁判要旨】

广西壮族自治区龙州县人民法院经审理认为：根据国务院《电力设施保护条例》第十条规定，1—10 千伏高压线的架空电力线路保护区是导线边线向外侧水平延伸并垂直于地面所形成的两平行面内的区域，电压导线的边线延伸距离 5 米范围内。陆某金将房屋建设在电力线路保护区范围内，并未取得任何合法手续，对黄某彰触电坠楼事故的发生存在过错，应承担相应的过错责任。陆某金作为雇主，有指挥和管理雇佣人的权利，对雇佣人的工作安全有保障义务，陆某金指挥从靠近高压线一侧吊运 7.8 米长的钢梁，应预见到可能会发生触电事故，但未采取合理措施避免触电事故发生，这是陆某金存在的第二个过错，应承担相应的过错责任。黄某彰在高压线附近进行吊运钢梁施工，未注意与高压线保持合理的安全距离，对其自身触电坠楼身亡存在过错，应承担相应的过错责任。参照《电力设施保护条例实施细则》第九条“电力管理部门应在下列地点设置安全标志：（一）架空电力线路穿越

的人口密集地段；（二）架空电力线路穿越的人员活动频繁的地区；（三）车辆、机械频繁穿越架空电力线路的地段；（四）电力线路上的变压器平台”的规定，本案架空线路经过陆某金家房屋附近，虽然2003年架设线路时，该地段可能属于一般农田或农用地，但如今已属于人口密集地段和人员活动频繁的区域，水电公司应按规定设置安全标志。水电公司未按规定设立安全标志，应当承担相应的过错责任。综合本案事实，认定陆某金承担60%的责任，黄某彰自行承担30%的责任，水电公司承担10%的责任。

广西壮族自治区龙州县人民法院依照《中华人民共和国侵权责任法》第十二条，《最高人民法院关于审理人身损害赔偿案件适用法律若干问题的解释》第十七条、第十八条、第二十七条、第二十八条、第二十九条，《最高人民法院关于确定民事侵权精神损害赔偿责任若干问题的解释》第十条规定，作出如下判决：

一、陆某金支付赔偿款160908元，精神损害抚慰金18000元，两项共计178908元给黄某芬；

二、水电公司支付赔偿款26818元，精神损害抚慰金3000元，两项共计29818元给黄某芬。

【法官后语】

“多因一果”案件责任如何认定一直是审判实务中的难点问题，也最容易引发争议。“多因一果”是指由数个无意思联络的行为共同作用，造成同一损害结果的发生。“多因一果”不同于共同侵权行为，行为人对损害结果不承担连带责任。共同侵权行为要求“行为”共同实施，表现为侵权人间存在意思联络或数个行为直接结合造成损害结果。本案四个侵权行为先后发生，损害结果并非各行为积极加害造成，侵权人间既无意思联络，侵权行为也没有共同实施，属于典型的“多因一果”案件。

《中华人民共和国民法典》（以下简称《民法典》）第一千一百七十二条规定：“二人以上分别实施侵权行为造成同一损害，能够确定责任大小的，各自承担相应的责任；难以确定责任大小的，平均承担责任。”因此“多因一果”案件的各侵权人应按各自侵权行为对损害结果发生的责任大小承担责任。一般认为，衡量“多因一果”案件的责任大小，应结合各侵权行为主观过错程度和原因力大小综合判断，并以过错程度比较为主、原因力比较为辅。

结合本案，对造成黄某彰死亡的各行为人侵权行为责任大小，作以下分析：(1) 陆某金未经城乡建设规划部门会同电力管理部门审查批准，在已建电力设施旁建设房屋，属于私自建设，存在明显主观过错；其后在加建简易铁棚的过程中造成触电事故，如无陆某金的违规建房行为，则不会发生黄某彰死亡的事件，因此该行为与黄某彰的死亡存在必然的关系，是造成黄某彰死亡的最主要原因。(2) 陆某金作为雇主，指挥从靠近高压线一侧吊运7.8米长的钢梁，房屋距高压线最近的距离只有2.9米，从普通人的角度即应预见到可能会发生触电事故，并采取合理措施避免触电事故发生。如陆某金从远离高压线的房屋一侧吊运钢梁，即可避免黄某彰触电死亡，故陆某金的指挥失当行为具有重大过失，也是造成黄某彰死亡的主要原因。(3) 黄某彰作为施工人员，应该对于施工过程中存在的风险有专业的预见性，其未能预见并采取合理措施避免风险与陆某金的指挥失当相当，黄某彰在施工作业时未尽到一个专业人员的注意义务，具有重大过失，其自身过错行为也是造成死亡后果的主要原因。(4) 水电公司未按规定设立警示标志，设立警示标志会增加陆某金、黄某彰的危险意识，从而降低发生事故的可能性，但设立警示标志并不确保不会发生触电事故，因此水电公司虽然存在主观过错，但未按规定设立警示标志仅是造成黄某彰死亡的次要原因。

因本案各侵权行为的主观过错相当，决定责任大小在于行为原因力比较。陆某金有两个主要原因行为，黄某彰有一个主要原因行为，水电公司有一个次要原因行为，故判决陆某金承担60%的民事侵权责任，黄某彰承担30%的责任，水电公司承担10%的责任，这样既保护了受害人亲属的合法权益，也不无故加重供电企业的负担，责任比例适当。

本案也涉及原因行为的认定问题。对于侵权因果关系，有两种争议学说，即“相当因果关系说”和“必然因果关系说”。“相当因果关系说”认为，造成损害结果发生的所有条件具有同等价值，缺乏任何一个条件，损害都不会发生，各种条件都是法律上的原因，所以行为与损害结果之间不需要有直接的因果关系，行为人的行为对损害结果构成适当条件，行为人就应当负责。“必然因果关系说”认为，只有当行为人的行为与损害结果之间具有内在的、本质的、必然的联系时，才具有法律上的因果联系，为了正确地确定责任，应当区别原因和条件。

如按“必然因果关系说”，水电公司未设立警示标志的行为，与结果不存在必然的联系，即不具备法律上的因果关系，但考虑高度危险活动的无过错责任原则，本案不存在免除水电公司责任的事由。对本案因果关系的认定采用相当因果关系说更为合理，即水电公司的行为对损害结果构成适当条件，水电公司就应当负责。这也与《民法典》第一千二百四十条“从事高空、高压、地下挖掘活动或者使用高速轨道运输工具造成他人损害的，经营者应当承担侵权责任；但是，能够证明损害是因受害人故意或者不可抗力造成的，不承担责任。被侵权人对损害的发生有重大过失的，可以减轻经营者的责任”，以及第一千二百四十三条“未经许可进入高度危险活动区域或者高度危险物存放区域受到损害，管理人能够证明已经采取足够安全措施并尽到充分警示义务的，可以减轻或者不承担责任”的规定精神相一致。

编写人：广西壮族自治区龙州县人民法院 陆晖

10

酒后坠楼身亡，同饮者已尽因先行行为引发的注意义务不担责

——沙甲、孙乙诉刘丁等生命权、健康权、身体权案

【案件基本信息】

1. 裁判书字号

广东省广州市增城区人民法院（2018）粤0118民初6242号民事判决书

2. 案由：生命权、健康权、身体权纠纷

3. 当事人

原告：沙甲、孙乙

被告：刘丁、阮戊、万己

【基本案情】

沙甲、孙乙系沙丙的父母。沙丙与刘丁、阮戊、万己曾为战友。2017 年 12 月 27 日，沙丙前往广州市增城区找刘丁、阮戊、万己相聚。午餐后四人去奶茶店喝了奶茶，17 时 30 分，阮戊因家中有事回家。沙丙、刘丁、万己一起吃了晚饭，其间沙丙和刘丁喝了少量药酒。后三人散步之后去了酒吧，万己在 21 时 40 分左右离开。刘丁和沙丙在酒吧喝酒至第二天凌晨 2 时许，后二人离开酒吧外出吃夜宵。凌晨 4 时左右，刘丁和沙丙在宾馆一同开房休息。5 时 50 分左右，沙丙从宾馆房间窗台坠楼后死亡。6 时左右，派出所民警到达现场，经民警提示刘丁发现沙丙躺在宾馆窗户下方的地上，并已死亡。

沙甲、孙乙认为刘丁、阮戊、万己对沙丙没有尽到安全的护理义务，导致沙丙死亡，存在重大过错，要求刘丁、阮戊、万己承担沙丙死亡赔偿金、丧葬费、精神损害抚慰金等费用的 50%，合计 247436. 25 元。

【案件焦点】

刘丁、阮戊、万己对沙丙酒后人身安全是否负有注意义务，是否已尽注意义务并应承担赔偿责任。

【法院裁判要旨】

广州市增城区人民法院经审理认为：沙丙的死亡是因饮酒后意外坠楼所致。沙甲、孙乙主张刘丁、阮戊、万己对沙丙的死亡承担赔偿责任，应就刘丁、阮戊、万己存在过错，且过错与沙丙的死亡后果存在因果关系承担举证责任。首先，沙丙系完全民事行为能力人，其对饮酒、醉酒可能造成的损害后果应当具有一定的预见性，但其无节制地饮酒致使其认识和辨别能力降低，行为控制力减弱，最终导致意外坠楼这一死亡惨剧的发生，这是沙丙死亡的直接原因，应自负全部责任。其次，沙丙与刘丁、阮戊、万己聚会聊天、吃饭等正常社交活动的先行行为，并不足以引发刘丁、阮戊、万己对沙丙人身安全负有保障义务。现亦无证据证实刘丁、阮戊、万己有劝酒行为并致使沙丙饮酒过量。而阮戊和万己更是在沙丙醉酒前已离开，离开时沙丙并无不良状况，阮戊和万己无法预知沙丙之后的行为，更不应对其离开后沙丙的行为承担法律责任。沙甲、孙乙主张阮戊、万己对沙丙不管不问，坠楼后未及时将沙丙送医抢救，显然没有事实依据，不予采信。在沙丙大量饮酒后，刘丁与沙丙一同前往宾馆开房休息，已尽到一般人的注意义务。刘丁对沙丙之后的坠楼行为无法预知，更无从预防。刘丁得知沙丙坠楼时，派出所民警已到现场，沙甲、孙乙主张刘丁未尽及时送医抢救的义务，亦理据不足。综上，沙甲、孙乙主张刘丁、阮戊、万己对沙丙的死亡存在过错，应承担部分赔偿责任，缺乏事实和法律依据，不应支持。

广州市增城区人民法院依照《最高人民法院关于适用〈中华人民共和国民事诉讼法〉的解释》第九十条、第一百零五条规定，判决：

驳回沙甲、孙乙的全部诉讼请求。

【法官后语】

根据侵权行为的形态分类，侵权行为分为作为侵权和不作为侵权。作为侵权是指行为人以积极的方式违反了不作为的义务而致人损害；不作为侵权指的是违反了某种作为义务，没有实施或没有正确实施该义务所要求的行为而致人损害。

日常生活中，作为侵权较为常见，为人们所熟知。而不作为侵权属于特殊情形，其定义、法律依据、归责原则等并不为普通大众所了解。我国在立法上并未就不作为侵权责任的归责原则作出特别规定，不作为侵权适用侵权责任法的一般归责原则，即过错责任原则。因此，判断行为人是否构成不作为侵权，需从行为人在社会交往中是否承担法定的或约定的或因先行行为而引发的积极义务，且是否已尽到此种积极义务来进行判断。（1）法定的积极作为义务。如《中华人民共和国民法典》第一千一百六十九条第二款关于父母或其他监护人的监护义务，第一千一百九十五条网络服务者采取必要措施的义务，第一千一百九十八条的安全保障义务，第一千一百九十九条、第一千二百条、第一千二百零一条教育机构的教育、管理义务，第一千二百一十九条医疗机构及医务人员的说明、获取同意等义务，第一千二百五十三条、第一千二百五十五条、第一千二百五十七条的物件保有人的积极作为义务等。（2）约定的积极作为义务。如接受监护人委托承担的对被监护人的管护义务。违反合同约定的积极作为义务构成违约，特定情形下构成违约责任和侵权责任的竞合。（3）先行行为引发的积极作为义务。如行为人的事先行为给他人带来危险，则其行为本身已经与他人权益面临损害之现实危险之间存在法律价值判断上的因果关系，即因自身的先行行为给自己的行为自由设定了负担，法律有必要在此情况下要求行为人通过法定的积极义务排除此种因自己先行行为给他人带来的现实侵害威胁乃至现实损害。① 典型情形如聚餐劝酒，醉酒者回家路上发生交通事故受伤，因劝酒者的先行行为致使醉酒者在回家路上面临现实危险，如劝酒者未尽护送、帮助等合理注意的积极义务则需承担不作为侵权责任。

本案中，针对沙丙的死亡，刘丁是否需要承担赔偿责任？要回答该问题，还需对不作为侵权责任的构成要件进行分析。学理上认为，不作为侵权责任的构成要件包括：(1) 不作为；(2) 侵害民事权益；(3) 不作为与民事权益受侵害之间具有因果关系；(4) 违反注意义务而导致违法性和过失。

具体至本案，采用上述构成要件分析如下：(1) 判断是否不作为以是否具有法定或约定或先行为引发的注意义务为前提。刘丁与沙丙聚会同饮并醉酒的先行行为引发了刘丁对沙丙的合理注意义务，其后刘丁将沙丙护送至宾馆并与沙丙同住一房，是刘丁实施的照看行为，应认定刘丁已积极作为，并未放任沙丙不管不顾，因此刘丁并无不作为。(2) 侵害民事权益指受害人必须遭受现实的权益侵害，沙丙的死亡显属人身权益损害。(3) 不作为与损害后果之间是否具有因果关系的认定，应从假设积极作为是否具有足够阻止损害发生的可能性进行分析。为了更好地展现因果关系的认定，可假设刘丁仅护送沙丙至宾馆住宿后离开，沙丙在其后从宾馆窗台跌落后死亡，刘丁是否需对沙丙的死亡承责呢？分析如下，假设刘丁继续留下与沙丙同睡一房，刘丁的留下行为也并不能阻止沙丙从窗台跌落这一损害事实的发生，且在效果上不具有足够的可能性，毕竟我们无法苛责刘丁履行更高的注意义务，即在深夜饮酒后仍需彻夜不眠照看醉酒的沙丙。因此刘丁未留下的不作为与沙丙的最终死亡之间并不具有因果关系。(4) 违反注意义务而导致违法性和过失。先行行为本身在绝大多数情况下并不具有违法性，本案中的聚会饮酒行为就是正常合法的社会交往行为，关键在于行为人有无违反注意义务。大体而言，先行行为可能造成他人权益损害危险的大小与引发的注意义务程度成正比，引发危险的可能性越大，行为人所应尽的注意义务程度越高。从沙丙在宾馆入住后误从窗台跌落的后果来判断，沙丙醉酒严重，而刘丁将沙丙送至宾馆，并与其共同入住，已尽较高程度的注意义务。此外，注意义务应以损害后果具有可预见性为限，如此赋予积极作为义务

① 朱岩：《缠绻责任法通论总论——上册 责任成立法》，法律出版社2011年版。

人一定范围的预防义务才具有合理性。危险结果是否可预见应以一般行为人的社会生活经验、逻辑为标准。沙丙从窗台跌落是作为一般正常人所无法预见的，因此刘丁在护送沙丙至宾馆后，其已尽注意义务。

随着社会经济与文明的进步发展，人与人之间的社会交往程度更为频繁、密切和复杂，即使是互不相识的社会成员之间，一个人的作为或不作为都可能对他人产生极大的影响，因此以安全保障义务为代表的不作为侵权责任在现实中不断扩张。值得引起注意的是，此种扩张应有一定限度，其边界应当是行为人的注意义务程度及所尽义务的标准，否则将导致结果责任，减损民法的公平价值。

编写人：广东省广州市增城区人民法院　李旷怡

11

风险性户外运动项目中发生事故应综合考虑组织者的安保义务和参与者的注意义务确定责任

——吕某泽诉凯步锐石公司生命权、健康权、身体权案

【案件基本信息】

1. 裁判书字号

北京市第二中级人民法院（2019）京02民终4329号民事判决书

2. 案由：生命权、健康权、身体权纠纷

3. 当事人

原告（上诉人）：吕某泽

被告（上诉人）：凯步锐石公司

【基本案情】

2017年5月29日，吕某泽及亲友到凯步锐石公司经营的北京市房山区张坊镇四渡清江九龙潭景区游玩，吕某泽参与了“飞拉达”即铁道式攀登的户外运动项

目。在下山沉降过程中，吕某泽因将随身个人保护装备中的两个挽锁同时扣在垂直钢缆上，且因离地设置固定钢缆的第一锚点与地面距离小于成人身高，致使吕某泽直接从岩壁滑落至地面摔伤。后凯步锐石公司组织施救，送吕某泽至医院就医，吕某泽被诊断为距骨骨折（左），进行了手术治疗。其间，凯步锐石公司支付了医疗费、护理费及宾馆住宿费等费用。经鉴定，吕某泽的伤残等级为十级（致残率为10%）。

吕某泽以教练指导不当，加之攀岩路线不合理且存在安全隐患，导致其在攀岩过程中坠落受伤为由请求法院判令凯步锐石公司支付医疗费等赔偿费合计1442127元。

【案件焦点】

风险性户外运动项目中发生事故应如何确定组织者及参与者的法律责任。

【法院裁判要旨】

北京市房山区人民法院经审理认为：宾馆、商场、银行、车站、娱乐场所等公共场所的管理人或者群众性活动的组织者，未尽到安全保障义务，造成他人损害的，应当承担侵权责任。本案争议焦点为致伤原因，吕某泽提出凯步锐石公司经营的“飞拉达”即铁道式攀登户外运动项目不符合“飞拉达”品牌设计标准，是造成其摔伤的根本原因；凯步锐石公司主张吕某泽从岩壁滑落摔伤系其违规将个人保护装备中的两个挽锁同时扣在垂直钢缆上所致。对于铁道式攀登运动项目的设计、施工及运营国内尚未制定标准，且在行业无统一规范的情况下，根据现有证据和双方庭审陈述，吕某泽疏忽大意未安全攀爬和钢缆离地第一锚点净空高不及成人身高，两者结合是吕某泽摔伤的根本原因。对损害结果的责任比例划分为，吕某泽承担40%的责任，凯步锐石公司承担60%的责任。

双方当事人均不服一审判决，提出上诉。北京市第二中级人民法院经审理认为：吕某泽在事发时所参与的铁道式攀岩属具有较高风险性的户外运动。对于该种类户外运动而言，其既需组织者具备一定专业性和技术性的物质条件和人员引导为保障，亦需参与者具备一定的专业知识和能力。对凯步锐石公司一方责任的判断，要考量其应在能够预判预防和避免危险发生的限度内，在符合该项运动特别的科学合理安排的框架下予以酌定。因设施本身的缺陷和组织引导过程中的不规范情形均客观存在，一审法院认定其承担60%的赔偿责任较为适当。对于吕某泽一方，因其系完全民事行为能力人，在从事具有一定危险性的户外运动中，对自身安全和具体操作更应保持较高程度的注意义务。

本案中，既有来自活动本身的内在风险，如高空攀爬等，它要求当事人参与户外活动的决定本身包含着对活动潜在风险的预测和认可，又有参与者和组织者的疏失。侵权责任法对诉讼当事人所为的低于一个合理谨慎人标准的行为一般要课以责任，而判断合理性与否的关键除既有标准、规则外，就是衡量采取预防措施的成本是否高于损害造成的损失成本。故考虑以上因素，对吕某泽、凯步锐石公司双方责任按40%和60%认定较宜。吕某泽、凯步锐石公司的上诉主张，均缺乏充分的事实及法律依据，不予支持；一审判决认定事实清楚，适用法律正确，予以维持。依照《中华人民共和国民事诉讼法》第一百七十条第一款第一项规定，作出如下判决：

驳回上诉，维持原判。

【法官后语】

本案涉及作为具有一定风险的户外运动项目（飞拉达，铁道式攀登）的组织者（经营者）的安全保障义务以及参与者的审慎注意义务。

1. 作为经营者（组织者）的安全保障义务

《中华人民共和国民法典》（以下简称《民法典》）第一千一百九十八条第一款规定，宾馆、商场、银行、车站、机场、体育场馆、娱乐场所等经营场所、公共场所的经营者、管理者或者群众性活动的组织者，未尽到安全保障义务，造成他人损害的，应当承担侵权责任。飞拉达项目是存在一定风险的户外运动项目，凯步锐石公司作为该项目的经营者（组织者），应在路线设计、设施建设、事前培训、事中指引、事后救援等环节尽到安全保障义务，保障消费者在游玩期间的安全。本案中，吕某泽坠落受伤的原因一是疏忽大意未安全攀爬，二是钢缆离地第一锚点净空高不足，导致攀爬者着陆时安全绳失去保护作用，攀爬者直接坠地受伤。这反映出该项目近地锚点设计的安全问题。此外，凯步锐石公司在事中指引上也存在不足，导致自身经营的项目存在安全隐患。作为运动项目的经营者，特别是具备一定风险的户外运动项目的经营者，本可通过加强事前培训和过程中监督、指导等方式避免因设计隐患酿成事故，但凯步锐石公司在设施建设（近地锚点设置）以及事前和事中培训、指引上均存在不足，未尽安全保障义务，导致未能避免事故的发生，应承担侵权责任。

2. 可减轻经营者（组织者）责任的因素

《民法典》第一千一百七十三条规定，被侵权人对同一损害的发生或者扩大有过错的，可以减轻侵权人的责任。诚然，运动项目的经营者（组织者）应在各环节做好安全防护，保障消费者（参与者）的安全，但是，各种运动项目发展的完善程度及当地运动环境的规范程度并不相同，“飞拉达”在欧洲发展较早，行业自律及政府管理较为完善，但该项目进入中国时间并不长，国内对于项目的设计、施工及运营尚未制定标准，且行业无统一规范，此时，不能苛求经营者做到至善至美，对消费者（参与者）做到全方位的保护。加之飞拉达是具有一定挑战难度的户外运动项目，要求消费者（参与者）具备一定的攀爬经验和尽较高程度的谨慎注意义务，在不同的线路应采取不同的攀爬方式，减少风险操作，避免发生事故。如因自己未尽到充分的谨慎注意义务导致受伤，应适用《民法典》第一千一百七十三条规定的过失相抵规则，减轻侵权人责任。

3. 各方责任的划分

本案中，飞拉达的经营者（组织者）和消费者（参与者）均存在一定过错，如何划分双方责任比例是裁判的关键。对此，既要考虑经营者（组织者）是否诚信经营，又要考虑消费者（参与者）是否为合理谨慎人，还要考虑采取预防措施的成本和事故造成的损失之间的关系。本案的事故原因，既有经营者（组织者）所建设的设施本身的缺陷、组织引导不规范，又有消费者在运动中未保持较高程度的注意，二者结合才导致事故的发生，故双方均存在过错、均应承担责任，同时，考虑到消费者（参与者）杜绝失误的难度和成本，小于经营者完善设施建设、加强组织引导的成本，故判定消费者（参与者）承担相对较重的责任比例。此外，考虑到飞拉达在国内发展仍不成熟，该项目暂无行业自律规范和政府强制管理规定，故不宜对经营者（组织者）过于苛求。综合以上因素，确定经营者（组织者）和消费者（参与者）按照6:4的比例承担责任，该责任比例既能引导经营者在设计、培训、指引等环节加强安全保护措施，履行好安全保障义务，也能警示消费者在参与风险运动时保持较高程度的注意，平衡市场主体之间的利益关系，促进运动项目和群众活动向着健康和安全的方向发展。

编写人：北京市房山区人民法院　李文达　马存君

12

与动物危险性无关的损害不属于饲养动物损害责任

——阮某娥诉雷某花、董某伟健康权案

【案件基本信息】

1. 裁判书字号

浙江省武义县人民法院（2019）浙0723民初1419号民事判决书

2. 案由：健康权纠纷

3. 当事人

原告：阮某娥

被告：雷某花、董某伟

【基本案情】

阮某娥与雷某花、董某伟同系武义县坦洪乡上陶村村民。2018年9月26日上午，阮某娥驾驶二轮电动车从上陶村往西畈方向行驶，途经上畈路段时，遇雷某花、董某伟家的狗横穿道路，阮某娥为避让狗而致二轮电动车翻车，阮某娥摔倒在地受伤。事发时阮某娥未佩戴安全头盔，车把后视镜上挂着斗笠，脚踏板上放置一张筛子。

阮某娥认为雷某花、董某伟未对家狗严格看管，未采取绳索拴制等限制措施，应当对阮某娥的人身损害承担全部赔偿责任。

【案件焦点】

1. 本案的归责原则适用饲养动物损害的无过错责任原则还是一般侵权的过错责任原则；2. 双方的责任大小如何划分。

【法院裁判要旨】

浙江省武义县人民法院经审理认为：本案系阮某娥为避让雷某花、董某伟家的

狗而导致翻车并摔伤，并不存在动物的直接加害行为，故本案应适用过错责任原则。行为人因过错侵害他人民事权益的，应当承担侵权责任；被侵权人对损害的发生也有过错的，可以减轻侵权人的责任。阮某娥在驾驶二轮电动车过程中，遇到紧急情况处理不当，是造成损害的主要原因。雷某花、董某伟未将家狗拴养而任其横穿公路，导致阮某娥为避让而摔伤，雷某花、董某伟依法应承担相应的赔偿责任。本院酌定由阮某娥自行承担70%的责任，由雷某花、董某伟承担30%的赔偿责任。经审核，阮某娥合理损失为：医疗费33544.19元、交通费260元、住院伙食补助费390元。鉴于阮某娥提交的精诚（2019）临鉴字第03235号鉴定意见书未被本院采纳，其依据该鉴定意见书所主张的残疾赔偿金以及误工费、护理费、营养费、精神损害抚慰金，可在补充相关证据后另行主张；阮某娥要求雷某花、董某伟赔偿其为本次鉴定所支出的鉴定费2600元的诉讼请求，不予支持。

浙江省武义县人民法院依照《中华人民共和国侵权责任法》第六条、第十六条、第二十六条，《中华人民共和国民事诉讼法》第一百五十三条规定，作出如下判决：

一、由雷某花、董某伟赔偿阮某娥医疗费、交通费、住院伙食补助费等损失共计10258.26元，扣除雷某花、董某伟已赔付的1300元，尚应赔偿8958.26元。限于本判决生效后十日内履行；

二、驳回阮某娥的其他诉讼请求。

【法官后语】

饲养动物侵权也是一个很古老的侵权类型，近年来由于动物伤人事件频发，饲养动物侵权成为社会热点话题。很多城市相继出台了《饲养动物管理条例》等相应的地方性法规，城区内的动物饲养逐渐趋于规范化的态势。但在乡村，绝大多数家庭会饲养动物，并且对于猫、狗之类的动物还有很多人未采取圈养、拴绳、戴头套等方式加以约束，维持着原有的散养状态。这就导致在农村因饲养动物致人损害的纠纷层出不穷，但所有与饲养动物有关的纠纷都属于饲养动物损害责任纠纷吗？

《中华人民共和国民法典》（以下简称《民法典》）第七编侵权责任部分第九章以专章形式规定了“饲养动物损害责任”，其中第一千二百四十五条规定，饲养的动物造成他人损害的，动物饲养人或者管理人应当承担侵权责任。通过对该条款的解读，可以发现饲养动物侵权损害责任的构成要件仅仅要求具备饲养动物的侵权行为、他人的损害结果、侵权行为与损害后果的因果关系，并没有要求饲养人或者管理人主观上具有过错，因此饲养动物损害的归责原则为无过错责任原则。动物的本性决定了任何动物都不同程度地存在致人损害的危险，饲养动物的侵害行为从性质上来说是其危险性的具体表现形式，而该表现形式在现实生活中主要体现为纯粹发挥机械作用的行为，如撕咬、抓挠等直接加害于受害人的积极侵害行为，也体现为一些不直接接触或攻击他人人身、财产，但具备一定的现实危险而对受害人权益造成损害的消极侵害行为，如“恶犬”挡道造成他人不敢从此路经过，又如受害人因惧怕动物而在躲避时摔倒等。无论是积极侵害还是消极侵害，其侵害结果都应当与动物的危险性之间存在关联，否则不能认定为饲养动物损害责任。本案中，二被告饲养的狗只是横穿马路，并不足以让原告产生即将受到侵害的心理恐惧，即原告受到的损害与动物的危险性无关，故不属于《民法典》规定的饲养动物损害，因此本案的归责原则仍应适用《民法典》规定的一般过错责任原则。

那么本案中双方的责任应当如何确定?《民法典》第一千一百六十五条、第一千一百七十三条规定，行为人因过错侵害他人民事权益造成损害的，应当承担侵权责任；被侵权人对同一损害的发生或者扩大有过错的，可以减轻侵权人的责任。本案中，原告驾驶二轮电动车时未佩戴安全头盔，并且行驶过程中其车把的后视镜和脚踏板上均放置了有碍行车操作的物品。有意见认为，现行法律、法规及地方性法规均未明确要求二轮电动车的驾驶人行驶时应佩戴安全头盔，也未明确禁止非机动车的车把和脚踏板上放置物品，故本案原告并不存在过错。我们认为，在过错责任原则下，当事人是否具有过错不能仅限于是否违反了法律的明文规定，对自身安全未尽应尽之注意义务同样可以构成当事人的过错。各种车辆的驾驶人在行驶中都应确保突发情况下的有效、安全处置，行驶中的二轮电动车的车把上和脚踏板上放置大件物品，对车辆的转向及制动操作都会产生一定的影响，特别是在遭遇突发情况时，这种不利于车辆有效控制的影响极有可能引发严重事故。本案原告在驾驶二轮电动车行驶过程中，突遇被告家的狗横穿公路，在避让时因操作不当导致车翻人伤，也正是因为其驾驶的二轮电动车上放置的斗笠和筛子影响了其正常操作。此外，从原告的伤情来看，其损伤主要集中在面部，也与其未佩戴安全头盔密切相关。由此可见，原告在行驶中未注意自身安全，是造成本次损害的主要原因。

编写人：浙江省武义县人民法院　金磊　应倩

13

网约车平台对专快车司机因乘客所致损害责任承担的认定

——梁某勇诉某滴公司、李某健康权案

【案件基本信息】

1. 裁判书字号

广东省江门市中级人民法院（2019）粤07民终239号民事判决书

2. 案由：健康权纠纷

3. 当事人

原告（上诉人）：梁某勇

被告（被上诉人）：某滴公司

被告：李某

【基本案情】

梁某勇是在某滴公司注册的网约车平台司机。2016年12月12日零时，李某经密谋，携带刀具，通过某滴出行软件呼叫梁某勇的轿车。后梁某勇驾驶其车辆搭载李某从江门市蓬江区杜阮镇农业银行前路段出发，行至潮连街道侨乐新村时李某谎称要等朋友，让梁某勇停车，后李某持刀插向梁某勇右上臂、右肩、右胸背部等部位，对梁某勇进行抢劫，并驾驶上述车辆搭载梁某勇至杜阮镇木朗市场附近路边，将梁某勇和上述车辆遗弃在该处，自己逃离现场。

梁某勇因本次事故造成的损失共计266319.06元，其中医药费54611.70元。事故发生后，某滴公司为梁某勇垫付医疗费44800元。

梁某勇与某滴公司签订了《专快车服务合作协议》，对双方的服务合作期间、合作费用、服务保障、违约责任等条款进行了详细约定。同时约定某滴公司与所有提供网约车服务的司机仅存在挂靠合作关系，不存在任何直接或间接的劳动关系等。其中在“服务保障”项下约定：“某滴专快车信息平台将通过个性化的安全保

障产品为标有保障产品的订单服务中的全部用户（包括驾驶员用户和乘客用户）提供相应的安全保障，例如对于交通事故、治安事故或其他意外事故，在实际责任方无力赔偿或在合理时间内未赔偿的情况下，可以按照相应的安全保障产品说明规定的内容提供医药费先行垫付、探望等安全保障服务等。”

【案件焦点】

网约车平台对专快车司机因乘客所致损害的责任应如何认定。

【法院裁判要旨】

广东省江门市蓬江区人民法院经审理认为：李某犯抢劫罪，持凶器暴力抢劫梁某勇财物，并致梁某勇受伤，侵害了梁某勇的健康权，应当承担侵权赔偿责任；梁某勇虽通过某滴公司经营的某滴平台与李某达成车辆搭乘合约，但本案为侵权之诉，某滴公司与作为司机的梁某勇之间不存在法定的雇佣关系，梁某勇接单出车不构成职务行为，且梁某勇亦未能举证证明某滴公司存在对梁某勇的侵权行为或者存在过错应予以赔偿等情形，故某滴公司在本案中不应承担侵权赔偿责任；无证据显示梁某勇在本次事故中自身存在过错。因此，李某作为直接侵权人应对梁某勇因本次事故造成的各项合理损失承担全部赔偿责任。故李某应向梁某勇赔偿各项损失合计266319.06元。某滴公司向梁某勇垫付的44800元，双方可另行协商解决。

江门市蓬江区人民法院依照《中华人民共和国侵权责任法》第六条第一款、第十六条，《最高人民法院关于审理人身损害赔偿案件适用法律若干问题的解释》第十七条第一款、第十九条、第二十条、第二十一条、第二十二条、第二十三条、第二十四条、第二十五条、第二十六条、第二十八条，《最高人民法院关于人民法院是否受理刑事案件被害人提起精神损害赔偿民事诉讼问题的批复》，《中华人民共和国民事诉讼法》第六十四条第一款、第一百四十四条规定，判决如下：

一、李某应自判决生效之日起十日内向梁某勇支付赔偿款266319.06元；

二、驳回梁某勇的其他诉讼请求。

梁某勇不服一审判决，提起上诉。广东省江门市中级人民法院经审理认为：关于梁某勇与某滴公司之间构成何种法律关系的问题。本案中除存在梁某勇与李某之间的侵权法律关系外，还存在梁某勇与某滴公司之间基于《专快车服务合作协议》所产生的合同法律关系。关于梁某勇与某滴公司之间构成何种合同关系的问题。首先，梁某勇上诉主张两者之间构成承揽关系。依据《中华人民共和国合同法》第二百五十一条“承揽合同是承揽人按照定作人的要求完成工作，交付工作成果，定作人给付报酬的合同。承揽包括加工、定作、修理、复制、测试、检验等工作”的规定，承揽关系中存在合同标的系通过一定专业技术而实现的工作成果、承揽当事人之间不存在支配与被支配的关系、承揽人的劳动与定作人的生产经营活动相互独立、互不依属等特征。而本案中存在某滴公司、司机梁某勇、乘客李某三方主体，接受司机运输服务的是乘客，且某滴公司对梁某勇完成运输服务工作具有较大的管理权、监督权，与上述法律规定中的承揽关系存在明显不同。梁某勇主张构成承揽关系理据不足，请求某滴公司承担定作人过失责任，没有法律依据。其次，某滴公司主张两者之间构成挂靠合作关系，梁某勇还主张根据《网络预约出租汽车经营服务管理暂行办法》第十六条规定，某滴公司应当承担承运人责任。但挂靠合作关系或者运输合同关系均侧重于解决某滴公司、司机共同作为一方与乘客另一方的外部法律关系，并不能妥善解决本案中某滴公司与司机梁某勇之间的内部法律关系问题。最后，《专快车服务合作协议》系某滴公司与梁某勇双方真实意思表示，不违反法律、行政法规强制性规定，应属合法有效。该协议内容难以归入《中华人民共和国合同法》分则所明确规定的各种有名合同之中，依据《中华人民共和国合同法》第八条“依法成立的合同，对当事人具有法律约束力。当事人应当按照约定履行自己的义务，不得擅自变更或者解除合同”的规定，某滴公司与梁某勇均应按照《专快车服务合作协议》全面履行合同义务。

关于某滴公司应承担何种合同义务的问题。依据《专快车服务合作协议》关于服务保障项下的约定，在本案审理期间，某滴公司既没有明确“个性化的安全保障产品”具体是指什么产品，也没有提交证据证明“相应的安全保障产品说明”的具体内容，仅凭某滴公司的陈述难以认定其已经全面履行了协议约定的安全保障义务。关于某滴公司是否已经履行医药费先行垫付义务的问题。梁某勇共计支出医药费 54611.70 元，某滴公司已垫付医药费 44800 元，仅能认定某滴公司已经部分履行了垫付义务，尚有医药费 9811.7 元未履行垫付义务。在梁某勇于 2016 年 12 月 12 日受到伤害至今两年多时间内仍未获得赔偿的情况下，某滴公司应当按照《专快车服务合作协议》关于医药费先行垫付的约定，对梁某勇剩余医药费 9811.7 元承担垫付义务。

关于李某的侵权责任与某滴公司的违约责任如何衔接的问题。本案的主要法律关系是梁某勇与李某之间的侵权法律关系，李某应承担的侵权责任是首要的也是最终的责任。基于《专快车服务合作协议》的约定，只有在李某无力赔偿或者合理时间内未赔偿梁某勇的情况下，某滴公司才承担医药费先行垫付义务。首先，某滴公司已经垫付的医药费44800元，足以弥补梁某勇的相应损失，应从李某应赔偿数额中予以扣除。扣除后，李某尚应赔偿梁某勇221519.06元（266319.06元－44800元）。其次，对于梁某勇损失内尚未获得赔偿的医药费9811.7元，垫付义务人某滴公司应当与赔偿责任人李某承担连带责任。最后，某滴公司垫付医药费后，取得代位求偿权，可以另行向侵权人李某主张，在本案中不予调整。

广东省江门市中级人民法院判决如下：

一、撤销广东省江门市蓬江区人民法院（2018）粤0703民初1768号民事判决；

二、李某应自本判决生效之日起十日内向梁某勇赔偿221519.06元；

三、某滴公司应在9811.7元范围内对李某上述第二项判决的赔偿责任承担连带清偿责任；

四、驳回梁某勇的其他诉讼请求。

【法官后语】

1. 网约车平台应对乘客所致专快车司机人身损害承担责任

“互联网＋”共享经济的兴起在给人民群众带来生活上的便利、促进经济发展的同时，也向社会治理及纠纷解决机制发起了新的挑战，网约专快车司机的权益保护值得重视。网约车服务行业有多种服务模式，本案涉及的某滴出行专快车模式是轻资产模式，运营车辆一般为私家车车主的自有车辆，办理一定手续即可注册成为专快车司机，车主自主决定是否参与平台用工，由平台派单开展运营活动。专快车模式无法准确归入现有法律体系某一有名法律关系之中，因此也是当前最容易出现纠纷的出行方式。在《网络预约出租汽车经营服务管理暂行办法》出台之后，相关法律法规不断完善，专快车模式中平台、司机共同作为一方与乘客另一方的外部法律关系已渐有定论，民事责任的承担也较为明确，但是针对乘客侵害司机所致人身损害，网约车平台应否承担责任的问题，目前仍存在较大分歧。

笔者同意网约车平台应当承担一定责任的观点。理由如下：首先，网约车平台实际上对专快车网络运输服务有较大的控制力度，获取的收入远高于支出。平台较强控制力度的最大体现是由其单方制定，与司机、乘客分别签订的服务协议。从与司机签订的协议来看，平台决定计费规则与分成方式，司机进入接单状态后无法拒绝平台派给的任务，服务完成的收益先进入平台账户，再由平台根据其创制的服务评价体系分润给司机，平台享有对司机冻结未结费用、限制接单、封号等管制措施。从与乘客签订的协议来看，平台根据自主规定的隐私信息收集制度获取乘客相关信息，如果乘客不签订上述协议将无法使用平台软件。可见，平台公司是运输服务活动的主要获益主体，对服务活动拥有较大的控制能力。其次，新兴行业的发展是为了服务人民，司机作为新兴行业的重要组成部分，如果他们的人身安全与财产利益得不到保障，则不利于网约车行业的健康成长。同时，相比于作为自然人的司机，具有一定资本实力的网约车公司显然有更强的责任承担能力，让后者承担一定责任其实是让双方的权利义务回归正常的平衡状态。最后，在某滴出行多次发生安全事故被国家相关部门要求整改之后，某滴出行 App 已经全面上线录音功能，未来还将通过普及全程录像等方式以保证司机与乘客的安全。随着信息技术发展与监管意识的强化，监管手段的多样性和有效性将与日俱增。综上，网约车平台对网约车服务过程具有相当的控制力，直接通过经营活动获取收益，根据权利义务相一致原则，当网约专快车司机因乘客侵权导致人身损害时，网约车平台应当承担一定的责任，以规范新兴行业的社会责任配置，提高网约车公司的安全监管能力和服务质量，促进网约车行业持续健康发展。

2. 本案中，网约车平台对司机医疗费损失依据合同承担垫付责任

对于网约车平台承担合同义务具体数额的认定问题，可以由法院根据个案实际情况行使自由裁量权进行酌定，为避免裁判标准不统一，对于酌定应当采取更加谨慎的态度。在乘客所致专快车司机人身损害案件中，医药费所占司机总损失的比例在不同案件中会有不同，但抢救、治疗费用直接关系司机生命权、健康权，确定网约车平台对医药费承担垫付责任的裁判规则，既有合同上的明确约定，又避免酌定的种种困难和质疑，还可以在一定程度上缓解司机的后顾之忧，是较优的选择方案。

3. 法律与经济的平衡：关于“互联网 +”共享经济下传统劳动法律关系的思考

法律保障和促进经济发展，经济发展呼吁法律理念更新、司法实践创新。在

"互联网+"共享经济的大家族中，网约车行业仅是其中占比较大的一部分，具有类似经营模式的还有外卖配送、网约代驾、同城快递等。这些行业的劳务提供者与相应网络平台之间的法律关系同样不甚明晰，对于上述网络平台的用工人员保护是当前亟待解决的社会问题之一，仅仅依靠双方签订的服务协议划分两者的权利义务显然不够。因此，我们应当打破传统"独立劳动—从属劳动"的二元劳动立法框架，深入研究新经济、新业态，学习借鉴域外法的做法，设立中间型用工制度，如德国的类似雇员、英国的半依赖性工人及国际劳动组织所称经济依赖性工人等，逐步规范明确"互联网+"共享经济形态下各方主体的权利义务，为经济发展保驾护航。

编写人：广东省江门市中级人民法院　熊昌波　彭思远

（四）因果关系的认定

14

高度危险物致害与多人侵权竞合的侵权类型和责任认定

——王某仂等诉邱某旋等生命权案

【案件基本信息】

1. 裁判书字号

福建省厦门市中级人民法院（2019）闽02民终1450号民事判决书

2. 案由：生命权纠纷

3. 当事人

原告（被上诉人）：王某仂、邓某和、邓1、邓2

被告（被上诉人）：邱某旋、邱某能

被告（上诉人）：国贸中顺环能公司

【基本案情】

2017年9月8日，国贸中顺环能公司输送高温高压蒸汽的热力管道发生泄漏，导致蒸汽朝管道旁旋能地磅店的地磅及管理板房方向喷出，造成旋能地磅站现场管理人邓某和的配偶危某娥、孙女邓某灵当场死亡，邓某和的孙子邓某枫送医抢救无效死亡，邓某和及其儿子邓1受伤的事故。

《海沧"9·8"蒸汽泄漏较大事故调查报告》对事故责任认定如下：(1) 邱某旋、邱某能合资经营的旋能地磅店违法违规搬迁至与压力管道间距不满足规范要求的地点经营，国贸中顺环能公司多次对其提示安全风险，尤其是在行政执法部门多次执法并下达《责令改正通知书》后拒不搬离，且长期经营活动影响加剧了事故点外护管腐蚀的速度，对事故发生负有直接责任；(2) 国贸中顺环能公司履行安全生产主体责任不到位，未按规范要求对在用压力管道进行运行维护及定期检验，致使对直埋管道腐蚀情况未进行检测评价，对事故发生负有直接责任。

王某仂系危某娥的母亲，邓1、邓2分别系邓某和危某娥的儿子、女儿。王某仂、邓某和、邓1、邓2与邱某旋、邱某能、国贸中顺环能公司就危某娥死亡的赔偿事宜达成《人民调解协议书》并经厦门市海沧区人民法院司法确认，约定：国贸中顺环能公司赔偿王某仂等四人910000元，邱某旋、邱某能赔偿390000元；所确定的赔偿数额不等同于侵权人在本起事故中的民事责任（过错）划分比例；侵权人是否承担连带清偿责任，由本案相关当事人向人民法院提起诉讼，并由人民法院审理确定。后国贸中顺环能公司向王某仂等四人支付910000元，邱某旋、邱某能未支付。王某仂等四人诉至法院，主张国贸中顺环能公司应对邱某旋、邱某能应支付的赔偿款及逾期支付违约金承担连带清偿责任。

【案件焦点】

国贸中顺环能公司是否对《人民调解协议书》中邱某旋、邱某能应支付的赔偿款390000元及逾期支付赔偿款的违约金承担连带清偿责任。

【法院裁判要旨】

福建省厦门市海沧区人民法院认为：被侵权人死亡的，其近亲属有权请求侵权人承担侵权责任。邱某旋、邱某能及国贸中顺环能公司均对事故发生存在过错，虽无意思联络的共同故意、共同过失，但各自的侵害行为直接结合发生管道破裂蒸汽喷出导致危某娥死亡的损害后果，构成共同侵权，应当承担连带责任。关于国贸中顺环能公司应承担连带责任金额问题。对赔偿金额的约定系各方当事人自愿达成，为真实意思表示，并未违反法律规定，故国贸中顺环能公司应对邱某旋、邱某能需支付王某仂等四人390000元款项承担连带责任。国贸中顺环能公司主张王某仂等四人的损失金额超过法定部分的应由邱某旋、邱某能承担，不应由国贸中顺环能公司承担连带责任的抗辩，不符合客观事实，不予采信。王某仂等四人作为危某娥的近亲属，主张作为共同侵权人的国贸中顺环能公司对邱某旋、邱某能应支付王某仂等四人390000元款项承担连带清偿责任，事实清楚，证据充分，予以支持。因《人民调解协议书》对各方当事人逾期支付所应承担的违约责任未进行约定，王某仂等四人主张的违约金系因邱某旋、邱某能未按照协议约定支付应承担的违约责任，不能等同于国贸中顺环能公司作为共同侵权人在本案中应承担的连带赔偿责任，因此王某仂等四人要求国贸中顺环能公司连带承担违约金的诉讼请求，缺乏事实和法律依据，不予支持。

国贸中顺环能公司不服一审判决，提起上诉。二审法院同意一审法院裁判结果，但认为该情形属于侵权法上危险物致人损害的特殊侵权，适用《中华人民共和国侵权责任法》第六十九条“从事高度危险作业造成他人损害的，应当承担侵权责任”的规定。判决：

驳回上诉，维持原判。

【法官后语】

本案事故造成死伤后果特别严重，对受害家庭造成极大的伤害，且事发于厦门金砖会议余热未散的特殊时期，社会影响很大。虽经省、市、区各级组成事故调查组查明认定事故性质，相关责任人被追究相关刑事责任，且各方当事人就赔偿事宜达成调解协议，但调解协议未对民事责任比例作出认定，且约定三被告对案涉死亡赔偿款是否承担连带清偿责任由人民法院审理确定。故在两名责任人未按调解协议约定支付赔偿款项的情况下，受害者家属诉请另一责任主体对未支付的赔偿款项及违约金承担连带清偿责任。本案在审理中特别注重法律效果和社会效果的综合考量，依法让受害者家属及时获得赔偿，该案的审结才真正为该起事故中死亡人员的赔偿事宜画上圆满的句号，回应了社会各方的高度关切。

本案当事人的争议焦点在于责任主体间是否承担连带责任及连带责任是否包括逾期支付赔偿款的违约金，而本案一、二审法院对于高度危险物致害与其他侵权行为竞合的侵权类型和责任认定存在不同看法。

判定责任主体间是否承担连带责任，首先应当判定侵权类型。一审法院认为，调查报告认定各方均对事故发生存在过错，依据《最高人民法院关于审理人身损害赔偿案件适用法律若干问题的解释》（2004 年，法释〔2003〕20 号，以下简称《人损解释》）第三条规定，属于无意思联络的共同过失，但各自的侵害行为直接结合发生管道破裂蒸汽喷出导致死亡的损害后果，构成共同侵权，责任主体应当承担连带责任；二审法院认为，该案属于侵权法上危险物致人损害的特殊侵权，国贸中顺环能公司是侵权责任主体，包括对邱某旋、邱某能经营活动加剧管道外护管腐蚀破裂的过错行为承担替代责任。笔者认为，其一，压力管道属于高度危险物，其所有人应当对其造成的损害结果承担高度危险物致害责任，即无过错责任。其二，《中华人民共和国侵权责任法》对无意思联络的多人侵权并未采用《人损解释》第三条的规定，而是按照多数人行为与损害结果间不同的因果联系方式规定了不同的责任承担方式，《中华人民共和国民法典》对此予以吸收，《人损解释》（2020 年修正）也已将第三条规定删除。据此，本案属于无意思联络的多人侵权，责任承担方式应根据因果联系方式来判定。无意思联络的多人侵权，原则上承担按份责任，但若每个人的侵权行为都足以造成全部损害的，即行为与损害结果之间系等价因果关系，则行为人承担连带责任。实务中应注意采用合理的推理方法认定等价因果关系，兼顾连带责任的限制适用及受害人的利益保护。本案中，国贸中顺环能公司作为压力管道的所有人，应承担高度危险物致害责任，且未按规范要求对在用压力管道进行运行维护及定期检验，邱某旋、邱某能将地磅店违法违规搬迁至与压力管道间距不满足规范要求的地点经营，加剧了事故点外护管腐蚀的速度，三者无共同故意及共同过失的意思联络，依反向推理，只要三者中任一者合法合规经营操作，损害结果即足以完全避免，故可以认定三者的行为与损害结果存在等价因果关系，应当承担连带赔偿责任。

至于其他侵权人未按调解协议约定的期限支付赔偿款所应当承担的违约责任，不能等同于赔偿责任，不能纳入连带赔偿责任的范围。

编写人：福建省厦门市海沧区人民法院　颜思远　张晨玮

15

老人入住养老机构期间死亡，养老机构侵权赔偿责任的判定

——李某某诉福禄寿敬老院生命权案

【案件基本信息】

1. 裁判书字号

上海市闵行区人民法院（2019）沪0112民初19806号民事判决书

2. 案由：生命权纠纷

3. 当事人

原告：李某某

被告：福禄寿敬老院（以下简称敬老院）

【基本案情】

李某剑和配偶秦某芳（于2013年5月去世）仅育有李某某一女。2017年12月30日，李某某与其配偶卢某某将李某剑送至敬老院，并与敬老院签订《寄养人员协议书》，约定："因寄养人员年事已高生活需人照顾，且家人因故无暇对其进行照料，为提高老人的生活质量，丰富老人的晚年生活，特将老人委托敬老院给予生活照料。老人护理级别为三级（该敬老院护理等级分一级至六级），护理费为每月1200元，每月托管费1500元，每月伙食费500元，合计费用为每月3200元。"同日，李某某将李某剑在2017年6月的体检报告提供给敬老院，该体检报告记载李某剑右股骨粗隆间骨折术后、脑梗塞等。李某剑于同日入住敬老院。

2019年2月7日零时29分许，敬老院的护工谭某香巡房时发现李某剑倒在敬老院房间地上，并报告敬老院值班医生和负责人来房间查看。零时39分许，敬老院拨打了"120"急救电话，并随后打电话通知了李某某。1时4分许，急救车到

达现场。院前急救病历记载："患者姓名：李某剑；性别：男；年龄：92 岁；主诉：发现呼之不应约 30 分钟。现病史：约 30 分钟前发现患者摔伤后出现呼之不应，未见呕吐物，无四肢抽搐，无二便失禁。发现后未予处理。急救车到达现场时病人躺在地上，其头部地上见一摊血迹、头部见血迹及外伤。初步印象：车到人已亡。"

2019 年 2 月 7 日，敬老院出具居民死亡医学证明书记载李某剑的主要死亡原因为猝死。李某某在未对李某剑进行尸检的情况下于同月 10 日将李某剑的遗体火化。

李某某认为，敬老院对入住该院的李某剑负有安全保障义务，其未按规定履行看护和巡房职责，存在严重的看护失职，要求敬老院承担全部赔偿责任。

【案件焦点】

1. 敬老院对于李某剑的死亡是否应承担侵权赔偿责任；2. 若应承担侵权赔偿责任，敬老院所应承担的赔偿责任比例如何确定。

【法院裁判要旨】

上海市闵行区人民法院经审理认为：李某剑的护理等级约定为三级，敬老院于事发期间公示的生活区服务项目监督表显示"三级护理区域每两小时巡房一次"，敬老院虽辩称服务项目变更为"三级护理区域每四小时巡房一次"，只是挂在墙上的服务项目监督表一直没有更换，但其并未有证据足以佐证其此项辩称意见，故难以采纳。敬老院虽称其在 2019 年 2 月 6 日 20 点至 24 点 30 分有过巡房情况、只是忘记写时间，但结合当日敬老院的日巡房记录表的记载，敬老院并无证据足以证明其曾在上述时间段内按照公示的"每两小时巡房一次"的规定履行巡房看护职责。现虽李某某未能提供充分证据证明敬老院的上述巡房看护疏失系导致李某剑死亡的直接原因，但亦不能排除其中存在敬老院巡房看护不当的因素，因此综合在案证据及本案实际情况，本院酌情确定由敬老院承担 10% 的赔偿责任。

本院确认李某某因李某剑死亡所造成的损失共计 443112 元，应由敬老院按 10% 的比例赔偿李某某 44311.20 元。据此，依照《中华人民共和国侵权责任法》第二条、第十五条第一款第六项、第十六条、第二十二条规定，判决如下：

敬老院于本判决生效之日起十日内赔偿李某某 44311.20 元。

【法官后语】

随着我国人均寿命不断延长、人口老龄化的进程加快和传统观念的逐步转变，越来越多的家庭和老人选择到养老机构养老。由于老年人生理、机能上的特殊性，其发生伤亡事故的比例较高，使得承担侵权责任成为养老机构经营中的重要风险。

作为从事养老服务的专业机构，养老机构的服务对象多为自理能力降低甚至丧失的老年人群体，其在提供服务的过程中应以诚信善良的管理人标准，恪守谨慎的注意义务，保障老年人的人身安全。在经营及服务中，养老机构除了需要履行配备合理的养老服务资源、按照约定提供养老服务等义务，还需要尽到告知、协助、安全保障等义务。

根据侵权行为归责原则的法理，“自己行为自己负责，自己损失自己承担”是一项基本原则，只有当他人存在过错或法律规定由他人承担侵权责任时，才由他人承担责任。《中华人民共和国民法典》第一千一百六十五条第一款规定：“行为人因过错侵害他人民事权益造成损害的，应当承担侵权责任。”养老机构侵权案件性质上属于一般侵权责任，适用过错责任原则。对养老机构侵权赔偿责任的判定，应当结合事故起因、过错程度、行为与损害后果之间的原因力大小以及养老服务合同约定、养老机构的职业特性等情况予以综合判断。

本案中，李某剑的护理等级约定为三级。根据敬老院事发期间公示的服务标准，应每两小时巡房一次，敬老院理应按此标准履行义务，但其并不能足以证明其在事发时间段内按照此标准履行了巡房看护职责，故敬老院的行为存在不当。因事发时间在深夜，事发地点位于敬老院房间内且缺乏其他证据佐证，双方当事人皆不能举证证明具体的事发经过和原因。虽然李某某未能提供充分证据证明敬老院的上述看护疏失系导致李某剑死亡的直接原因，但亦不能排除其中存在敬老院巡房看护不当的因素，因此综合在案证据及案件实际情况，法院酌情确定由敬老院承担10%的赔偿责任。

需要指出的是，社会养老服务具有一定的公益性质，且是社会发展趋势。虽然近年来我国养老机构数量逐渐增多，发展较为迅速，但这种发展仍处于起步阶段，还不能满足人口老龄化趋势增加所带来的庞大养老需求。很多养老机构尤其是民营养老机构在管理和服务方面基本处于“摸着石头过河”的境况。如超出实际情况过于加重养老机构的管理义务、设置过高的服务标准，并不利于该行业的发展。如何在维护老年人权益的同时，推动养老服务行业规范运行，调动养老服务行业健康发展，是法院在审理此类案件时需要考量和平衡的因素。

编写人：上海市闵行区人民法院　沈海星

16

行业规范应当成为安全保障义务的来源之一

——赵某稳诉南山滑雪公司等生命权、健康权、身体权案

【案件基本信息】

1. 裁判书字号

北京市密云区人民法院（2018）京 0118 民初 11076 号民事判决书

2. 案由：生命权、健康权、身体权纠纷

3. 当事人

原告：赵某稳

被告：李某 1、李某 2、代某、南山滑雪公司

【基本案情】

2018 年 2 月 18 日 14 时许，在南山滑雪公司的 4 号滑雪道（中级）上，赵某稳用单板呈“之”形路线在前方向下滑行，李某 1（7 周岁）用双板从后方直线下滑，在与雪道上另一人贴近时，李某 1 躲闪开后随即在下滑中摔倒，此时从左前方向右回退滑行的赵某稳与倒地下滑的李某 1 接触，造成赵某稳背部向下摔倒受伤。事发后，赵某稳被雪场工作人员送往南山滑雪公司医务室，之后被送往医院进行治疗。经鉴定，赵某稳之伤构成九级残疾。赵某稳认为李某 1 的行为侵害了其人身权利，李某 2、代某作为李某 1 的监护人应承担赔偿责任；南山滑雪公司是事发场所管理人，负有安全保障义务，但其未尽到安全保障义务，负有赔偿责任。

【案件焦点】

如何认定南山滑雪公司负担的安全保障义务的具体内容，其是否尽到了安全保障义务。

【法院裁判要旨】

北京市密云区人民法院经审理认为：滑雪是一项高危险性运动项目，滑雪者应当让自己的滑行处于可控范围之内，其滑行速度、路线和方式应当依据个人滑雪水平、现场地势、场地人口密度进行选择，并且后方滑雪参与者务必要选择不危及前方滑雪者的线路滑行。李某1在中级雪道采取直线下滑方式，本身速度难以控制，危险性较大，在下滑过程中遇前方有人，未保持足够的安全距离，亦未及时降速、转向或者采取其他确保安全的做法，故李某1在此次事件中未尽到谨慎义务，存在严重过错，应承担主要责任。李某1作为无民事行为能力人，对他人造成损害，应由其监护人李某2、代某承担侵权责任。事发时，赵某稳身体侧向左前方，踩单板向右侧滑行，未尽注意义务及时发现右侧已有人摔倒，亦未能采取有效躲避措施，其本身存在一定过错，故应承担相应责任。

在宾馆、商场、银行、车站、娱乐场所等公共场所，因第三人行为造成他人损害的，由第三人承担侵权责任，管理人或者组织者未尽到安全保障义务的，承担相应的补充责任。南山滑雪公司向本院提供了入场须知、滑雪场使用者指南、头盔佩戴须知、滑雪人员行为与安全守则、滑雪者安全指南等安全公示照片和医务室救助照片。另外，本院亦到南山滑雪公司进行了场地、滑雪设施和救助设施的勘察，据此本院认为南山滑雪公司尽到了一定义务。但滑雪场作为高危险运动场地，经营者承担高于一般经营场所的安全注意义务，除提供符合标准的场地、设备和设置安全标识以及事后救助外，还应在日常管理中及时发现并有效处置风险。现场视频显示，在李某1长时间从上向下直线快速滑行的过程中，未有雪场安全员及时发现并处理该风险。临近事发时间点和路段附近，有数名滑雪者聚集在此，已产生碰撞隐患，且近距离范围内未见雪场安全员。因此，南山滑雪公司存在管理疏漏，应在其安保责任范围内对赵某稳因伤所受损失承担补充责任。

结合本案实际情况，本院酌定李某1、代某、李某2承担60%的责任，赵某稳自身承担20%的责任，南山滑雪公司承担20%的责任。

北京市密云区法院依照《中华人民共和国侵权责任法》第六条、第十六条、第二十二条、第二十六条、第三十二条、第三十七条第二款规定判决：

一、李某 1、代某、李某 2 于本判决生效之日起七日内赔付赵某稳 222195.68 元；

二、南山滑雪公司于本判决生效之日起七日内赔付赵某稳 89489.28 元。

【法官后语】

在经济社会中，收益与风险相伴相生，公共场所或者经营场所通过经济活动获取收益，但与此同时存在一些风险，故而前述主体在享受收益的同时应当承担自身带来的风险。具体到本案，滑雪场通过向不特定群体提供娱乐项目从而获得经济利益，属于法律规定的应当承担安全保障义务的公共场所和经营场所，应当对进入其场地的人员负担安全保障义务。

《中华人民共和国民法典》第一千一百九十八规定，宾馆、商场、银行、车站、机场、体育场馆等经营场所、公共场所的经营者、管理者或者群众性活动的组织者，未尽到安全保障义务，造成他人损害的，应当承担侵权责任。《中华人民共和国消费者权益保护法》第十八条第二款规定，宾馆、商场、餐馆、银行、机场、车站、港口、影剧院等经营场所的经营者，应当对消费者尽到安全保障义务。两个法律条文均明确了经营者的安全保障义务，这属于法定的安全保障义务来源。从立法目的看，安全保障义务旨在促使义务人采取一切必要和适当措施保障他人免受不当危险或实际侵害。

安全保障义务的范围限于“必要”和“适当”。一般来说，经营方应当履行以下四个方面的义务：一是场地安全，也就是经营者提供的场地有无安全隐患，地面是否平坦、空间是否宽敞、光线是否良好等；二是设施安全，也就是场内设施、设备是否存在安全缺陷、能否满足正常使用、摆放是否存在安全隐患、未使用时是否处于启动状态等；三是管理安全，主要是场所内有无安全提示说明和人工指导、是否配备安全防护用具、一定区域范围内是否有工作人员看护、工作人员是否积极履行看护义务等；四是救助义务，指的是发生危险后，经营方是否积极阻止，发生实际伤亡后，经营方是否积极救援、送医等。具体判定每一类义务应当履行到什么程度，还需要结合场所环境、行业要求、受众群体等因素而定。

诸如法律规定的宾馆、商场、餐馆、银行、机场、车站、港口、影剧院、机场、体育场馆等经营场所，因经营性场所涉及的行业面广、专业性强，行行要求不一样，判定经营性场所是否尽到了安全保障义务并无统一的尺度，故在个案中势必需要将行业内部规范作为该经营场所负担安全保障义务的具体内容的参照，以及审查是否尽到该义务的重要依据。

本案涉及的经营性场所为滑雪场，滑雪场相较于宾馆等营业场所具有特殊性。目前，对于滑雪场所及该项活动的行业内部规范诸如《体育场所开放条件与技术要求》（第6部分：滑雪场所）、《中国滑雪场所管理规范》等，对滑雪场地及滑雪行为均有明确细致的规定。例如，滑雪场的开放需要同时满足体育场所和滑雪场所的特殊要求；滑雪场管理员有责任为滑雪者选择合适的滑雪器材并进行调试，同时须告知滑雪者如何正确使用滑雪器材。在救助义务方面，要求滑雪场配备滑雪指导员、救护人员，专用急救设备应当放置在便于取用的明显位置，配置医务处置室和急救设备，还要求雪场巡逻员负责现场救护，雪场巡逻员必须接受红十字会的专业培训并取得救护员资格证；在路线选择上，要求后方滑雪者必须选择不危及前方滑雪者的线路滑雪；等等。由此可见，专业领域的安全保障义务范围受具体行业标准或者规范的影响。因行业规范中已经对经营者所负担的安全保障义务进行了详细的规定，所以在判定经营者是否尽到了该项安全保障义务时参照行业规范更具有科学性和专业性。

本案中，南山滑雪公司虽然依据《体育场所开放条件与技术要求》配备了符合标准的场地、滑雪护具及安全标识，但是在事发地段及附近并没有滑雪指导员或者救助人员，在滑雪者是否遵守《中国滑雪场所管理规范》的管理和监督上存在疏漏。正是基于此，法院认为南山滑雪公司未完全履行安全保障义务，应当在李某1直接造成的损失之外，由南山滑雪公司承担补充责任。

编写人：北京市密云区人民法院　彭欢欢

17

受害人特殊体质与受害人过错在侵权责任中的认定

——刘某凤诉中侨联公司等生命权、健康权、身体权案

【案件基本信息】

1. 裁判书字号

北京市第一中级人民法院（2019）京01民终6289号民事判决书

2. 案由：生命权、健康权、身体权纠纷

3. 当事人

原告（被上诉人）：刘某凤

被告（上诉人）：中侨联物业管理有限公司（以下简称中侨联公司）

被告（被上诉人）：励步学校、朝阳医院

【基本案情】

2015年11月5日9时许，刘某凤在励步学校经营场所的卫生间内做保洁工作时摔倒。当日，刘某凤被送至朝阳医院就医，其伤情被诊断为：桡骨远端骨折、老年性骨质疏松。刘某凤于同日行内固定手术治疗，术后次日突发肺栓塞，急行溶栓治疗后发生脑出血、脑疝，朝阳医院给予保守治疗，后行颅内血肿引流，拔引流管后出现颅内感染，朝阳医院给予抗感染等治疗，后刘某凤呈持续昏迷状态。

经刘某凤、中侨联公司申请，北京中衡司法鉴定研究所出具中衡司法鉴定所[2017]临床医鉴字第152号司法鉴定意见书：（1）朝阳医院对被鉴定人的医疗行为过程中不存在过错，与被鉴定人的损害后果没有因果关系。（2）被鉴定人目前的损害后果与被鉴定人摔伤骨折有同等因果关系。（3）其摔伤与左上肢桡骨骨折、表皮严重挫伤、右小腿三处钝伤出血存在全部因果关系。（4）其目前情况伤残等级属一级，建议误工期、护理期、营养期至伤残评定前一日。（5）其左上肢骨折的伤残等级属十级，建议误工期180日、护理期60日、营养期90日。

刘某凤自 2014 年 4 月起在中侨联公司从事保洁工作，双方之间未签订劳动合同。刘某凤在 2015 年 3 月 17 日至 11 月 16 日的月均工资为 2821 元。

2015 年 1 月 1 日，励步学校（甲方）与中侨联公司（乙方）签订《日常保洁合同书》，合同约定，乙方以包工的方式承包甲方的保洁工作，乙方提供对劳务人员进行专业、礼仪礼貌的培训，提供规范优质的清洁服务及劳务管理人员。甲方提供保洁所用清洁用品，合同期限自 2015 年 1 月 1 日起至 12 月 31 日止。对乙方员工因自身原因导致生病、伤残等甲方均不承担任何责任，但在事故原因不清的情况下，由双方协商解决。乙方承包甲方日常保洁工作为 2600 元/人次/月，保育员 2650 元/人次/月，甲方应在次月 20 日前以汇款的形式支付乙方上月的劳务服务承包费用。

【案件焦点】

1. 如何认定刘某凤损害后果的承担主体及相应的责任比例；2. 刘某凤具体损失数额如何确定。

【法院裁判要旨】

北京市石景山区人民法院经审理认为，雇员在从事雇佣活动中遭受人身损害，雇主应当承担赔偿责任。刘某凤为中侨联公司提供劳务，中侨联公司为刘某凤支付报酬，故中侨联公司应对刘某凤的合理损失承担赔偿责任。根据司法鉴定意见，朝阳医院的诊疗行为并不存在过错，故朝阳医院不应对刘某凤的合理损失承担赔偿责任。考虑到励步学校事后尽到必要的急救义务，且与中侨联公司亦通过协议对相关用工问题进行约定，故刘某凤主张励步学校应承担连带赔偿责任，缺乏事实及法律依据，不予支持。

本案的争议焦点在于刘某凤是否因其个人体质对损害后果承担赔偿责任。根据鉴定意见，刘某凤目前的损害后果系因摔倒行内固定手术治疗，术后出现肺栓塞，因肺梗塞行溶栓治疗而并发脑出血，继而出现昏迷导致。虽鉴定意见显示刘某凤的年龄、性别及自身存在骨质疏松等特征均容易造成其在摔倒后发生骨折后果，而骨折术后的并发症又是目前医学水平难以完全避免的，但上述个人体质导致容易引发的疾病仅仅是因此次事故造成目前损害后果的客观因素，与事故的发生并无法律上的因果关系，无论是刘某凤的个人体质问题，还是目前医学水平难以避免的手术后果，均不能成为法律上的过错，故刘某凤的个人体质状况对损害后果的影响不属于可以减轻侵权人责任的法定情形。故中侨联公司要求按照鉴定意见确定的同等因果关系来减轻其侵权责任之主张，不予采信。判决如下：

一、中侨联公司于判决生效后七日内赔偿刘某凤伤残赔偿金 1060902 元、精神损害抚慰金 100000 元、2015 年 11 月 5 日至 2018 年 11 月 18 日发生的医疗费 704532.24 元及交通费 1800 元、2015 年 11 月 5 日至 2018 年 12 月 5 日的住院伙食补助费 112500 元；

二、中侨联公司于判决生效后七日内赔偿刘某凤 2015 年 11 月 5 日至 2018 年 11 月 7 日的误工费 101556 元、护理费 197460 元、营养费 54850 元；

三、驳回刘某凤的其他诉讼请求。

中侨联公司不服一审判决，提起上诉。北京市第一中级人民法院经审理认为：

（一）关于责任主体的确认及责任比例。刘某凤与中侨联公司之间形成了劳务关系，按照法律规定，正常情况下，刘某凤在从事劳务过程中所受伤害，在没有第三人侵权的情况下，中侨联公司应对其损害后果承担赔偿责任。但《中华人民共和国侵权责任法》第二十六条规定，被侵权人对损害的发生也有过错的，可以减轻侵权人的责任。刘某凤于 2014 年即被中侨联公司派遣至励步学校从事保洁工作，作为具有完全民事行为能力的成年人，刘某凤专业从事保洁工作多年，理应对地面是否湿滑、设施设备的状况等工作环境状况有所了解，对在拖地过程中存在的危险有所预见及判断，并应在拖地过程中谨慎小心，高度注意自身的安全。众所周知，正常情况下，在拖地过程中，一般不会有较高的危险性。现没有证据表明刘某凤摔伤时励步学校提供的工作设施存在缺陷、工作环境风险较高，故本院认为刘某凤自身对本次摔伤存有较大过错，应承担相应的责任。

刘某凤在从事雇佣工作中摔伤的损害后果是骨折，而刘某凤目前的状况是深度昏迷，构成一级伤残。之所以造成目前之损害后果，主要是与手术有关。刘某凤骨折后进行手术是正常的医疗行为，但肺栓塞是骨科手术中常见的严重并发症，目前的医疗水平尚难以避免，因而刘某凤在对骨折伤进行手术时，并发肺栓塞以致进一步导致脑梗死属于医疗风险。故刘某凤目前之损害后果是多种原因所致，但并非仅仅基于其在从事劳务过程中摔伤这一情节，不能完全脱离于摔伤。

综合上述因素，酌情认定刘某凤与中侨联公司各自承担 50% 之责任，励步学校与朝阳医院无责。

（二）关于刘某凤各项损失数额之确定。关于医疗费，一审庭审中，在法官的主持下，对刘某凤的医疗费数额进行了核算，各方当事人均予认可。故对于二审中中侨联公司委托诉讼代理人对医疗费所提异议，不予支持。关于误工费、护理费、营养费、伙食补助费的数额，经本院核算，一审法院对上述费用的认定并无不当，应予维持。关于精神损害抚慰金的数额，因该项费用的确认需综合考量当事人的过错程度、损害后果、因果关系等因素，故考虑到本案造成刘某凤损害后果的各种情节，本院酌情认定精神损害抚慰金为50000元。按照上述责任比例，刘某凤的其他各项损失如下：伤残赔偿金530451元、2015年11月5日至2018年11月18日发生的医疗费352266.12元、交通费900元、2015年11月5日至2018年12月5日的住院伙食补助费56250元；2015年11月5日至2018年11月7日的误工费50778元、护理费98730元、营养费27425元。

北京市第一中级人民法院依照《中华人民共和国侵权责任法》第十六条、第二十二条、第二十六条，《最高人民法院关于审理人身损害赔偿案件适用法律若干问题的解释》第十一条、第十七条、第十八条、第十九条、第二十条、第二十一条、第二十二条、第二十三条、第二十四条、第二十五条，《中华人民共和国民事诉讼法》第一百四十四条、第一百七十条第一款第二项、第一百七十四条规定，判决如下：

一、撤销北京市石景山区人民法院（2017）京0107民初16204号民事判决；

二、中侨联公司于本判决生效后三十日内赔偿刘某凤伤残赔偿金530451元、精神损害抚慰金50000元、2015年11月5日至2018年11月18日发生的医疗费352266.12元、交通费900元、2015年11月5日至2018年12月5日的住院伙食补助费56250元；

三、中侨联公司于本判决生效后三十日内赔偿刘某凤2015年11月5日至2018年11月7日的误工费50778元、护理费98730元、营养费27425元；

四、驳回刘某凤的其他诉讼请求；

五、驳回中侨联公司的其他上诉请求。

【法官后语】

该案例的争议点集中在受害人特殊体质与受害人过错是否能够作为减轻侵权人责任的参考因素的问题。

针对受害人过错，《中华人民共和国民法典》（以下简称《民法典》）第一千一百七十三条规定，被侵权人对同一损害的发生有过错的，可以减轻侵权人的责任。本案中，受害人在提供保洁服务的过程中，理应对工作环境状况有所了解，对在工作过程中存在的危险有所预见及判断，并应谨慎小心，高度注意自身的安全，因此应当认定本案受害人对损害的发生未尽到足够的注意义务，是减轻侵权人责任的一个重要因素。

本案中，受害人的特殊体质是减轻侵权人责任的另一个重要因素。

针对当事人的特殊体质，《民法典》并无特殊规定。特殊体质的表现形态多种多样，老、少、孕、残疾、聋哑、过敏、心脏病、高血压以及精神疾病都可能构成扩大损害后果的诱因。特殊体质与损害后果之间的因果关系难以直接判断，往往需要借助专业的鉴定机构。

2014年1月26日，最高人民法院发布了指导案例24号“荣宝英诉王阳、永诚财产保险股份有限公司江阴支公司机动车交通事故责任纠纷案”，裁判要点为：交通事故的受害人没有过错，其体质状况对损害后果的影响不属于可以减轻侵权人责任的法定情形。但对受害人特殊体质问题，裁判争议并未随着指导案例24号的发布而得到完全解决，围绕指导案例24号的裁判要旨与适用范围、特殊体质问题的解决路径，审判实践中仍存在诸多不同理解，加之侵权案件纷繁复杂，同案不同判的情况时有发生。

本案中，刘某凤由于自身体质特殊，导致摔倒后行手术过程中出现并发症，且持续昏迷。针对刘某凤是否因其个人体质对损害后果减轻或免除侵权人的赔偿责任，一、二审法院呈现不同观点，也在一定程度上代表了审判实践中对该类案件的不同处理路径。

一审法院的观点是参照指导案例24号，不考虑“损伤参与度”，要求侵权人对损害承担全部责任。受害人的特殊体质不是侵权法上的过错，也不属于减轻或免除侵权人赔偿责任的法定情形，在2014年北京市丰台区人民法院①、2016年北京市第二中级人民法院②的判决中，就有判决持该观点，即“最高人民法院指导案例中

---

① 北京市丰台区人民法院（2014）丰民初字第01485号民事判决书。

② 北京市第二中级人民法院（2016）京02民终字第3316号民事判决书。

已经取消外伤参与度问题”。

二审法院持另一种观点，认为最高人民法院指导案例是交通事故责任纠纷案件中对“蛋壳脑袋”规则的普遍适用，并不适用所有侵权案件，如医疗侵权领域。在侵权行为与受害人特殊体质相竞合而引发较大损害之时，应依具体情况，综合衡量诸多因素，判断是否减轻侵权人之损害赔偿责任，根据“损伤参与度”，将损失在原、被告间分担。2016年北京市第二中级人民法院即出现类似判决。①

出现上述争议的原因是法官在处理纠纷中的价值衡量不同，一审法院基于更精准地惩罚侵权人、保护受害人的理念选择“全部赔偿模式”；二审法院基于实现实质正义的理念选择“双方分担模式”。

笔者认为特殊体质可以分为两种，一种是如果没有加害行为不会造成损害后果的特殊体质，另一种是即使没有加害行为，其自身特殊体质仍可能发展出损害结果，如肿瘤、心脏病等，在这种情况下，更应考虑减轻加害人的侵权责任。以医疗纠纷领域为例，患者疾病往往具有复杂性，医疗活动存在诸多未知可能与风险，为防止医院保守治疗，更宜将“损伤参与度”考虑到判决中。

本案审理中存在雇主责任、医疗领域侵权、受害人自身过错等多重复杂因素，中侨联公司作为雇主并无过错，医疗机构也与损害后果没有直接的因果关系，因此“蛋壳脑袋”规则的机械适用无法体现维护受害人权益与公平正义的价值衡平，二审法院综合“损伤参与度”等参考因素，将侵权责任在原、被告之间以一定比例分配更能实现实质正义和价值衡平。

因此，一元化的“全有”或“全无”审判理念势必无法应对像本案一样纷繁复杂的现实纠纷，为维护受害人的合法权益，实现风险的合理分配，在受害人特殊体质问题的解决上，应以保护受害人不因特殊体质减轻侵权责任为原则，并赋予法官灵活的自由裁量空间，综合考量受害人过错程度、加害人可责性等因素，以实现特殊体质风险的合理分配。

编写人：北京市石景山区人民法院　李晖

---

① 北京市第二中级人民法院（2016）京02民终字第6675号民事判决书。

18

小区物业安全保障义务的边界及共同侵权构成的认定

——曾某诉某房地产公司、某物业公司生命权、健康权、身体权案

【案件基本信息】

1. 裁判书字号

北京市丰台区人民法院（2019）京 0106 民初 29106 号民事判决书

2. 案由：生命权、健康权、身体权纠纷

3. 当事人

原告：曾某

被告：某房地产公司、某物业公司

【基本案情】

2018 年 6 月 1 日 9 时 15 分左右，曾某自北京市丰台区×××室（以下简称×××室房屋）西门进入波特曼公司上班时，其中一扇大门脱落，致曾某受伤。事发后，曾某先后在北京市丰台区铁营医院、北京口腔医院、北京博爱医院、首都医科大学附属北京天坛医院检查、治疗，根据上述医院的病历或诊断证明书，曾某被诊断为“头面部软组织挫伤；└12 牙釉质—牙本质折断，└3 冠根折（未露髓），└123 安抚充填；└123 牙髓坏死、└12 慢性根尖周炎；头部外伤，头外伤后神经反应等”。曾某为此花费医疗费 23560. 22 元、交通费 377. 09 元。

某房地产公司系×××室房屋的所有权人，某物业公司为涉案房屋所在小区提供物业管理服务。

【案件焦点】

某房地产公司、某物业公司是否应向曾某承担连带赔偿责任。

【法院裁判要旨】

北京市丰台区人民法院经审理认为：某房地产公司作为×××室房屋的产权人，对其所属大门疏于管理维护，以致曾某受伤，对本次事故给曾某造成的合理损失，某房地产公司应当承担赔偿责任。曾某主张的医疗费、交通费，证据充分，于法有据，予以支持。曾某主张精神损害抚慰金，考虑曾某的受伤情况，本院酌情确定为3000元。某房地产公司以其和波特曼公司租赁合同约定由波特曼公司对相关设施进行日常维修保养为由，称应由波特曼公司承担赔偿责任，本院认为，某房地产公司与波特曼公司的租赁合同关系与本案不属同一法律关系，且曾某未主张波特曼公司承担责任，故对该项抗辩意见不予采信。曾某主张某物业公司承担连带责任，但现有证据无法证明某物业公司系共同侵权人，故对于曾某的该项诉求，不予支持。

北京市丰台区人民法院依照《中华人民共和国民法总则》第一百一十条第一款，《中华人民共和国侵权责任法》第六条第一款、第十六条、第二十二条，《最高人民法院关于适用〈中华人民共和国民事诉讼法〉的解释》第九十条规定，作出如下判决：

一、某房地产公司于本判决生效后十日内赔偿曾某医疗费23560.22元、交通费377.09元、精神损害抚慰金3000元；

二、驳回曾某的其他诉讼请求。

【法官后语】

本案中，原告曾某通过商铺租赁合同、诊断证明、相关费用票据等基本形成被告某房地产公司作为涉案房屋所有权人，因其未尽到对其房屋设施的安全维护、管理义务，从而侵害曾某合法权益的完整证据链，法院亦对该事实予以认定。但对于侵权行为发生地是否属于小区公共区域，小区物业公司安全保障义务的边界认定及是否与直接侵权人构成共同侵权而对受害人承担连带赔偿责任是本案的审理重点与难点。

因涉案大门属于涉案房屋附属设施，侵权行为发生地应属于该房屋产权人管理区域，应由产权人负责对其进行及时的维修保养，而不能因该侵权行为发生在小区内即突破物业公司对公共区域负责安全保障义务的合理边界，保障义务的履行需在义务人的合理预期范围内，而不应随意扩大。此外，即便延伸物业公司的保障义务，对该侵权行为承担相应程度的赔偿责任，也应符合“谁主张，谁举证”的证据规则。如欲证明物业公司与直接加害人构成共同侵权，应由受害人对“共同侵权”的认定进行充分举证，如能够形成“共同意思联络”或因“共同行为”造成同一损害后果，法院可依法判定其承担连带赔偿责任，但如无法充分举证或无法形成完整证据链，法院应区分侵权人的过错程度，对其责任划分予以合理认定，而非笼统认定“连带责任”。本案中，原告曾某既未对共同侵权的意思联络或因果关系予以充分举证，对于物业公司存在的过错亦未予以合理说明及举证，且本案中物业公司在事故发生后及时将受害人送至医院并交纳部分医疗费用，已经尽到其对进入小区人员合理的安全管理及保障义务，因此对曾某要求物业公司承担连带赔偿责任的诉讼请求未予支持。

据此，对于物业公司承担的安全保障义务，无论是来源于法律规定抑或合同约定，法院在作出侵权行为性质认定时，都应区分对待：若损害行为直接来源于物业公司所提供的设施、设备，或发生于小区公共区域，对物业公司安全保障义务的判断标准就应从宽把握。反之，如果损害行为来源于物业公司之外的第三人或者是其管理区域之外，则安全保障义务的判断标准应从严把握，不能过分延伸其合理边界，以确保该义务处于合理限度范围内。因为，任何人对自己行为的控制能力总是强于对他人行为的控制能力和预防能力。导致本案产生的危险是房屋产权人即业主，因此，在判定物业公司承担安全保障义务时应从严把握。

此外，根据法律规定，共同侵权行为的法律特征是：(1) 共同侵权行为的主体须为二人或二人以上的多人；(2) 共同侵权行为人在主观上具有共同过错，行为人之间须有共同致人损害的故意或者过失；(3) 行为人的共同行为所造成的损害是同一的、不可分割的；(4) 共同加害人的行为与损害结果之间具有因果关系。据此，在对共同侵权行为的认定中也应通过加害人行为特征、行为之间的联系紧密性、行为人有无构成意思联络及行为与损害后果之间的因果关系予以严格把握。本案中，物业公司明显无加害行为，其亦尽到安全保障义务，无明显过失，即对于受害人的损害后果，物业公司与房屋产权人并未构成共同侵权，因此不应与某房地产公司承担连带赔偿责任。

编写人：北京市丰台区人民法院　胡星星

（五）其他

19

狭义的“动机错误”不构成重大误解

——黎某等诉谢某等生命权案

【案件基本信息】

1. 裁判书字号

广西壮族自治区崇左市中级人民法院（2019）桂14民终651号民事判决书

2. 案由：生命权纠纷

3. 当事人

原告（反诉被告、被上诉人）：黎某、黎某杰、韦某萍

被告（反诉原告、上诉人）：谢某

被告（反诉原告、被上诉人）：夏石正堂（和平）药店、谢某堂

【基本案情】

2018年1月31日，韦某萍的丈夫黎某荣因身体不适在夏石正堂（和平）药店购买感冒药，店员谢某向黎某荣出售了非处方药氨酚那敏片。黎某荣服药一段时间后，感到身体更加难受，便打电话让其大姐到店中，之后谢某让黎某荣服下几片处方药复方丹参片，不久黎某荣神志不清昏迷，被送到夏石镇卫生院经抢救无效死亡。当天公安局派出所、市场监督管理局等单位到现场处置，协商后，韦某萍与谢某签订“证明”，约定由“谢某赔偿给家属（儿子）黎某人民币贰拾叁万元，现暂付给拾万元，欠款于2018年4月30日前还清”。“证明”的落款有谢某及韦某萍的签字，其中韦某萍在其签名前注明为“代签”。

【案件焦点】

双方当事人达成的协议是否存在可撤销的法定条件，应否撤销。

【法院裁判要旨】

广西壮族自治区凭祥市人民法院经审理认为：对黎某荣的死因，仅有凭祥市人民医院的死亡证明书载明的“呼吸心跳骤停”，而对于造成黎某荣“呼吸心跳骤停”的原因，由于未作进一步的尸检，无法确定，亦无法确定黎某荣的死亡与谢某向其出售药物的行为之间存在因果关系。在此情况下，谢某在与韦某萍一方协商时，同意向黎某赔偿23万元，是其真实意思表示，谢某虽是夏石正堂（和平）药店的店员，但其在事发后与受害人家属协商，自愿赔偿黎某23万元，是谢某的个人行为，其应当依约履行。

对于谢某、黎某达成的协议是否存在可撤销的法定条件，应否撤销，并由黎某返还10万元赔偿款的问题。《中华人民共和国民法总则》第一百五十二条第一款第一项规定，重大误解的当事人自知道或者应当知道撤销事由之日起三个月内没有行使撤销权的，撤销权消灭。上述行使撤销权的期限为除斥期间，不存在中止或中断。夏石正堂（和平）药店、谢某堂、谢某主张谢某是在重大误解的情况下与韦某萍签订的“证明”。该“证明”于2018年1月31日签订，约定第二期应付赔偿款的时间为2018年4月30日，若因重大误解事由行使撤销权的，其最迟也应在2018年4月30日知道“证明”的签订系其存在重大误解，并于2018年7月30日前向法院起诉行使撤销权，但夏石正堂（和平）药店、谢某堂、谢某提出反诉的时间为2018年8月15日，超出三个月的法定期限，故夏石正堂（和平）药店、谢某堂、谢某以重大误解为由要求撤销“证明”的理由不予支持。而谢某与韦某萍协商签订“证明”时，地点在夏石镇卫生院，当天有派出所等单位在场，不会出现“将尸体抬到药店停放”的情形。谢某本人两天后在凭祥市食品药品监督管理局制作的询问笔录中亦说明其是在警察、（夏石）镇领导的见证下，出于人道主义对黎某荣家属给予的赔偿。综合上述客观事实，认定谢某出于人道主义自愿向黎某荣家属黎某赔偿23万元，其与韦某萍签订“证明”时不存在受到胁迫的情形。综上，夏石正堂（和平）药店、谢某堂、谢某要求撤销谢某与韦某萍签订的“证明”证据不足，理由不充分，不予支持。综上所述，谢某应向黎某支付13万元，黎某等三人的其他诉讼请求，不予支持，夏石正堂（和平）药店、谢某堂、谢某的反诉请求亦不予支持。依照《中华人民共和国民法总则》第一百五十二条、第一百七十六条规定，判决：

一、谢某在本案判决生效之日起十五日内向黎某支付13万元；

二、驳回韦某萍、黎某、黎某杰的其他诉讼请求；

三、驳回夏石正堂（和平）药店、谢某堂、谢某的全部反诉请求。

谢某不服一审判决，提起上诉。广西壮族自治区崇左市中级人民法院经审理认为：关于谢某与黎某签订的“证明”是否存在可撤销情形的问题。《中华人民共和国合同法》第五十四条规定，合同可撤销的情形有重大误解、显失公平、一方欺诈胁迫等。谢某在凭祥市食品药品监督管理局制作的询问笔录中陈述其“是在警察、（夏石）镇领导的见证下，出于人道主义对黎某荣家属给予的赔偿”，在此情况下，受害人家属的一些过激语言并不能造成实际的胁迫。故谢某在签订协议时，并未存在受胁迫的情形。同时谢某与韦某萍、黎某签订“证明”的内容是明确的，并没有对“证明”的性质及内容产生错误认识，因此谢某在签订“证明”时并无重大误解的情形。在无证据证实黎某荣服用谢某出售的药品与其死亡存在因果关系的情形下，双方当事人自愿签订赔偿协议，谢某赔偿数额与参照《中华人民共和国侵权责任法》《广西壮族自治区道路交通事故损害赔偿项目计算标准》计算的黎某荣死亡造成的死亡赔偿金、丧葬费、被扶养人生活费等经济损失较为相符，故双方协议的谢某赔偿黎某各项损失23万元并无显失公平的情形。综上，谢某与黎某签订的“证明”不存在可撤销情形，亦不存在谢某行使撤销权的问题。

广西壮族自治区崇左市中级人民法院依照《中华人民共和国民事诉讼法》第一百七十条第一款第一项规定，判决如下：

驳回上诉，维持原判。

【法官后语】

重大误解，是指误解者作出意思表示时，对涉及合同法律效果的重要事项存在着认识上的显著缺陷，其后果是使误解者的利益受到较大的损失，或者达不到误解者订立合同的目的。行为人的意思表示构成重大误解需满足以下构成要件：一是必须是表意人（即作出意思表示的当事人）由于误解作出了意思表示。首先，表意人要将其意思表示表达出来（体现在合同条款中），否则无从评价其是否存在误解问题。其次，表意人作出的意思表示必须是由于误解造成的，即表意人的错误认识与其作出意思表示之间具有因果关系。二是必须对合同的主要内容发生重大误解，并导致合同的订立。我国司法实践认为，一般误解并不能导致合同被撤销，必须是对合同的主要内容发生误解才构成重大误解。因为在对合同的主要内容发生误解的情况下才能影响当事人的权利和义务并可能致使误解一方的订约目的不能实现。三是误解是由误解方自己的过错造成的，而不是因为受到对方的欺骗或不正当影响造成的。通常情况下，都是由表意人自己的过失行为造成的，即由其不注意、不谨慎造成的，如果表意人具有故意或是重大过失，则不能按误解处理。四是误解直接影响到当事人应享受的权利和承担的义务，对误解人造成较大的损失。

实践中，如果对以下情况发生错误认识，一般不认为构成重大误解：一是对某些用语发生错误认识，如不影响合同的性质和合同的内容，也不应作为重大误解而使合同撤销。二是对订立合同的动机发生错误认识。即重大误解须为对法律行为所形成之法律关系要素的错误（即对法律关系的主体、内容或客体发生错误），如果行为人意思表示的内容并无错误，仅仅是意思表示的内心起因（动机）发生错误，属于狭义的动机错误，不构成重大误解。典型事例如：甲为了增进与女友乙的感情购买了钻戒，但乙已经与他人结婚了。甲仅对订立买卖合同的动机发生错误认识，对买卖合同的内容并未有错误认识，属于狭义的动机错误，不构成重大误解，甲无权撤销钻戒买卖合同。

具体到本案，谢某与黎某签订赔偿协议，属订立合同的一种形式，协议内容约定“谢某赔偿给家属（儿子）黎某人民币贰拾叁万元”。谢某称其因误认为黎某荣的死亡与服用其出售的药品存在因果关系而作出赔偿承诺，但现有证据无法证实这一因果关系，故谢某在作出赔偿承诺时存在重大误解，应撤销该“证明”。但是，因谢某在与黎某签订“证明”时，对协议的主要内容，即赔偿对象、赔偿的款项、义务履行期限等是明确知道的，谢某并非对“证明”的性质及内容产生错误认识，而仅仅对签订“证明”的内心起因即误认为黎某荣的死亡与服用其出售的药品存在因果关系发生错误认识，在此种因果关系无法确定的情况下，谢某仅是作出意思表示起因或缘由的存在具有不确定性，故其作出的赔偿的意思表示不构成重大误解，其与韦某萍签订的赔偿协议不具有可撤销的情形。

在此提示，当事人在签订合同时，应先对签订合同的目的进行客观分析并深入了解合同权利义务条款后再作出是否签订合同的决定，以免陷入误解甚至可能导致无法撤销合同的结果。

编写人：广西壮族自治区崇左市中级人民法院　农碧霞

20

正当防卫和防卫过当在民事侵权赔偿案件中的认定

——项某诉张甲健康权案

【案件基本信息】

1. 裁判书字号

山东省淄博市中级人民法院（2018）鲁03民终3900号民事判决书

2. 案由：健康权纠纷

3. 当事人

原告（上诉人）：项某

被告（被上诉人）：张甲

【基本案情】

2017年11月25日上午，因位于桓台县索镇北辛村委院内的一处仓库起火被烧，项某猜疑系张甲所为，在现场与张甲发生口角。后在位于桓台县张北路的某宾馆门前，项某与张甲及其父亲张乙因争夺门锁发生冲突，致项某受伤。桓台县公安局于当日对该三人分别进行询问，并于2017年12月13日对张甲作出行政处罚决定书，决定给予其拘留三日的行政处罚。处罚的理由是其在和张乙与项某的上述争执中，用脚踢了项某身体一下。项某为此起诉要求张甲赔偿各项损失共计5716.48元。张甲辩称某宾馆系其姐经营，因为项某抢夺宾馆门锁与其父张乙发生争执，其前去制止，项某用包抡其，其出于正当防卫本能地踢了项某一脚。

法院依法向桓台县公安局调取了对项某的询问笔录、对张甲的讯问笔录、对张乙的询问笔录和民警出警现场的视频录像。其中，办案民警于2017年11月30日对项某的询问笔录记载，问："那把U形锁是谁的?"答："那把U形锁是张甲父亲的。"问："你为什么把锁收起来?"答："我想把锁收起来，张甲他们就没法锁门了，我不想让他们继续租房了。"民警出警现场视频录像显示，派出所民警接警后到位于北辛村委院内的失火现场调查了解情况。当时在现场的人员主要有项某及其姐姐、张甲、张乙。在民警调查过程中，张乙从村委院子向外走去，张甲、项某及其姐姐在后面紧跟着。当张乙回到某宾馆门前要锁门时，项某突然上前抢走U形锁并装到自己的手提包里，张乙欲向项某要回该锁，项某拒绝，于是张乙开始去抓项某的手提包夺锁。经过一番拉扯，张乙扯断了项某的手提包带子并夺回U形锁。在这一过程中，张甲帮张乙拉项某，项某用手提包抡张甲。张甲为躲避项某抡起的手提包而脚踢项某腹部致其倒地，项某倒地后马上起身并逼向张甲，张甲接连后退，此时赶来的民警随即将二人拉开。上述过程事发突然且持续时间很短，约一分钟左右。之后项某回身去捡起掉在地上的手提包带和手机并装回包中，又回到宾馆门口与张乙理论，被现场民警劝离。后民警开车带项某、张甲、张乙等人到派出所接受进一步处理。

【案件焦点】

张甲在本案中是否构成正当防卫和防卫过当。

【法院裁判要旨】

山东省桓台县人民法院经审理认为：本案纠纷系因项某猜疑张甲放火烧坏其认为具有合法使用权的仓库及内部物品，进而抢夺张甲姐姐经营的宾馆门锁引发，项某对纠纷形成存在过错，故依法可减轻张甲在本案中的责任。项某主张的各项损失5716.48元均符合相关规定，应予认定。针对项某抢夺门锁的行为，张甲、张乙作为宾馆的管理人为夺回门锁与其发生冲突，应属于正当防卫行为。但张甲为躲避项某抡起的手提包，脚踢项某腹部致其倒地受伤，显然超过必要限度，应当承担适当责任。综合分析本案各方过错情况，确定张甲承担项某损失的40%的责任。据此，一审判决：

张甲赔偿项某医疗费、误工费、护理费、交通费、住院伙食补助费共计2286.59元。

项某不服一审判决，提起上诉。山东省淄博市中级人民法院经审理认为：项某为处理问题采取抢夺张乙的某宾馆的门锁这种影响正常经营的不符合法律要求的处理方式，引发双方冲突并最终导致损害进而产生本案纠纷，其显然存在过错。项某抢夺某宾馆门锁的行为本身已经属于对张甲和其父张乙一方实际存在的、正在进行的不法侵害。在项某抢夺到某宾馆门锁后，又拒绝张乙归返该锁的要求，此时项某针对张乙和张甲一方的不法侵害仍在进行中，张乙和张甲一方的合法权益仍处于紧迫和现实的侵害和威胁中。张甲及其父张乙作为某宾馆的管理人，出于本能的反应而为夺回自己的门锁与项某发生冲突，符合正当防卫的范畴，应认定为正当防卫。在这一过程中，项某抡起的手提包攻击张甲同样属于一种实际存在的、正在进行的不法侵害行为，且该不法侵害行为同样使张甲的合法权益处于紧迫和现实的侵害和威胁中，对此张甲依法可以采取相应的防卫措施。尽管张甲为躲避项某抡起的手提包攻击而采取防卫措施本无不可，但其对此却是采取脚踢项某腹部的方式且致其倒地受伤。张甲的该脚踢行为从手段和后果来看明显超过必要限度，属于防卫过当，其对此应当承担适当的责任。据此，二审判决：

驳回上诉，维持原判。

【法官后语】

本案主要涉及在民事侵权案件中如何正确认定正当防卫和防卫过当的问题。

从审判实践来看，民事诉讼中当事人一方提出正当防卫之主张的情形多见于人身损害赔偿类纠纷中。在此类诉讼中，被告往往提出正当防卫抗辩。本案即如此，原告项某与被告张甲及张甲之父张乙因争夺门锁发生冲突，项某因此受伤并提起本案诉讼要求人身损害赔偿，而被告张甲对此提出了正当防卫的抗辩。法院认为张甲的行为构成正当防卫，但属于防卫过当，并因此减轻了张甲的赔偿责任。

从现实来看，人们发生冲突往往较为突然，并且持续时间较短。即双方产生争吵后，一方或双方施以拳脚通常都发生在一个非常突然的节点，这个突发节点是难以预料的，一方出手也往往都是瞬时的；而且在一方动手后，另一方也往往会“还以颜色”。这无疑给法院在民事案件中认定是否构成正当防卫造成了很多困惑，导致是正当防卫还是事后防卫，抑或是互相殴斗的判断分歧。这种困惑客观上也使得很多案件中本应认定为正当防卫的行为被认定为具有伤害主观过错的侵权行为。因此民事司法实践中在对是否构成正当防卫以及是否属于防卫过当进行判断时，一方面应当坚持根据法律规定的正当防卫的含义和要件来认定，另一方面还应当对民事领域关于正当防卫的某些观点进行纠偏，从而有助于法官准确地理解和认定正当防卫及防卫过当。对此，可以通过刑法意义上的正当防卫与民法意义上的正当防卫进行比较借鉴来加以解读，据此可引申出民事案件中认定正当防卫的核心亦在于应坚持合理性原则。

从实践来看，关于正当防卫认定上的困惑不仅存在于民事案件中，其在刑事案件中的表现更为明显。在我国刑事司法领域，司法人员对于正当防卫存在各种错误观念，进而导致刑事领域正当防卫制度实际被束之高阁，正当防卫条款沦为僵尸条款。[①] 直到2017年6月于欢故意伤害案二审改判认定于欢构成正当防卫和防卫过当，以及至2018年8月“江苏昆山反杀案”由公安机关侦查后提前申请检察机关介入案件，最终认定反杀者的行为属于正当防卫，刑事领域中对于正当防卫存在的各种错误观念才逐渐开始消解。而刑事司法领域对于正当防卫存在的主要误区包括：(1) 只能对暴力行为防卫，对非暴力侵害不能防卫；(2) 只有在暴力侵害发生的一刹那，才能实行防卫； (3) 只要双方打斗就是互殴，就不是正当防卫；(4) 只要发生死伤结果，就是防卫过当。[②] 虽然刑法中的正当防卫与民法中的正当防卫分属不同的法律领域，但二者在法理上的本质还是相通的，只是程度不同而已。刑事领域中对于正当防卫存在的一些错误观念其实也正是前面所说的民事领域中对于正当防卫在认定上的困惑。而这些困惑归结到一点，其核心就是机械地理解法律条文而不考虑现实合理性。而刑事领域中的于欢故意伤害案二审改判和“江苏昆山反杀案”认定反杀者的行为属于正当防卫，则是走出了上述关于正当防卫的误区，充分考虑到了案件背景、行为人所处的环境、行为人在当时环境下的心理及反应等现实因素，从而作出了正当防卫的正确认定。即对于正当防卫，“应从防卫者所处的具体情境以及实际上能够利用的防卫手段、防卫人的能力等方面加以考虑，并在保障防卫权的行使不被过度限缩的范围内予以广泛的承认”[③]。民事领域借鉴刑事领域对正当防卫予以正确认定的思路，亦应要充分考虑上述现实合理性原则。具体而言，就是应当立足行为人防卫时的具体情境，综合考虑案件发生的整体经

---

① 陈兴良：《正当防卫如何才能避免沦为僵尸条款——以于欢故意伤害案一审判决为例的刑法教义学分析》，载《法学家》2017年第5期。

② 陈兴良：《正当防卫如何才能避免沦为僵尸条款——以于欢故意伤害案一审判决为例的刑法教义学分析》，载《法学家》2017年第5期。

③ ［日］松宫孝明：《刑法总论讲义》，钱叶六译，中国人民大学出版社2013年版，第108页。

过，结合一般人在类似情境下的可能反应，准确把握防卫的时间、限度等条件。这要求一方面应考虑案件背景和行为人所处的环境等客观因素，另一方面更要考虑行为人在当时环境下的心理及反应等现实性主观因素，尤其是要充分考虑行为人面临不法侵害时的紧迫状态和紧张心理，不能在事后以一种平静状态下的冷静理性和客观精确的标准去评判行为人。

以本案为例，如果仍是机械理解和适用法律条文，就很容易走入上述对于正当防卫认定的误区。本案中，是项某首先实施了不符合法律要求的行为，同时从两人的情况对比来看，张乙是一位老人，而项某处于壮年。项某的抢夺行为虽然不宜认定为暴力行为，但也确实对张甲和张乙一方产生了实际存在的、正在进行的不法侵害，即影响宾馆的正常经营。按照“非暴力侵害排除正当防卫”的观点，本案的正当防卫显然无从谈起。但这明显属于对正当防卫的不当限缩理解。按照社会的一般认识，属于自己的物品在自己面前被对方抢夺后，自己立即向对方追回，显然属于正当防卫，否则就是对不法行为的纵容。故针对项某抢夺门锁这一突发的不法侵害行为，张甲及其父张乙作为某宾馆的管理人，为夺回自己的门锁与项某发生冲突，属于正当防卫的范畴，应认定为正当防卫。而在这一冲突过程中，项某抡起手提包攻击张甲同样属于一种实际存在的、正在进行的不法侵害行为，且该不法侵害行为同样使张甲的合法权益处于紧迫和现实的侵害和威胁中，对此张甲依法可以采取相应的防卫措施。当然这里也容易陷入前述的第二个误区和第三个误区。针对项某抡包攻击的暴力侵害，张甲不可能预见到项某准确的抡包时间，而且张甲随即采取反击措施也不能认为二者是在互殴。“防卫与互殴虽然具有相似的外观，但两者存在根本的区分，这就是事先是否具有殴斗的合意。只有事先双方经过约定，具有互相殴斗的合意，此后的相互打斗行为才能认定为互殴，双方都不具有防卫的性质。如果一方首先对另一方进行侵害，则另一方的反击行为不能认定为斗殴而是防卫。”① 张甲和项某二人显然没有互相殴斗的合意，张甲对项某向其抡包击打的行为进行反击应属防卫范畴。但张甲采取脚踢项某腹部的方式进行反击并且致项某倒地受伤，该行为与项某向其抡包攻击这一侵害行为相比，强度明显过大，且该脚踢行为给项

① 陈兴良：《正当防卫如何才能避免沦为僵尸条款——以于欢故意伤害案一审判决为例的刑法教义学分析》，载《法学家》2017年第5期。

某造成的损害超出了项某向其抢包攻击可能给张甲造成的损害后果。故从手段和后果来看，张某的行为明显超过必要限度，构成防卫过当。尽管张甲因此承担了行政责任，但这属于公安机关对其该行为在行政法意义上的评价和认定，并不能因此而否定该行为属于民法意义上的防卫过当行为。这和前述的第四个误区也有异曲同工之妙，亦即不能因为该反击行为承担了行政责任就完全否定其在民事上具有正当防卫的性质，只不过是其超过必要限度属于防卫过当而已。

综上所述，在关于正当防卫的认定方面，本案可以说是于欢故意伤害案和“江苏昆山反杀案”的民事版，说明民法领域认定正当防卫应当借鉴刑法领域对于正当防卫进行认定的现实合理性原则，从而避免脱离现实而让民法中的正当防卫规范成为休眠条款。当然，这里的现实合理性原则的适用需要人民法院结合个案的具体案情予以综合判断，才能对是否构成正当防卫和防卫过当作出正确认定和处理。

编写人：山东省淄博市中级人民法院　荣明潇

21

劳动部门是否作出工伤认定不应作为判断雇主是否侵权的唯一标准

——侯某杰等诉石拓公司、蒙牛公司生命权、健康权、身体权案

【案件基本信息】

1. 裁判书字号

北京市第三中级人民法院（2019）京03民终16097号民事判决书

2. 案由：生命权、健康权、身体权纠纷

3. 当事人

原告（上诉人）：侯某杰、李某、李某禹

被告（被上诉人）：石拓公司、蒙牛公司

【基本案情】

侯某杰与李某君系夫妻关系，二人生育子女二人，即李某、李某禹。2018年9月1日，石拓公司作为用人单位与李某君签订《劳动合同书》，约定李某君从事包装工工作，执行综合工时工作制。李某君于2018年7月1日起在蒙牛公司车间包装工岗位工作。

2018年10月8日1时17分许，李某君在蒙牛公司突发疾病，后被送入首都医科大学潞河医院住院治疗，经诊断为：右基底节脑出血破入脑室、脑疝、重症肺炎等。同月18日，李某君死亡。根据《居民死亡医学证明（推断）书》显示，李某君的死亡原因为脑疝。

2018年11月，石拓公司向北京市人力资源和社会保障局申请李某君的工伤认定，北京市人力资源和社会保障局于同月30日出具《不予认定工伤决定书》，载明：2018年10月8日1时17分许，李某君突发疾病，经诊断为脑疝，于2018年10月18日抢救无效死亡，不符合工伤认定情形。决定不予认定或者视同工伤。

另，2018年6月28日，蒙牛公司（甲方）与石拓公司（乙方）签订《业务外包合同》，约定：服务项目为提手安装、在线包装等；甲方为乙方提供工作场所及相关设施；乙方需确保乙方服务人员均系和乙方建立劳动关系且签订正式劳动合同；乙方须为乙方工作人员提供所需工作条件，并及时支付相应薪酬和报酬；乙方须自行负责工作场所的管理及乙方服务人员自身安全保卫工作。乙方服务人员提供服务所发生的责任、风险、费用均由乙方自己承担。该合同还对服务费用标准、双方其他权利义务等作出约定。

侯某杰、李某、李某禹的合理损失为：医疗费153113.76元、丧葬费50802元、死亡赔偿金484800元、被扶养人生活费18810元、精神损害抚慰金50000元，以上合计757525.76元。侯某杰、李某、李某禹称，李某君一直处于加班状态，生前每天工作基本在13个小时左右，突发疾病与劳累、长期加班存在直接关系，要求石拓公司、蒙牛公司承担70%赔偿责任。事发后，石拓公司曾支付侯某杰、李某、李某禹补偿款107000元。

【案件焦点】

1. 在劳动部门未予作出工伤认定的前提下死者家属是否有其他救济途径；2.

如何认定用人单位导致员工“过劳死”的侵权行为及侵权责任。

【法院裁判要旨】

北京市通州区人民法院经审理认为：李某君与石拓公司存在劳动合同关系，在李某君所受损害不予认定工伤的情况下，侯某杰、李某、李某禹选择以侵权行为之诉，要求石拓公司承担侵权责任。因此，侯某杰、李某、李某禹需举证证明本案符合侵权行为的构成要件，即石拓公司的侵权行为与李某君所受损害之间存在因果关系，且石拓公司对损害发生存在过错。李某君在夜班工作期间突发疾病，后入院治疗，在治疗期间死亡，死亡原因为脑疝。现没有证据显示，李某君突然疾病死亡系因从事的劳动导致，劳动部门亦出具了不予认定工伤的决定。并且，侯某杰、李某、李某禹亦未提交充分证据证明，石拓公司作为用人单位，存在违反《劳动合同书》约定，或违反相关法律法规规定，存在超时用工等侵害劳动者权益的行为，即不能证明石拓公司对损害发生存在过错。因此，不符合侵权行为的一般构成要件，侯某杰、李某、李某禹要求石拓公司对医疗费、丧葬费等损失承担赔偿责任的诉求，依据不足，不予支持。另外，蒙牛公司与石拓公司存在劳务分包关系，蒙牛公司与李某君之间不存在劳动合同关系或用工关系，其对损害发生亦不存在过错，故侯某杰、李某、李某禹要求蒙牛公司承担赔偿责任，不予支持。

北京市通州区人民法院依照《中华人民共和国侵权责任法》第六条、《中华人民共和国民事诉讼法》第六十四条第一款、《最高人民法院关于适用〈中华人民共和国民事诉讼法〉的解释》第九十条规定，作出如下判决：

驳回侯某杰、李某、李某禹的诉讼请求。

侯某杰、李某、李某禹不服一审判决，提出上诉。北京市第三中级人民法院经审理认为：雇员在从事雇佣活动中遭受人身损害，雇主应当承担赔偿责任。李某君系受雇于石拓公司从事夜班包装工作，石拓公司安排其在晚七点至第二日早七点工作，李某君单日工作长达 12 小时，已超出国家法律规定的日最长工作时间，石拓公司与蒙牛公司亦未能提交李某君考勤记录证明李某君的工作时长符合法律规定或者在工作中给李某君安排了充分的休息时间，李某君突发脑疝死亡与超时工作之间存在因果关系，石拓公司对李某君死亡具有一定过错，法院考虑石拓公司的过错程度及关联程度等因素，酌情确定石拓公司对侯某杰、李某、李某禹的合理损失承担 30% 的赔偿责任。对于侯某杰、李某、李某禹主张的精神损害抚慰金，法院酌情确定为30000元。石拓公司已给付侯某杰、李某、李某禹107000元，在本案中予以抵扣。蒙牛公司与石拓公司系外包合同关系，蒙牛公司与李某君之间不存在劳动合同关系，蒙牛公司对损害发生不存在过错，故侯某杰、李某、李某禹要求蒙牛公司承担赔偿责任，缺乏依据，不予支持。

北京市第三中级人民法院依照《中华人民共和国侵权责任法》第十六条、第二十二条，《最高人民法院关于审理人身损害赔偿案件适用法律若干问题的解释》第十一条，《中华人民共和国民事诉讼法》第一百七十条第一款第二项规定，判决：

一、撤销北京市通州区人民法院（2019）京0112民初13598号民事判决；

二、石拓公司于本判决生效之日起七日内给付侯某杰、李某、李某禹医疗费、丧葬费、死亡赔偿金、被扶养人生活费、交通费、护理费、精神损害抚慰金共计139129.23元；

三、驳回侯某杰、李某、李某禹的其他诉讼请求。

【法官后语】

本案是一起劳动者因在单位加班突发疾病死亡所引发的案件，俗称“过劳死”。“过劳死”，是一种职业性的突然死亡，指因工作过度致死，即在工作的过程中因过重的身心负荷、疲劳的不断累积，造成既有的高血压、心脏病或动脉硬化等疾病恶化，进而破坏劳动者正常的工作和生命节奏，最终导致死亡。“过劳死”一词源自日语，二十世纪七八十年代是日本经济迅猛发展并迅速繁荣的重要时期，因市场激烈的竞争和淘汰所产生的压力，导致就业人群（劳动者）身心极度疲劳直至死亡的现象时有发生。“过劳死”主要是工作压力引起的心脏病发作，或是因长期疲倦所导致的中风致死，它并不是临床医学病名，也不是真正意义上的法律术语，而应当属于社会医学的范畴。简言之，“过劳死”就是由于劳动者长期加班工作，导致身体的各项机能不能得到恢复，出现过度疲劳的状态，进而引发突然死亡（也称为猝死）的现象。

尽管法律法规对于“过劳死”并未进行明确的定性，然而社会公众通常会将“过劳死”与工伤联系在一起，那么劳动者如果出现“过劳死”能否被认定为工伤，用人单位是否应当承担相应的责任，用人单位的过错行为与死亡结果之间的关联程度应如何判断，本案例即涉及这些问题。本案核心问题有两个，一是在劳动部门未予作出工伤认定的前提下死者家属是否有其他救济途径；二是应如何认定用人单位导致员工“过劳死”的侵权行为及侵权责任。

1. 在劳动部门未予作出工伤认定的前提下死者家属是否有其他救济途径。目前我国工伤保险实行的是危险责任原则，在对工伤进行认定时需要具备三个基本要件，即工作时间、工作场所（地点）和工作因素（或工作原因），我们通常称之为“工伤三要素”或“三工原则”。此外，考虑到一些特殊利益和特殊情形，我国在劳动法律法规中还设定了“视同工伤”的制度。在我国2010年修订的《工伤保险条例》即对视同工伤的情况作出了较为明确的规定，其中第十五条第一款规定：“职工有下列情形之一的，视同工伤：（一）在工作时间和工作岗位，突发疾病死亡或者在48小时之内经抢救无效死亡的；（二）在抢险救灾等维护国家利益、公共利益活动中受到伤害的；（三）职工原在军队服役，因战、因公负伤致残，已取得革命伤残军人证，到用人单位后旧伤复发的。”其中第一项与我们讨论的“过劳死”有密切的关系。然而，仅仅使用这一条款，还远远不能解决全部的“过劳死”问题，对于符合“三工原则”的“过劳死”，无疑死者的家属可以享受相应的工伤待遇，但是对于大多数“过劳死”的死者家属来说，在确认符合“三工原则”的时候会遇到相当大的困难，有时甚至是不可逾越的障碍。“三工原则”其实是从劳动过程而非职业灾害的角度来认识和判断的，然而事实上“过劳死”发生的现场通常超出劳动过程这个范围。一方面，我国目前为止没有明文的法律法规规定的职业灾害的概念，另一方面，“过劳死”通常发生在劳动者的家中，很难说是工作时间，死者家属较难证明劳动者死于工作过程中或工作岗位上，此外，“过劳死”通常是因为劳累过度导致的心肌梗死或其他类型的猝死，死者家属很难证明劳动者是因为工作而过度劳累造成的死亡结果。现实中，“过劳死”的发生过程通常是劳动者因较长时间或较大强度的工作，而导致正常的生活作息规律受到影响，进而使自己的疲劳感不断积累从而达到过度劳累的状态，最终因过劳状态的持续导致死亡，因此“过劳死”的发生地点有可能不在工作场所或工作岗位上，如果仅从字面上理解《工伤保险条例》的规定，认定为工伤的标准过于严苛，大多数“过劳死”将无法被认定为工伤。本案中，因死者初步确诊时间到死亡超过了48小时，故劳动部门作出不予认定工伤的决定。如不给予死者家属其他的法律救济途径，或者仅将是否认定工伤作为判断雇主是否存在侵权责任的唯一标准，并不利于保护劳动者的合法权益。根据《最高人民法院关于审理人身损害赔偿案件适用法律若干问题的解释》(2004年)第十一条规定：雇员在从事雇佣活动中遭受人身损害，雇主应当承担赔偿责任。故如死者未被认定为工伤，死者家属仍可依据侵权责任法提起生命权、健康权、身体权之诉。该解释修订后，删除了第十一条规定，劳动者在工作中遭受自身损害的，首先应当依据修订后的该解释，即2021年《最高人民法院关于审理人身损害赔偿案件适用法律若干问题的解释》的第三条规定通过工伤保险寻求救济；不能认定为工伤的，应当根据《中华人民共和国民法典》第一千一百六十五条规定，适用一般侵权责任的规则，根据用人单位和劳动者双方的过错承担责任。

2. 如何认定用人单位导致员工“过劳死”的侵权行为及侵权责任。“过劳死”中认定用人单位是否构成侵权责任，应适用一般侵权的构成要件，该侵权责任的构成条件是：第一，行为人的身份具有特定性，即行为人应当是劳动者的支配者，即企业或者单位的管理者，包括雇主。第二，行为人对劳动者安排了极度超出其身体承受能力的、带有强制性的劳动，这种带有强制性的劳动违反劳动保护法律或者法规。第三，造成劳动者死亡的后果，且该死亡后果与强迫过度劳动有因果关系，具体表现为，或者是劳动者在劳动中的猝死，或者是导致劳动者罹患其他疾病而引起死亡。第四，行为人在主观上，对劳动者进行强制性的劳动具有故意，但是对于劳动者死亡的后果没有预见或者轻信能够避免，因而只具有过失。在审判实践中，侵权行为与因果关系是最难界定和把握的。对于侵权行为的把握最主要的是应考量雇主要求劳动者的劳动时间、劳动强度、连续工作时间等要素。控制劳动者的工作时间，保障劳动者的休息权才能防止和减少“过劳死”现象。本案中，死者李某君连续上夜班12小时，大大超过了《中华人民共和国劳动法》规定的劳动时间，这种工作安排侵犯了死者李某君的休息权，是很明显的侵权行为。另外，安排劳动者值夜班打乱了劳动者的作息规律，大大增加了其猝死的概率，劳动者理应获得更充足的休息时间，连续工作的时间也应相应减少。关于用人单位的侵权行为与劳动者死亡之间因果关系的判断。对于本案，一审以劳动部门出具了不予认定工伤的决定认定用人单位侵害劳动者权益的行为与李某君突然死亡之间不存在因果关系。首先应该注意的是，“过劳死”的死者自身往往带有一些基础性的慢性疾病，自身的身体状况也是导致猝死的一大原因，侵权行为与损害结果之间的因果关系并不像发生意外伤害的情形表现那样明显。但正如上文分析到的，“过劳死”的工伤认定已经很难，如再以劳动部门不予认定工伤来认定用人单位侵权行为与劳动者死亡之间不存在因果关系，将使家属的起诉失去实际意义。而超长时间劳动、侵犯劳动者的休息权将大大增加劳动者发生心脑血管疾病的概率，是公认的导致“过劳死”的诱因，该因果关系可依据一般常理和生活常识来判断。但在具体判断用人单位的侵权行为与死亡结果之间的关联程度时，实践中法官往往求助于司法鉴定，但能作出此鉴定结果的鉴定机构几乎没有。故要求法官结合具体案情、用人单位的违法程度以及死者自身的身体状况酌情确定，自由心证。

编写人：北京市第三中级人民法院　张帆　胡实

22

侵权行为发生后出生的子女，受害人能否主张被扶养人生活费

——尤某龙诉北方射击场生命权、健康权、身体权案

【案件基本信息】

1. 裁判书字号

北京市第一中级人民法院（2019）京01民终6874号民事判决书

2. 案由：生命权、健康权、身体权纠纷

3. 当事人

原告（上诉人）：尤某龙

被告（被上诉人）：北方射击场

【基本案情】

1992年9月27日，尤某龙到北方射击场西墙外的北山坡摘酸枣，被北方射击场进行兵器试验的跳弹打伤，后就经济赔偿问题经昌平公安分局调解，双方达成协议，由北方射击场一次性赔偿尤某龙各项经济损失41500.18元，北方射击场已按

协议履行。2005年尤某龙诉至法院，要求北方射击场赔偿其伤残赔偿金、精神损失费和医疗费。该案审理中，经依法鉴定尤某龙的伤情为伤残八级，但未对其脑外伤所致癫痫后果进行评残，后法院作出判决支持了尤某龙的部分诉讼请求。2009年尤某龙再次起诉，要求北方射击场赔偿其残疾赔偿金、医疗费和生活费，该案审理中，经法院委托对尤某龙的伤情再次鉴定，结论为尤某龙左额顶、右顶枕穿通伤，伤后2年出现症状性癫痫，经多次脑电图检查确诊为颅脑火器伤后癫痫，伤残程度为四级。后法院判决支持了尤某龙的部分诉讼请求。此后，尤某龙又分别于2010年、2013年、2015年向法院起诉要求北方射击场支付其后续医疗费、护理费、被扶养人生活费等费用。其中，在2013年提起的诉讼中，法院支持了被扶养人尤某龙父母的生活费；在2015年提起的诉讼中，尤某龙要求北方射击场给付其孩子的被扶养人生活费，法院以尤某龙尚未生育子女，该项请求不符合法律规定为由予以驳回，并释明尤某龙可在生育子女后另行主张被扶养人生活费。

2014年12月，尤某龙与范某香登记结婚，2017年5月，二人生育一子尤某皓。2019年4月，尤某龙诉至法院要求北方射击场支付其被扶养人尤某皓的生活费。

【案件焦点】

受害人能否就侵权行为发生后出生的子女向侵权人主张被扶养人生活费。

【法院裁判要旨】

北京市昌平区人民法院经审理认为：被扶养人生活费是指加害人非法剥夺他人生命权，或者侵害他人健康权致其丧失劳动能力，造成受害人生前或丧失劳动能力以前扶养的人扶养来源的丧失，应依法向其赔偿的必要费用。从法律特征来看，“被扶养人生活费”中的被扶养人具备以下特征：须是侵权行为的非直接受害人、须是直接受害人生前或致残前扶养的人、须是因侵权行为而致其法定扶养权利丧失的人、须是因此而享有法定扶养赔偿请求权的人。北方射击场实施侵权行为的时间在1992年9月27日，此后尤某龙多次诉至本院，本院先后两次为尤某龙进行了伤残等级鉴定，最后一次伤残等级鉴定时间为（2009）昌民初字第9052号案件审理过程中，尤某龙最终定残时间亦在此时，而尤某皓于2017年5月才出生，并非尤某龙在丧失劳动能力以前负有法定扶养义务的被扶养人，尤某龙在丧失劳动能力以前负有扶养义务的被扶养人为其父母，而其父母的被扶养人生活费已在（2013）昌民初字第8165号民事案件中处理完毕，现尤某龙于其定残多年后再行主张尤某皓的被扶养人生活费，缺乏法律依据，不予支持。

北京市昌平区人民法院依照《中华人民共和国侵权责任法》第六条第一款、《最高人民法院关于审理人身损害赔偿案件适用法律若干问题的解释》第二十八条和《中华人民共和国民事诉讼法》第六十四条第一款规定，判决如下：

驳回尤某龙的诉讼请求。

尤某龙不服一审判决，提起上诉。

北京市第一中级人民法院经审理认为：《最高人民法院关于贯彻执行〈中华人民共和国民法通则〉若干问题的意见（试行）》第一百四十七条规定，侵害他人身体致人死亡或者丧失劳动能力的，依靠受害人实际扶养而又没有其他生活来源的人要求侵害人支付必要生活费的，应当予以支持，其数额根据实际情况确定。

（一）被扶养人生活费的含义

若因他人侵权致使减少或丧失劳动能力而生活困顿、被扶养人生活质量下降，侵权人需要对此承担相应责任。针对这种被扶养人利益丧失的赔偿，即为被扶养人生活费。

（二）被扶养人生活费的范围

当侵权发生时，被侵权人实际正在扶养的依法应当承担扶养义务的未成年人或者丧失劳动能力又无其他生活来源的成年近亲属是人身损害赔偿语境下的被扶养人；值得讨论的是，侵权行为发生后，未出生的子女能否成为人身损害赔偿语境下的被扶养人？

法律调控应使社会活动呈现一种稳定的、有规律的状态。换言之，法律不仅需要保护现实的、确定的利益，也需要保护符合一定条件的不确定的利益。未出生子女的被扶养利益是否符合法律对不确定利益保护的条件，需要进一步明确。未出生子女可以分为两类：胎儿与非胎儿，此处的非胎儿包括尚未受孕的未来的子女。

从胎儿到活体的人存在不确定性，按照一般观念和司法实践，胎儿应该包括在被扶养人范围之内。这是因为：虽然胎儿将来未必会出生，即使出生也未必成为一个活体的人，但是胎儿已经事实上存在；更为重要的是，我们应当秉承一种良善的价值观，愿意期望、选择相信胎儿会顺利出生、健康成长；相较于胎儿出生后被扶养的利益，这种不确定性微不足道。因此，有必要将胎儿包括在被扶养人范围之内。

基于同样的理由，非胎儿也应包括在被扶养人范围之内。虽然这个现在不存在的“人”将来未必会出生，但若我们有理由相信他未来必定会出生、存活，便不应忽视他的权利。每个人都有平等地生存和发展的权利，法律没有理由剥夺生育子女的平等。减少或丧失劳动能力的人，同样也有繁衍后代的权利。在正常情况下，减少或丧失劳动能力的人也会存在后代，其后代的抚养权利因其劳动能力的减少或丧失必然受到影响，这种影响并非不确定的；若认为此类情况不应赔偿，实质上是对其繁衍后代的权利提出了质疑与歧视，有悖正义。

反对者认为，若只注重保护受害者、轻视加害者利益，使加害人因一时的事故而终身背负债务也是不妥当的。这种担忧不无道理，因此有必要明确两点：其一，权利义务的不确定状态可以通过诉讼时效制度解决。最长时效期间可以使权利状态在经过一定期间后得以稳定，该期间从权利被侵害之日起开始计算。因北方射击场一审期间未提出诉讼时效抗辩，本院未支持其二审提出的诉讼时效抗辩，故对时效问题，不在此详细论述。其二，非胎儿是否出生存活的不确定性要大于胎儿，非胎儿的被扶养人生活费，应当在该子女出生后再主张。

综上，尤某龙要求北方射击场赔偿扶养人生活费的诉讼请求应得到支持。一审法院判决认定事实清楚、适用法律错误，二审法院予以改判。据此，依照《中华人民共和国民法通则》第一百一十九条、《最高人民法院关于贯彻执行〈中华人民共和国民法通则〉若干问题的意见（试行）》第一百四十七条、《最高人民法院关于审理人身损害赔偿案件适用法律若干问题的解释》第二十八条、《最高人民法院关于审理民事案件适用诉讼时效制度若干问题的规定》第四条第一款、《中华人民共和国民事诉讼法》第一百七十条第一款第二项规定，判决如下：

一、撤销北京市昌平区人民法院（2019）京0114民初8941号民事判决；

二、北方射击场于本判决生效后十五日内赔偿尤某龙被扶养人生活费127228.5元；

三、驳回尤某龙的其他诉讼请求。

【法官后语】

本案涉及受害人能否就侵权行为发生后出生的子女向侵权人主张被扶养人生活

费的问题。被扶养人是指受害人依法应当承担扶养义务的未成年人或者丧失劳动能力又无其他生活来源的成年近亲属。

关于受害人的未成年子女作为被扶养人的确定，存在三种情形，一是侵权行为发生时即已出生的子女，二是侵权行为发生后、伤残等级鉴定意见出具前出生或至少已经以胎儿形态存在的子女，三是侵权行为发生后任何时间内出生的子女，包括伤残等级鉴定意见作出后出生的子女。三种情形中，受害人能主张权益的被扶养人范围在逐渐扩大。第一种情形，侵权人应赔付受害人的被扶养人生活费毫无疑问。第二种情形，根据北京市高级人民法院审理规范要求，在侵权行为发生后、受害人的伤残等级经鉴定程序确认之前出生的子女，可以主张被扶养人生活费。伤残等级鉴定意见中的定残日是确定受害人丧失劳动能力的时间，自丧失劳动能力时起受害人的损失基本固定，因此定残日能作为计算受害人相关损失的时间标准。相应地，被扶养人生活费应对受害人的哪些子女进行赔付也能够予以确定，因此在伤残等级鉴定意见出具前出生的子女也理应获赔被扶养人生活费。而在伤残等级鉴定意见出具前尚未出生的胎儿的利益保护问题，目前民事法律规范中对胎儿的权益保护只明确规定了其法定权利，对于胎儿在出生后的生活费问题，一方面，受害人因侵权行为而导致降低或丧失劳动能力，必然影响到其伤残后抚养的未成年子女的生活质量；另一方面，尽管从胎儿到活体的人之间还存在着不确定性，但胎儿已经事实上存在，法律应当秉承一种良善的价值观，愿意期望、选择相信胎儿会顺利出生、健康成长，相较于胎儿出生后被抚养的利益，这种不确定性微不足道，若不赋予胎儿在出生后被抚养和获得生活费的权利，恐有悖于社会的基本道德与公平正义。故而司法实践中在处理这一问题时，多是准予受害人在胎儿出生后另行主张该子女的生活费。

前述第三种情形实际涵盖了第二种情形，实质上都是受害人能否就侵权行为发生后出生的子女主张被扶养人生活费的问题。之所以进行区分，是因为对于侵权行为发生后且受害人的伤残等级已经经鉴定程序确认之后出生的子女，受害人是否可以主张被扶养人生活费，在实践中存在较大争议。通过本案可以看出，侵权行为发生后，无论是在伤残等级鉴定前还是鉴定后出生的子女，受害人均可主张被扶养人生活费。具体理由如下：

一是侵权行为导致的损害结果仍在持续，且该损害影响了受害人所扶养之人的生活质量。受害人因侵权行为致残，其残疾的状态不可逆转，劳动能力亦难以恢复，除非有足够先进高超的医疗技术或得益于特殊的身体恢复能力等因素，否则因侵权行为导致的损害结果会一直持续，伴随受害人终身。而受害人因残所致劳动能力的降低或丧失又势必会影响到其尽扶养义务的能力，最终影响受害人所扶养之人的生活质量，且这种影响也会同残疾状态一样持续存在。因此，无论受害人的子女在侵权行为发生后何时出生，只要受害人尚须尽扶养之义务，其就有权向侵权人主张被扶养人生活费。

二是拒赔被扶养人生活费有妨害受害人生育权利之嫌，对侵权行为发生后所生子女的受抚养权实现亦是不公平的。一方面，每个人都有生育子女、繁衍后代的权利，若拒绝赔付侵权行为发生后所生子女的被扶养人生活费，劳动能力降低或丧失的受害人可能基于经济来源受限、收入降低、抚养能力下降等考虑，不敢生育子女或少生育子女，这无疑是从现实条件方面妨害了受害人的生育权利，有悖社会公平正义。另一方面，对于侵权行为发生后出生的子女而言，因得不到应有的生活费保障，其受抚养权利的实现在与侵权行为发生前出生的子女之间也会有所不同，有失公平，甚至可能导致受害人因缺乏抚养能力而遗弃子女等严重后果。

三是支持被扶养人生活费会引发道德风险的担忧实无必要。首先，被扶养人生活费采取定型化赔偿模式，有法律明确规定的计算标准和方式，且受年赔偿总额的限制，并无法官自由裁量的空间，即使受害人为获得被扶养人生活费而多生子女，其获赔的数额也是有限的。其次，在我国当前的社会环境下，生育子女的数量还受到法律和政策的限制，尚不能违反政策任意生育。最后，随着社会经济的发展，生育、抚养子女的现实成本已越来越高，给家庭带来的压力也越来越大，相较于生养子女所需要的大额金钱成本以及时间、精力的付出，获赔的被扶养人生活费犹如杯水车薪，侵权行为的受害人尚不至于为了多获得赔偿而过多生育子女。

此外，对于侵权行为发生后出生的子女，反对支付被扶养人生活费的观点还认为，若支持受害人的主张，将使侵权人因一时的行为而承担终身且不确定的债务，加重了侵权人的负担。此种担忧可以理解，但仍可从诉讼时效制度上予以破除，侵权人能证明原告的主张已过诉讼时效的，应在一审期间及时提出抗辩意见。

综上所述，凡是在侵权行为发生后出生的子女，受害人均有权向侵权人主张被扶养人生活费，如此更能保障受害人的基本人权，实现对被扶养人权益的平等保护。支持赔付受害人在侵权行为发生后所生子女的生活费，实质上也是侵权责任法律规范对损害填补的应有之义，符合损害填平原则。同时，也能更好地规范人们的行为，提醒人们在日常生活中和在进行民事活动时，尽可能地尽到注意义务，理性、审慎化解纷争。

编写人：北京市昌平区人民法院 田雅娟 赵群彩

23

网约车交通事故的责任认定

——刘某某诉王某某等健康权、身体权案

【案件基本信息】

1. 裁判书字号

北京市丰台区人民法院（2017）京0106民初10682号民事判决书

2. 案由：健康权、身体权纠纷

3. 当事人

原告：刘某某

被告：王某某、北京某公司、某保险公司

【基本案情】

王某某系在北京某公司注册的司机，以其车牌号为京Q×××××的自有车辆从事网约车运营活动。2016年6月19日13时18分，刘某某在丰台区方庄路蒲芳路路口通过某App平台呼叫快车，接单司机是王某某。刘某某将一条腿迈上车，人还未全部进入车里，王某某就开动了车辆，导致刘某某摔倒受伤。当日，刘某某被送至北京中医药大学东方医院进行救治，经诊断，刘某某右侧肩膀软组织损伤。因为疼痛难忍，6月19日至30日，其又多次到北京中医药大学东方医院进行救治，经诊断为右侧肱骨头内上缘骨皮质不连续，医生建议如有不适，转诊运动医学科。7月21日，刘某某转至北京望京医院关节镜及运动医学科就诊，经诊断为右肩冈上肌止点撕脱骨折。8月4日至10月31日，其多次到北京积水潭医院就诊，经诊断

为右肩冈上肌全层撕裂。2017年1月19日、2月6日，刘某某在北京大学第三医院外科运动医学科门诊就诊，经诊断为右肩袖撕裂、右肩冈上肌腱撕裂。刘某某起诉要求王某某、北京某公司、某保险公司支付医疗费、营养费、伤残赔偿金、护理费、交通费、伤残辅助器具费、精神损害抚慰金等费用。

涉案车辆以非营运性质在某保险公司投保交强险和30万元商业三者险及不计免赔，此次交通事故发生在保险期限内。王某某认可其未就车辆从事运营之情况通知某保险公司。

【案件焦点】

1. 网约车以家庭自用车辆进行运营，但并未就其从事车辆运营、改变车辆性质等事宜告知保险公司，保险公司是否应当在交强险、商业三者险的范围内承担赔偿责任；2. 网约车驾驶人及网约车平台的营运人应如何承担责任。

【法院裁判要旨】

北京市丰台区人民法院经审理认为：首先，关于刘某某是否属于车上人员。事发时，刘某某一只脚踩上涉案车辆，但身体其余部分尚在车外，上车行为尚未完成，车辆就已经启动，鉴于此，刘某某不应被认定为车上人员。

其次，以家庭自用车辆进行营运的“网约车”在交通事故中造成他人人身、财产损害的，交强险、商业三者险是否应当承担赔偿责任。交强险的赔付不同于一般侵权责任和合同责任，为实现其制度功能和救济的目的，其适用突破了一般保险赔偿责任理论，对驾驶人违法情形下的损害仍然予以赔付，故在此事故中，某保险公司以王某某车辆改变使用性质未缴纳相应保费即不予赔付的抗辩，与交强险设立的制度功能及作用不符，对此抗辩意见，不予采纳。《中华人民共和国保险法》第五十二条规定，在合同有效期内，保险标的的危险程度显著增加的，被保险人应当按照合同约定及时通知保险人，保险人可以按照合同约定增加保险费或者解除合同。保险人解除合同的，应当将已收取的保险费，按照合同约定扣除自保险责任开始之日起至合同解除之日止应收的部分后，退还投保人。被保险人未履行前款规定的通知义务的，因保险标的的危险程度显著增加而发生的保险事故，保险人不承担赔偿保险金的责任。王某某以涉案车辆专职并全日制从事车辆运营活动，其行为已经使其车辆的用途从非经营车辆变更为经营性车辆，该营运行为导致车辆危险程度显著增加，故王某某未通知某保险公司其车辆从事营运的信息，使该公司不能行使合法的解除合同或者要求增加保费的权利，某保险公司在商业三者险范围内不承担赔偿保险金的义务。

再次，网约车驾驶人及网约车平台的营运人应如何承担责任。《网络预约出租汽车经营服务管理暂行办法》第十六条规定："网约车平台公司承担承运人责任，应当保证运营安全，保障乘客合法权益。"故北京某公司作为网约车平台应承担承运人责任，对刘某某在交强险外的费用承担赔偿责任；王某某不承担赔偿责任。

最后，关于刘某某因此次事故造成的损失。刘某某的医疗费依法确定为1509.74元。结合刘某某的伤情、就医情况及鉴定结论确定其营养费为3000元、护理费为7200元、残疾赔偿金为74887.20元、交通费为700元，精神损害抚慰金依法确定为5000元。上述各项费用，某保险公司应在交强险限额内先行赔偿，超出交强险以外的费用由北京某公司承担。

北京市丰台区人民法院依照《中华人民共和国侵权责任法》第十六条、第二十二条、第四十八条，《中华人民共和国保险法》第五十二条之规定，判决如下：

一、某保险公司于本判决生效后七日内在交强险限额范围内赔偿刘某某医疗费1509.74元、营养费3000元；

二、某保险公司于本判决生效后七日内在交强险限额范围内赔偿刘某某残疾赔偿金74887.20元、护理费7200元、交通费700元、残疾辅助器具费138元、精神损害抚慰金5000元；

三、驳回刘某某的其他诉讼请求。

【法官后语】

该案审理的难点在于网约车车主在网约车平台注册运营后，未将车辆从事运营的情况告知保险公司，保险期内发生交通事故造成他人人身损害，如何认定责任主体以及进行责任承担的判定。

1. 保险公司的责任认定

交强险是由保险公司对被保险机动车发生道路交通事故造成受害人的人身伤害、财产损失，在责任限额内予以赔偿的强制性责任保险。交强险制度设计的目的是通过国家强制的方式，分散交通事故加害人损害赔偿的风险，强化对交通事故受害人的权益救济能力。故交强险的赔付原则不同于一般侵权责任和合同责任，为实现其制度功能和救济的目的，交强险的适用突破了一般保险赔偿责任理论。交强险的救助性、社会性的特点决定了交强险仅能以法定理由拒赔，即《机动车交通事故责任强制保险条例》第二十二条规定的情形：(1) 驾驶人未取得驾驶资格或者醉酒的；(2) 被保险机动车被盗抢期间肇事的；(3) 被保险人故意制造道路交通事故的。营运车辆投保非营运险并不属于以上法定事由，交强险不能拒绝赔付。故本案中，保险公司应当在交强险的范围内承担责任。

另外，根据《中华人民共和国保险法》第五十二条规定：在合同有效期内，保险标的的危险程度显著增加的，被保险人应当按照合同约定及时通知保险人，保险人可以按照合同约定增加保险费或者解除合同。被保险人未履行前款规定的通知义务的，因保险标的的危险程度显著增加而发生的保险事故，保险人不承担赔偿保险金的责任。本案中，王某某在注册成为滴滴司机后，专职并全日制从事车辆运营活动，其行为已经使其车辆的用途从非经营车辆变更为经营性车辆，该营运行为导致车辆危险程度显著增加，但王某某对此未通知保险公司，使某保险公司不能行使法定的合同解除权或者要求增加保费的权利，故某保险公司在商业三者险范围内不承担赔偿保险金的义务。

2. 网约车车主及网约车平台的责任认定

目前，根据网约车营运方式的不同，网约车车主与网约车平台主要存在以下几种合作方式并形成相应的法律关系。

(1) 司机与平台公司成立劳动关系

此种方式主要分为两种情形。一是车辆属于网约车平台公司或网约出租车情形下的出租车公司，司机属于与平台公司或出租车公司存在劳动关系的员工。二是车辆属于网约车车主，但是车主与网约车平台公司签订劳动合同。此种情形下，司机属于平台公司的员工。《中华人民共和国民法典》（以下简称《民法典》）第一千一百九十一条第一款规定："用人单位的工作人员因执行工作任务造成他人损害的，由用人单位承担侵权责任。用人单位承担侵权责任后，可以向有故意或者重大过失的工作人员追偿。"据此，司机与平台公司成立劳动关系的，无论车辆所有权归属，或者说无论上述哪种情形，在发生交通事故时，只要网约车司机从事的是公司指派的工作，网约车司机对外以公司名义运营，公司对车辆负有管理责任，获取营运收益，公司就理应作为直接的赔偿责任主体，承担交通事故责任。

（2）私家车车主与平台公司成立劳务关系

此种模式最为普遍，即“私家车车辆+私家车车主”模式。虽然网约车平台公司与驾驶人之间的关系不具有长期性，但只要驾驶人接单就视为双方成立了劳务关系，作为私家车车主的驾驶人就必须按照平台公司的规定提供服务。事故责任承担目前也最具争议，有私家车车主担责、平台公司担责、乘客担责，私家车主承担承运人责任、平台公司根据过错责任承担补充责任及私家车车主与平台公司承担连带责任等不同观点。最高人民法院公报案例的裁判观点为：家用轿车未通知保险公司其车辆用于运营而从事网约车运营发生事故，交强险保险公司在交强险范围内承担赔偿责任，保险公司在第三者商业责任险范围内不负赔偿责任，故对于超出交强险赔偿的部分，由私家车车主与网约车平台公司承担连带责任，如乘客有过错，需承担与其过错程度相当的赔偿责任。《网络预约出租汽车经营服务管理暂行办法》第十六条规定：“网约车平台公司承担承运人责任，应当保证运营安全，保障乘客合法权益。”另外，交通运输部发布了网约车运营服务具体规范，提出网约车经营者应“提供24小时不间断经营服务”，当服务过程中发生安全事故，经营者应承担先行赔付责任，不得以任何形式向乘客及驾驶员转移运输服务风险。

（3）私家车车主属于劳务派遣情形

此种情形下，根据《民法典》第一千一百九十一条第二款规定：“劳务派遣期间，被派遣的工作人员因执行工作任务造成他人损害的，由接受劳务派遣的用工单位承担侵权责任；劳务派遣单位有过错的，承担相应的责任。”故由接受劳务派遣的用工单位（平台公司）承担侵权责任，劳务派遣单位有过错的，承担相应的责任。也就是说首先由平台公司进行赔偿，派遣公司或者租车公司如果有过错，则负担相应的责任。

（4）平台公司仅为车主、乘客提供信息服务

顺风车就是典型的此种类型。私家车以节约成本为目的，经由驾车人同意，搭车者顺路搭车。驾车人在滴滴平台发布自己的行车路线，或接受他人的合乘需求，并通过滴滴平台与搭乘者形成搭乘合意。但搭乘者需要支付一定数额的金钱，用以分担私家车车主在油费、过路费、汽车维修费等方面的开销。发生事故后，原则上应根据各方在交通事故中的过错确定责任承担。

驾车人和搭乘人双方就事故责任有约定的，可以按照约定承担赔偿责任。平台仅提供居间服务，并非承运人，若无过错，则不承担赔偿责任。

本案中，王某某系接受北京某公司平台指派，履行北京某公司与刘某某的客运合同，故在履行合同过程中，王某某属于提供劳务的一方，因其劳务造成他人损害的，北京某公司作为接受王某某劳务的一方，应承担承运人责任，对刘某某在交强险以外的费用承担赔偿责任。

编写人：北京市丰台区人民法院　阚爽

二、名誉权纠纷

（一）新闻报道相关纠纷

24

电视调解类节目构成名誉权侵权的认定

——门某明诉北京电视台、银汉公司名誉权案

【案件基本信息】

1. 裁判书字号

北京市第三中级人民法院（2018）京03民终15744号民事判决书

2. 案由：名誉权纠纷

3. 当事人

原告（上诉人）：门某明

被告（被上诉人）：北京电视台、银汉公司

【基本案情】

《谁在说》栏目系北京电视台委托银汉公司进行制作，并在北京电视台播放的一档电视调解类节目。

2016年6月24日，门某明通过拨打热线电话向《谁在说》栏目组表达诉求，称“孙子生病，儿子、儿媳不管”。

2016年7月17日，《谁在说》栏目邀请门某明及其家庭成员参与节目录制，

并要求门某明在节目录制前签订《确认声明》，承诺同意：(1) 在节目中使用门某明隐名；(2) 正面出境；(3) 节目组有权对门某明的讲述内容进行编辑、选用，有权决定是否播出；(4) 节目播出后的任何后果，与制作方无关。

同日，在主持人的主持下，以门某明家庭成员作为采访对象，针对门某明及其爱人与儿子、儿媳之间关于孙子抚养问题产生的家庭矛盾进行沟通，并邀请律师、心理专家等作为嘉宾参与评论和调解。节目录制时间接近6个小时。

2016年8月15日，《谁在说》栏目以“错了位置错了爱（上、中、下）”为片名播出上述节目，节目时长约2.5个小时。该节目对相关人物进行了匿名处理，未使用门某明姓名，称其为“赵先生”。门某明自行戴墨镜出镜。

门某明认为北京电视台和银汉公司在节目制作过程中存在明显倾向性，首先，节目名称“错了位置错了爱”具有倾向性，误导观众认为系门某明之错误导致家庭矛盾；其次，部分节目旁白内容明显表达了对儿子、儿媳的同情；再次，主持人在录制过程中多次打断门某明陈述，导致门某明无法进行充分解释；最后，北京电视台和银汉公司在节目剪辑过程中歪曲事实，将门某明关于孙子受到伤害和虐待的证据及儿媳变态行为的描述均予以删除，并用旁白及特写镜头对门某明进行丑化，导致观众误解门某明系家庭矛盾元凶。综上，门某明认为北京电视台和银汉公司的行为侵犯了其名誉权，故诉至法院。

【案件焦点】

1. 北京电视台和银汉公司的剪辑行为是否侵害门某明名誉权及是否存在主观恶意；2. 门某明是否具有名誉受损的事实。

【法院裁判要旨】

北京市朝阳区人民法院经审理认为：银汉公司在制作节目过程中，确实对门某明主张的内容进行了删减、编辑，导致部分内容未能如实展现事件全貌。但该期节目主题系针对门某明家庭矛盾，妥善解决孩子的抚养问题。就所播出的主要内容而言，亦是围绕节目主题，对门某明及其家庭成员所述事实的真实记录，该节目讨论的核心内容亦具备相应的事实基础，并不构成严重失实。另外，关于门某明主张的节目主题、旁白内容、主持人言论等存在倾向性的问题。考虑到节目表达方式的自主性及个体理解之差异，节目中的上述表达不存在明显的倾向性和指向性，原告的主张不能成立。

首先，关于门某明陈述正面出镜问题，其在节目录制前与银汉公司签订的确认声明中，并未对是否正面出镜进行选择，且明确约定银汉公司有权决定节目是否播出。门某明主张银汉公司未对正面出镜进行释明，但未提交证据予以证明，不予采信。

其次，节目中未使用门某明的真实姓名，且门某明自行戴墨镜出镜，不会使不特定的社会公众产生相关人物是门某明的合理联想，导致门某明能够被公众辨识、指认。因此，在门某明仅提交网页打印件的情况下，该节目不足以导致门某明为不特定人所知、社会评价降低之法律后果。同时，门某明自愿接受《谁在说》栏目组的采访和现场录制，应当知道节目录制后向社会播放的后果，也应知晓公众会对其行为持有不同观点和看法，因此门某明应当预见并在更大程度上容忍公众对其行为的负面评价。

最后，现有证据不足以证明银汉公司主观上存在明显恶意贬低或损害门某明名誉的动机，以及进行故意曲解或加以明显倾向性的后期制作，门某明亦未提交有效证据证明其名誉受到损害之后果，故对门某明要求公开赔礼道歉和赔偿精神损失费的诉讼请求，不予支持。

北京市朝阳区人民法院依照《中华人民共和国民法总则》第一百一十条第一款、《中华人民共和国民事诉讼法》第六十四条第一款规定，作出如下判决：

驳回门某明的诉讼请求。

门某明不服一审判决，提出上诉。北京市第三中级人民法院经审理认为，名誉侵权行为应从行为人有主观过错、受害人有名誉受损的事实、行为人行为违法、违法行为与损害后果之间有因果关系等方面来认定。北京电视台、银汉公司是否侵害门某明的名誉权，应从以下方面综合分析：首先，该期节目主题系针对门某明家庭中孩子抚养问题的妥善解决，虽然银汉公司因时间限制对录制内容进行了删减、编辑，导致部分内容未如实展现事件全貌，但所播出节目内容展示的是门某明及其家庭成员所述事实的真实记录，亦是围绕上述主题，并不构成严重失实。其次，门某明系主动表达诉求、自愿接受节目采访和现场录制，从双方签订的确认声明来看，门某明对于是否正面出镜未进行选择。门某明在出镜中自行佩戴墨镜，节目中也未使用其真实姓名，从现有证据不足以认定门某明本人因该节目导致广大观众知晓并产生社会评价降低的后果。最后，电视节目的表达具有创作性和专业性，不同个体对同一节目的理解存在差异，从现有情况来看不足以认定该节目在表达上存在明显的倾向性，亦无法认定存在故意误导广大观众对门某明产生负面评价的情形。综合上述，难以认定北京电视台、银汉公司存在损害门某明名誉权的动机和行为，且门某明亦未提交充分证据证明本案存在名誉受损事实及因果关系。一审法院驳回门某明要求北京电视台、银汉公司公开赔礼道歉和赔偿精神损失费的请求，并无不当。北京市第三中级人民法院依照《中华人民共和国民事诉讼法》第一百七十条第一款第一项规定，作出如下判决：

驳回上诉，维持原判。

【法官后语】

电视节目在后期制作过程中需对录制内容进行剪辑。剪辑即将电视制作中所拍摄的大量素材，经过选择、取舍、分解与组接，最终完成连贯流畅、含义明确、主题鲜明的作品。内容的删减及素材的选取既影响电视节目效果，也影响当事人的权利，本案即因剪辑问题引发的名誉权纠纷。

本案原告主张被告侵犯其名誉权体现在：（1）被告对节目录制内容剪辑不当，导致节目陈述事实失实；（2）被告在剪辑过程中存在恶意，通过“节目标题”、“旁白内容”、主持人话语等内容表达出对原告的批评与不满，导致观众误以为原告系家庭矛盾的元凶。故本案需判断以下问题：被告的剪辑行为是否侵害原告名誉权及是否存在主观恶意、原告是否具有名誉受损的事实。

1. 应当区分“事实陈述”与“意见表达”作为判断是否侵权的主要因素

理论上，言论分为事实陈述与意见表达，事实陈述有着真实与否的问题，具备可证明性，其侵权认定标准为是否基本真实，仅有部分细节无法核实或不准确，不能否定报道的整体真实性；意见表达，是主观性的价值判断，与真实与否无关。只要行为人出于善意，不存在恶意诋毁的主观故意，并适当发表言论，就不构成侵权。简言之，意见表达较之事实陈述，应予以更大限度保护。

结合本案具体情况，首先，从剪辑后的节目讲述内容看，应当保证原告及家庭成员就其“事实陈述”部分基本真实。节目剪辑中确实存在将原告部分解释性内容予以删除、部分事实未经核实予以播出的行为，但节目整体系对原告及其家庭成员所述事实的真实记录，核实内容具备相应的事实基础，原告主张的剪辑不当的内容并不足以使他人对相关问题的性质产生错误的认识，故剪辑后的节目内容在“事实陈述”部分基本真实。其次，从节目的表达方式看，被告在剪辑过程添加“节目标题”、“旁白内容”、选取的主持人语言均可以视作一种“意见表达”。这种“意见表达”具有创作性和专业性，不同个体对同一内容的理解亦存在差异。本案的节目标题“错了位置错了爱”和“儿子留下委屈的泪水”等旁白内容及主持人语言并不存在明显的倾向性，原告主张的倾向性表达仅为其个人感受，不能判定被告存在主观恶意。再次，被告采取隐去真实姓名等方式以避免侵害原告合法权利，可以认为被告尽到了必要的注意和审慎义务。最后，节目立意是为原告此类存在家庭矛盾的人群提供倾诉平台，对个案所揭示的社会现象进行讨论，以引导观众树立正确的感情观和人生观，因此，节目的初衷和宗旨并无不当。

2. 原告是否具有名誉受损的事实

名誉权的客体是权利人的社会评价，具有社会性、客观性等特点，有别于作为主体对自我价值评价的名誉感（又称内部名誉或主观名誉）。

本案中，原告提供网络评论证明被告的行为致其社会评价降低，但网络评论内容仅显示“公公强势”“赵先生蛮不讲理”，并非指向特定的原告，亦不能证明原告为不特定人所知、社会评价降低之法律后果。事实上，原告看到节目中对己不利的陈述和相关评论之后，受到刺激的可能是个人的名誉感，其个人心理上对此难以接受。但名誉是否受到损害，不以被害人主观感受为准，应就社会一般人的评价客观判断之。另外，原告系主动接受采访，应当知道节目录制后向社会播放的后果，也应知晓公众会对其行为持有不同观点和看法，原告应当预见并在更大程度上容忍公众对其行为的负面评价。

综上所述，本案节目系经原告同意后进行录制，节目基本内容真实，被告不具有侵害原告名誉权的主观恶意，客观上亦不足以导致原告名誉受损，故应当认定被告不构成名誉侵权。

现代社会中，人们有表达的意愿，也有倾听他人表达的意愿，诸多电视调解类节目应运而生。从现阶段国内各电视台制作的调解类节目看，内容均以真实案例为原型，题材多涉及隐私、名誉等人格权益，主要以家庭矛盾、情感纠纷等冲突为亮点，这些因素导致节目制作方的表达自由与当事人的名誉权等人格权益之间的关系呈现紧张状态。如何平衡二者之间的利益与冲突，首先，当事人、主持人、各方嘉宾在发表言论时应当尽到审慎的注意义务，所述事实应当客观真实，所论意见应当善意公正。其次，节目制作方在剪辑过程中应当保持理性中立，增强法律意识，避免泄露当事人隐私、侵害当事人名誉行为的发生。

编写人：北京市朝阳区人民法院　张子茹

25

新闻报道侵犯名誉权案件的司法审查标准

——红牛公司诉观察者公司名誉权案

【案件基本信息】

1. 裁判书字号

北京市第三中级人民法院（2019）京03民终7920号民事判决书

2. 案由：名誉权纠纷

3. 当事人

原告（被上诉人）：红牛公司

被告（上诉人）：观察者公司

【基本案情】

2018年10月31日，观察者公司发布标题为“终局裁定，中国红牛将告别市场开始清算”的涉案文章。截止到2019年4月1日，观察者网站涉案文章访问量达到138000多次，留言数量达到100余条。另外涉案文章被其他媒体大量转载，并为众多网民阅读知悉。

红牛公司认为该文章侵犯其名誉权，故主张判令观察者公司立即删除案涉文章，消除影响、恢复名誉、赔礼道歉，赔偿红牛公司损失1510.45万元。

【案件焦点】

如何判断新闻报道是否构成对名誉权的侵犯。

【法院裁判要旨】

北京市怀柔区人民法院经审理认为，判断涉案文章是否侵犯红牛公司名誉权，需要厘清两个问题：一是红牛公司的经营期限届满后，其是否面临清算；二是观察者公司发表的涉案文章是否属于合理新闻报道的范围。虽然红牛公司的经营期限于2018年9月29日届满，但其已经向北京市工商行政管理局提交延长经营期限的书面申请，北京市工商行政管理局也向其出具受理通知书，尚处于审批环节，因此红牛公司是否能够继续经营，是否应进行破产清算，均处于未然的事实状态。中国国际经济贸易仲裁委员会作出的裁决书仅对红牛饮料公司的经营期限为20年，于2018年9月29日届满进行了确认，至于经营期限届满后红牛公司是否能够继续经营、是否应当进行清算并未提及，涉案文章以“终局裁决，中国红牛将告别市场开始清算”为标题，且用标题浏览新闻的读者大大增加，因此通过对标题的阅读，能读出有一份终局裁决裁决红牛开始清算的误解。通过整个涉案文章通常的文义理解，确实容易使相关阅读者产生已有一份终局裁决，裁决红牛公司开始清算的误解。因此，在红牛公司已经提出延长经营期限的申请尚处于审批阶段，红牛公司能否继续经营、是否面临清算尚未有定论的情况下，作为专业的新闻媒体，观察者公司在其观察者网站和观察者App上发布涉案文章，对文章内容的选编未能尽到谨慎审查义务，其主观上对此存在过错。从客观方面来看，结合涉案文章的访问、转发情况及留言评论内容，已然使相关公众产生红牛公司必然面临清算的认知，使公众对红牛公司产生了较为广泛的负面评价，影响到了红牛公司的名誉权。因此，观察者公司发布的文章构成对红牛公司名誉权的侵犯。故依照《中华人民共和国民法总则》第一百一十条第二款、第一百七十九条，《中华人民共和国侵权责任法》第二条、第十五条，《最高人民法院关于审理利用信息网络侵害人身权益民事纠纷案件适用法律若干问题的规定》第十七条、第十八条的规定，判决：

一、观察者公司于判决生效后七日内删除涉案侵权文章；

二、观察者公司于判决生效后七日内刊登向红牛公司的道歉声明；

三、观察者公司于判决生效后七日内赔偿红牛公司损失500000元；

四、驳回红牛公司其他诉讼请求。

观察者公司不服一审判决，提起上诉。

北京市第三中级人民法院经审理认为：判断观察者公司侵权责任是否成立应当从以下几个方面具体分析：（1）本案中，裁决书与声明的内容均明确而具体，但裁决书中并无红牛公司将进行清算的内容，而声明仅为部分股东之意愿，故涉案报道并未忠实于原始信息，违反了报道真实性的基本要求。（2）涉案文章中关于红牛公司“将告别市场开始清算”的表述，既未使用“本媒体预测”或“本媒体推断”等语言明确指出该部分内容属于预测之性质，也未使用“或将”“极可能”等语言，表明事态发展的非固定性，明显排除了事态发展的其他可能。（3）涉案新闻报道作出时，红牛公司尚未确定性地将进入清算，故该报道已经构成侵权，该侵权行为之构成不受其后法院裁定或工商管理部门处理情况之影响，当然，报道之内容本身也不符合事件后续发展之实情。（4）对涉案报道之标题“终局裁决，中国红牛将告别市场开始清算”，双方有不同理解。法院认为涉案标题之表述足以使公众对于终局裁决、清算及二者间关系形成与客观事实不符的理解，应认定为属于新闻报道严重失实。

故北京市第三中级人民法院依照《中华人民共和国民事诉讼法》第一百七十条第一款第一项规定，判决：

驳回上诉，维持原判。

【法官后语】

名誉权纠纷需审查侵权行为、损害后果、因果关系、过错四个要件。但新闻报道侵害名誉权案件，除符合以上思路，还需要特别注意新闻报道所代表的言论自由与名誉权保护的平衡问题。

1. 新闻报道侵权的审查要点

司法解释对此予以了回应。1993 年《最高人民法院关于审理名誉权案件若干问题的解答》第七条规定，“因新闻报道严重失实，致他人名誉受到损害的，应按照侵害他人名誉权处理”。故判断新闻报道是否侵权与违法的问题，又可归结为一个问题，即新闻报道是否构成“严重失实”。

如前所述，判断新闻报道侵权责任成立的关键在于认定新闻报道是否“严重失实”，对此，应当考虑以下几个方面的因素：

（1）新闻报道的真实性不同于司法审判中的真实性，但报道内容应当忠实于原始新闻信息。新闻报道与司法审判虽然对所报道或认定的事实的真实性均有要求，但考虑到新闻报道的时效性特征及其舆论监督功能发挥的需要，再考虑到新闻报道所能获得的信息渠道及可运用的资源的相对有限性，故而在新闻报道侵权案件中，人民法院对于其真实性的审查，自然不应将司法审判上的“排除合理怀疑”或“高度盖然性”① 作为审查标准，否则即属于要求过于严苛。但新闻媒体在报道时，其报道内容应当忠实于其所获得的原始新闻信息内涵，客观地反映与归纳所见所闻，否则即构成对真实性的违背。

新闻机构对于所报道事实的真实性具有审查职责，这在比较法上为通识。在美国，在媒体报道涉及官方的行为、记录或对外公开的会议时，新闻机构有“公共报道特权”，但享有该特权的前提是报道准确、完整地概括了事件的发生。② 在我国台湾地区，学者更进一步明确新闻机构应当尽到“善良管理人”的注意义务，报道前应当经合理查证，有相当理由确信其中内容的真实。③

（2）新闻报道对于事件今后事态发展的预测等主观性内容，应显著区分于事实报道的客观性内容。新闻报道不是监控录像，不仅仅是对新闻现场的还原与重现，还会包括报道者的所感所思。故有学者指出，任何新闻报道都不可避免地夹杂报道者的主观感情或看法，为了有效地平衡言论自由与权益保护的关系，就需要区分新闻报道中的事实陈述与意见表达，分别判断是否构成侵害名誉权。④

王泽鉴先生指出，发问、推测或推论原则上属意见表达。⑤ 故报道对于新闻事实的表述应当根据不同的内容采取不同的表达方式，且必须使用足以使一般新闻受众能够作出区分的方式来展现事实陈述与意见表达。对于预测事态发展趋势之内容，报道不应使用确定性的表述，且应列明得出预测结论的主要原因与客观基础，并以新闻受众足以识别的方式表明该事实来自已有条件下的预测。就新闻媒体自身

---

① 《最高人民法院关于适用〈中华人民共和国民事诉讼法〉的解释》第一百零八条、第一百零九条。

② 王军等编著：《美国侵权法案例选评》，对外经济贸易大学出版社 2016 年版，第 312 页。

③ 陈聪富：《侵权行为法原理》，台北元照出版有限公司 2017 年版，第 94 页。

④ 程啸：《侵权责任法》，法律出版社 2015 年版，第 159 页。

⑤ 王泽鉴：《人格权法》，北京大学出版社 2012 年版，第 158 页。

防范责任而言，对于拿不准的事实，应避免采用肯定的、直接的判断性表述。[①]

（3）新闻报道的真实性一般应根据新闻报道当时的客观情况进行审查，不受新闻事件事后发展变化的影响。新闻事实的后续发展不能成为判断新闻报道是否真实、是否构成侵权的依据。需要明确的是，这一方面的要求是指做出报道时原本不存在之事实在报道之后确实发生，不能“补正”新闻报道的不真实性，而不是指报道时确已发生但无法确证，事后通过其他方式可以验证属实的情况。对新闻报道真实性的审查提出这一要求的原因在于：首先，新闻报道肩负着社会公众对其真实性的信赖，而其真实性应当是确定的，如果其真实性不确定，可根据事后的发展而补正或补强，则社会公众无法形成正确的期待与判断；其次，新闻受众会基于信赖而根据报道的内容决定自己的选择或作出相应的行为，而报道内容当时的非真实性将导致公众利益的损害甚至社会秩序的混乱；最后，在法律上，时间也是一种权益，如履行期限，其意自明，不再赘论，而报道时尚未发生的事实即使事后确实发生，这种“提前”报道的行为也损害了利害关系人的时间利益。

（4）新闻报道的真实性应当以一般社会公众的通常理解作为审查判断标准，报道中的遣词造句等不应导致受众的普遍误解。新闻报道是面向社会大众的，只有社会大众正确理解新闻报道的内容，才能实现新闻报道的真正意义，因此应当从一般社会公众的通常理解这一角度出发，审查判断新闻报道内容的真实性。出于吸引受众的需要，媒体在报道中运用一定的修辞手法，运用一些报道技巧，正所谓“源于生活，高于生活”，本无可厚非，但这种加工应有限度，而此处的限度应当在于不影响受众的正确理解。社会公众不是专业的新闻从业人员，也不可能人人都具有深厚的语言文学素养，能够准确地从专业角度根据新闻报道的篇章结构、遣词造句、标点符号等，区分报道中“高于生活”之处。

综上，就本案而言，根据所查事实，观察者公司发布的涉案文章确有严重失实之处，从而对红牛公司的名誉有所损害。对于类似本案红牛公司这样的营利法人，对其虚假、诽谤性的言论，将使其在商业经营中受到不利影响，言论发布者应当承担侵害名誉权的责任。

2. 以《中华人民共和国民法典》（以下简称《民法典》）为据对本案的再思考

---

① 程啸：《侵权责任法》，法律出版社2015年版，第160页。

《民法典》就新闻侵权问题，专门增加了两个条文。第一千零二十五条规定："行为人为公共利益实施新闻报道、舆论监督等行为，影响他人名誉的，不承担民事责任，但是有下列情形之一的除外：（一）捏造、歪曲事实；（二）对他人提供的严重失实内容未尽到合理核实义务；（三）使用侮辱性言辞等贬损他人名誉。"第一千零二十六条规定："认定行为人是否尽到前条第二项规定的合理核实义务，应当考虑下列因素：（一）内容来源的可信度；（二）对明显可能引发争议的内容是否进行了必要的调查；（三）内容的时限性；（四）内容与公序良俗的关联性；（五）受害人名誉受贬损的可能性；（六）核实能力和核实成本。"

规范使用消息来源，是新闻机构的法定义务。① 由上述条文可以看出，《民法典》对于新闻侵权的构成要件，既保持了名誉权侵权的通常要件，即"使用侮辱性言辞等贬损他人名誉"，也强调了新闻侵权的特点，即内容失实且该不实出于行为人的故意（捏造、歪曲）抑或重大过失（未尽到合理核实义务），并对如何构成重大过失，规定了六个方面的司法审查事项。《民法典》上述规定显然吸收了司法解释中的经验。②

从本案来看，观察者公司存在明显不符合《民法典》第一千零二十五条规定之处：第一，其报道中虽然引用了仲裁裁决，但内容超过了裁决本身，而其他内容又缺乏可信、可靠的来源；第二，文章未经必要调查，就对公司运营前景作出了悲观预测，而这一表述却经不起推敲，亦与后期事情发展的情况相悖；第三，该报道内容并非突发事件报道，观察者公司有充分时间进行调查，时限性不能成为其减轻责任的理由；第四，公司主体资格的存续是其正常经营的前提，而观察者公司并未因此而给予报道真实性核查以足够重视，文章使读者，特别是业界对红牛公司的前景产生了错误的认识，其过失明显；第五，该报道争议之处为对红牛公司法人资格存续前景的判断，而这一问题只要进行法律咨询或法务审查，或者深入采访受诉法院等即可解决，观察者公司具有相应的核实能力，也可通过咨询等方式便利地提升核

---

① 《新闻出版总署关于严防虚假新闻报道的若干规定》第二条，转引自最高人民法院民法典贯彻实施工作领导小组主编：《中华人民共和国民法典人格权编理解与适用》，人民法院出版社 2020 年版，第 286 页。

② 黄薇主编：《中华人民共和国民法典人格权编释义》，法律出版社 2020 年版，第 155 页。

实能力，成本亦在可控范围之内，但其未能尽到合理的核实义务。综上，《民法典》对于新闻侵权的规定是对长期以来相关立法与司法经验的继承与发扬，该案例的审理思路对于准确适用《民法典》关于新闻侵权的规定具有参考作用。

编写人：北京市第三中级人民法院　黄海涛　王永基

26

新闻报道侵害名誉权案件中责任豁免事由的判定

——邹某某诉某某财经传媒有限公司等名誉权案

【案件基本信息】

1. 裁判书字号

北京市丰台区人民法院（2018）京0106民初6874号民事判决书

2. 案由：名誉权纠纷

3. 当事人

原告：邹某某

被告：某某财经传媒有限公司、某某财经报业、陈某某

【基本案情】

某财经网由某某财经报业主办，并通过ICP备案。2015年4月12日，某某财经网在其网站的“首页〉新闻〉民生”专栏发布由原某某财经传媒记者陈某某撰写的题为“甲市警方抓捕乙市人大代表遇阻”的报道。报道中有“在这场由‘中间人’——原证监会某省证监局局长邹某某、某生物公司董事长连某联合组织的‘股权转让合同’一案中，商人张某某最终为其埋单，代价是3400万元人民币。‘中国证监会某省证监局就是管企业上市的，不然我也不会相信。’……张某某告诉《某某财经日报》记者，在他和邹某某、连某、赵某等人的一个饭局上，邹某某向他保证‘某生物公司一定会上市’且‘公司已经全面停止发售和转让股份’。神秘‘中间人’警方的消息称，就嫌疑人邹某某交代，他在整个事件过程中扮演了‘中

间人’的角色……几经辗转，《某某财经日报》记者联系到邹某某，他对记者表示，自己在整个过程当中就是中介，‘中间人收取一定的费用是正常的，现在我把这个钱都退给他了’”的内容。2016 年 2 月 2 日，甲市人民检察院作出不起诉决定书，记载：“2010 年 6 月，连某对被不起诉人邹某某称某生物公司有股份转让，邹某某将某生物公司有股份转让的信息告诉了赵某（同案人），赵某又告诉了张某某。经邹某某、赵某引荐，张某某同被不起诉人连某在北京见面……本院认为，被不起诉人邹某某客观方面没有虚构事实，隐瞒真相，主观方面不具有非法占有的故意，其行为不构成犯罪，决定对邹某某不起诉。”该不起诉决定书已经生效。后邹某某以涉案文章披露严重失实，侵犯其名誉权为由诉至法院，要求判令某某财经传媒有限公司、某某财经报业、陈某某立即停止侵权，公开赔礼道歉、消除影响，恢复名誉，赔偿精神抚慰金 50000 元。

【案件焦点】

1. 尚未取得记者证的作者发布文章是否能定性为新闻报道；2. 涉案侵权新闻报道的真实性应如何认定。

【法院裁判要旨】

北京市丰台区人民法院经审理认为：公民享有名誉权，禁止用侮辱、诽谤等方式损害公民的名誉。就新闻报道而言，因新闻报道严重失实，致他人名誉受到损害的，应按照侵害他人名誉权处理。在本案中，通过比对《不起诉决定书》、甲市警方采访录音、邹某某电话采访录音及涉案报道的内容，可以发现涉案报道来源于陈某某对一起刑事案件的调查和对各方当事人的采访，报道的主要内容未偏离其调查的素材，报道中对邹某某的采访内容亦有录音为证，不存在严重失实的情形。邹某某认为报道中所使用的“中间人”“神秘中间人”“证监局局长”“公职人员”等词汇及评论，使人误认为邹某某作为公职人员滥用职权，谋取私利，构成对邹某某人格的侮辱。但对新闻事件进行分析和评论，以及表明对新闻事件的观点和立场是新闻报道本身不可回避的特性，同时不能苛求新闻报道采用并达到与司法审判认定事实同样的证明标准，否则新闻报道便失去了其针砭时事的价值和意义。涉案报道中关于“中间人”的描述主要来自案外人张某某的陈述和邹某某的自述，邹某某确因涉嫌合同诈骗罪被公安机关刑事拘留，而该刑事案件在报道发布时尚未有定论，在涉案报道不存在严重失实内容的情况下，报道内容所可能引发的社会舆论不应认定为侵害邹某某的名誉权。

由于甲市人民检察院已于2016年2月对邹某某涉嫌合同诈骗罪一案作出不起诉决定书，而涉案报道中所述相关内容确实会导致读者误认为邹某某实施了诈骗行为，某某财经报业应当根据该案最终的处理结果更正其报道中的相关内容，在更正报道前应断开原文的网络链接，否则应承担侵权责任。至于邹某某主张的陈某某撰写并发布涉案报道时尚未取得记者证一节，陈某某是否具备记者资格与其报道内容是否构成侵权不存在直接关联，邹某某可向相关部门进行反映。

综上，北京市丰台区人民法院依照《中华人民共和国侵权责任法》第二条规定，判决如下：

一、某某财经报业于本判决生效后立即断开《甲市警方抓捕乙市人大代表遇阻》一文的网络链接；

二、驳回邹某某的其他诉讼请求。

【法官后语】

与一般侵权行为不同，新闻报道侵权责任认定要在保障新闻自由、民众知情权、舆论监督权等社会利益与个人名誉权、隐私权等个体利益保护中寻求平衡，故其侵权认定要件与普通侵权责任认定相比存在差异。本案为新闻报道侵害名誉权的典型案例，争议焦点集中于：尚未取得记者证的作者发布文章是否能定性为“新闻报道”以及涉案新闻报道是否因存在失实报道侵害名誉权。结合侵权责任认定一般原理，具体分析如下。

一是新闻报道侵权主体的认定。此类侵权行为主体按照一般理解，应当是经国家主管行政部门许可设立的新闻机构，如报社、电视台、电台、门户网站。近几年伴随互联网的不断普及，微博、微信、各类短视频等自媒体平台不断兴起，凡是具备新闻采集和传播功能的新媒体也成为适格的侵权主体。根据《最高人民法院关于审理名誉权案件若干问题的解释》（在《中华人民共和国民法典》实施后已废止）规定，新闻侵权的行为人还包括向新闻媒体投稿的作者甚至提供相关线索或资料的个人。另外，出于对新闻报道具备可转载性的考量，新闻转载者也被普遍视为适格的新闻侵权主体。换言之，新闻报道侵权的主体既包括新闻发布或转载者，也包括稿件作者甚至稿件相关信息的提供者。本案中，原告邹某某以涉侵权新闻作者陈某某不具备记者资格为由，认为陈某某不具备新闻报道的豁免资格，应当由其按照一般民事侵权行为承担责任，显然与司法解释要求不符。是否具备记者资格并非认定新闻侵权主体的标准，按照“举轻以明重”的原则，非新闻机构从业者的一般来稿作者尚且可视为新闻侵权的主体，陈某某作为某某财经报业的员工，其撰写并发布新闻报道属于职务行为，其自然也应被视为适格的新闻侵权主体，具备侵权责任豁免资格。

二是新闻报道侵害名誉权行为的认定。新闻报道侵害名誉权的案件多是由于报道失实导致权利人名誉权受损而引起，对此，上述解释明确将新闻报道“基本属实”作为新闻报道侵权责任豁免的主要理由，而如何认定新闻的“真实性”成为司法认定的一大难点。笔者认为，新闻真实并不完全等同于客观真实，考虑到新闻时效性这一显著核心特征，司法对侵权行为的认定应偏重拟制意义上的真实，而不是完全苛求与客观真实完全符合，否则新闻报道便失去了其针砭时事的价值和意义。[①] 具体来说，新闻发布者或作者只要已采取现场调查、采访当事人或者目击证人等新闻获取手段，在其能力范围内尽最大可能去还原事实真相，只要不存在“刻意捏造、歪曲事实”“使用侮辱性言辞等贬损他人名誉”等恶意情形，审判中法官即可认定该新闻报道在当时的条件限制下是“真实可信”的，符合责任豁免情形，相关主体不应承担侵权责任。需要强调的是，根据《中华人民共和国民法典》第一千零二十五条、第一千零二十六条规定，新闻媒体在采编由他人提供的相关新闻内容时应尽到合理审查核实义务，并在诉讼中承担举证责任，法官应当结合内容来源的可信度、对明显可能引发争议的内容是否进行了必要的调查、内容的时效限性、内容与公序良俗的关联性、受害人名誉受贬损的可能性、审查核实能力和审查核实成本等，对行为人是否尽到合理核实义务进行司法认定。倘若行为人对他人提供的不实内容未尽到合理核实义务，应当承担名誉权侵权责任。本案中，邹某某虽然最终被检察院依法作出不予起诉决定，但在涉案报道发布时，陈某某的采编内容主要来源于对甲市警方、邹某某等当事人的电话采访录音，发布内容未偏离其调查素材内容，是新闻发布当时陈某某尽全力所能还原的案件真相，不存在扭曲或歪曲的失

---

① 参见杨红卫、唐新伟：《新闻侵权问题研究》，载《金陵法律评论》2017年秋季卷。

实报道。文章中所使用的"中间人""公职人员"等词汇及评论，也未脱离案件事实，而是新闻报道所必须具备的观点和立场，并不存在"使用侮辱性言辞等贬损他人名誉"的情形，故本案被告行为符合新闻侵权责任豁免，依法不承担名誉权侵权责任。同时，考虑到涉案文章报道后检察机关经进一步调查已作出不予起诉的决定，承办法官也依法作出了要求行为人更正报道、在更正报道前应断开原文网络链接的裁决，旨在维护新闻自由和舆论监督权的同时，尽最大努力维护个人合法权益，确保实现法律效果和社会效果的统一。

编写人：北京市丰台区人民法院　毕凯丽　朱黎

（二）网络通信工具侵权相关纠纷

27

聚合型网络平台抓取信息侵犯人格权的认定标准

——范某某诉王某等名誉权案

【案件基本信息】

1. 裁判书字号

北京市第三中级人民法院（2019）京03民终13383号民事裁定书

2. 案由：名誉权纠纷

3. 当事人

原告（被上诉人）：范某某

被告（被上诉人）：王某、范某莲、某某网络技术公司

被告（上诉人）：某某网公司

【基本案情】

2017年5月1日，王某、范某莲分别在某某网公司主办的网站发布一篇针对范某某的文章并配有范某某照片及“潜规则”“私生子”“被包养”“流产”等内容。实名认证为某某网公司的微博用户将涉案文章转发至新浪微博平台。在案件审理过程中，某某网公司提交证据证明涉案文章并非其发布，而是由某某网络技术公司抓取。

【案件焦点】

聚合型平台利用网络爬虫技术抓取的信息侵犯他人人格权，认定其过错及是否应当承担侵权法律责任的标准。

【法院裁判要旨】

北京市朝阳区人民法院经审理认为：涉案文章属于在缺乏事实根据的情况下，故意虚构事实，贬损他人名誉，并在网络上发布，对范某某的名誉造成了一定影响，还对范某某的名誉权构成了侵害。涉案文章在新浪微博上展现的形式属于深层链接。因涉案文章存在侵权内容，涉案文章在新浪微博的发布者是谁至关重要。某某网公司提交的证据使涉案文章非某某网公司在新浪微博上发布具有高度盖然性。作为新浪微博的运营方，某某网络技术公司有义务举证证明涉案文章是由哪个主体发布，其具有提供涉案文章发布者的便利条件，但某某网络技术公司仅提交了一份后台记录的复印件，不足以证明涉案文章在新浪微博上的发布者是某某网公司或其他主体，因此，某某网络技术公司应当承担举证不能的法律后果。综上，涉案文章并非某某网公司在新浪微博发布，而系其他主体在新浪微博发布或主动抓取。关于某某网络技术公司是否应对涉案文章在新浪微博上发布承担责任，某某网络技术公司作为新浪微博平台的运营主体，其主要是通过提供信息网络空间等手段为用户提供服务，新浪微博作为一个信息集约化平台，对于信息网络传播、帮助公众及时便捷获取信息具有一定的积极意义，如果法律强制要求其对海量的信息进行在先审查，不仅是对其信息技术提出了更高的要求，大大增加平台成本，而且不利于信息网络传播技术的发展，从而影响信息自由高效传播，使公众自由获取信息的渠道受阻。因此，综合考虑到涉案文章在新浪微博上发布时间较短、浏览量较小，且某某网络技术公司在收到本案起诉材料后及时进行了删除，其主观上不存在传播侵权文章的恶意，认定某某网络技术公司在本案中无须承担侵权法律责任。

综上，北京市朝阳区人民法院依照《中华人民共和国侵权责任法》第三十六条，《最高人民法院关于审理利用信息网络侵害人身权益民事纠纷案件适用法律若干问题的规定》第九条、第十条等规定，判决：

一、王某、某某网公司于本判决生效之日起七日内就王某发布的涉案文章在人民法院报上向范某某赔礼道歉。

二、范某莲、某某网公司于本判决生效之日起七日内就范某莲发布的涉案文章在人民法院报上向范某某赔礼道歉。

三、王某于本判决生效之日起七日内赔偿范某某经济损失50000元、公证费损失975元；某某网公司对上述损失与王某承担连带赔偿责任。

四、范某莲于本判决生效之日起七日内赔偿范某某经济损失50000元、公证费损失975元；某某网公司对上述损失与范某莲承担连带赔偿责任。

五、驳回范某某的其他诉讼请求。

某某网公司不服一审判决，提起上诉，后申请撤回上诉。北京市第三中级人民法院裁定准许。

【法官后语】

聚合型平台服务是指依托搜索、链接、转码等网络技术，对互联网上的海量信息进行定位、分析、选择，将分散的网络资源整合于一个平台，从而方便用户访问的网络服务。[①] 常见的聚合型平台有“今日头条”“百度新闻”“雅虎音乐”等。

（一）聚合型平台的法律地位

1. 聚合型平台的链接类型

链接也称超级链接，是指从一个网页指向一个目标的连接关系，链接分为浅层链接和深层链接。浅层链接是用户在设链网站点击跳转链接后，脱离设链网站进入被链网页，显示被链内容的链接方式，用户可以清楚了解被链网页来源。浅层链接不在设链网站直接展示被链网页的内容，因此设链网站提供的是渠道服务。深层链接是用户在设链网站点击链接后，在不脱离设链网站的情况下，从被链网站下载或在线打开被链网页内容的链接方式。深层链接提供的不仅是渠道服务，而且是将被

---

① 何琼、吕璐：《聚合型平台深层链接侵权问题研究——以设链方与被链方的关系为进路》，载《电子知识产权》2015年第10期。

链网页内容直接呈现在设链网站上。两种链接方式的区别主要是：被链网页的域名、呈现页面外观和被链内容的修改权限不同。

2. 聚合型平台所属的网络服务提供者类型

“网络服务提供者”包括网络技术服务提供者和网络内容服务提供者。网络技术服务提供者主要是指提供接入、缓存、信息存储空间、搜索及链接等服务类型的主体，不直接向网络用户提供信息或对信息进行组织、筛选和审查。网络内容服务提供者是主动向网络用户提供各种信息的主体，这些信息经过组织、筛选和审查，网络内容服务提供者对信息具有控制权。区分两者的最主要标准为是否对信息内容进行管理与控制。两类网络服务提供者对信息的管理和控制能力、注意义务、免责事由、法律责任不同。首先，网络内容服务提供者发布、传播信息时，负有不得侵害他人合法权益的注意义务，而网络技术服务提供者在被他人利用实施侵权行为时，负有采取必要措施避免损失发生、扩大的注意义务；其次，网络技术服务提供者没有审查义务，受“避风港原则”的保护，适用“通知移除规则”免责，网络内容服务提供者有审查义务，不能依据上述原则免责；最后，网络内容服务提供者侵权，应当承担侵权责任。网络技术服务提供者只在构成帮助侵权时，与网络用户承担连带责任；聚合型平台是网络用户发布信息和利用技术自动抓取信息的综合体，所以，其既是网络技术服务提供者，也是网络内容服务提供者。

3. 本案中新浪微博发布涉案侵权文章的平台作用界定

在新浪微博整合的海量信息中，既有微博用户发布，又有新浪微博通过技术手段发布，从信息传播的角度看，新浪微博已经成为提供海量实时信息的聚合型平台。在认定本案的侵权责任上，谁是文章发布者至关重要。新浪微博作为距离用户信息最近的主体，有义务提供证据证明涉案侵权文章的发布者，其仅提交后台记录复印件，未完成举证义务，法院根据证据规则采信了某某网公司的优势证据，认定涉案侵权文章由新浪微博主动抓取的可能性更大。因此，在涉案侵权文章的转载上，新浪微博主动提供了内容，且名义上的发布者某某网公司对涉案侵权文章没有编辑、删除等管理权限，新浪微博在该转载行为中是网络内容服务提供者。

（二）聚合型平台抓取信息侵犯人格权案件的裁判思路

现有法律对于网络技术服务提供者和网络内容服务提供者的侵权责任作出了不同规定，前者是帮助侵权，后者是过错侵权。聚合型平台抓取信息的行为，本质是信息转载，但聚合型平台作为网络内容服务提供者，具有一定的特殊性。

1. 与传统媒体转载、纯粹的网络内容服务商转载的区别

传统媒体转载受到线下信息渠道和传播速度的限制，转载主体多发生在报刊和杂志社之间，经过出版程序通过报纸、书刊等载体呈现，其传播的范围受到出版物销售地域的影响。网络内容服务提供者在转载主体、转载手段、呈现方式、传播范围上比传统媒体更加广阔多样。然而，聚合型平台在信息转载上与纯粹的网络内容服务提供商有明显区别：聚合型平台多使用深层链接、网络爬虫等新技术手段自动筛选信息并转载，很少加工信息、人工审查。纯粹网络内容服务提供商采用人工方式筛选、审查、实质性修改信息。聚合型平台并非纯粹的网络内容服务提供商，其通过技术设定自动抓取信息，也非纯粹的网络技术服务提供商，其确实提供了信息内容，因此，聚合型平台兼有内容和技术服务提供商的特点，二者相互交融。

2. 认定聚合型平台侵犯人格权的考量因素

对聚合型平台如果完全套用网络内容服务提供者的注意义务，要求平台对转载信息进行审查，不仅增加人工成本，扼杀网络爬虫技术优势，不利于信息自由高效传播，甚至会影响整个行业的发展。所以，对聚合型平台设置的注意义务不宜过高，在本案审理中，裁判者有条件地参照了“避风港原则”，并综合考虑以下过错因素。

（1）是否及时采取必要措施。“通知移除”规则为网络服务提供者建立了一个“避风港”，让网络服务提供者免于承担过重的义务，保证了网络服务提供者的合理自由。参照“避风港原则”，聚合型平台接到侵权通知后，有义务及时采取删除、屏蔽、断开链接等必要措施，将侵权信息下架，降低侵权信息的影响。做到通知后及时移除，可以视为尽到适当注意义务，不存在过错。

（2）是否对信息进行处理。是否对信息进行处理是平台有无过错的参考因素之一。常见的信息处理方式有两种：一种是对信息进行编辑、整合、增添、删减等实质性修改；另一种是通过人工或自动方式对信息进行推荐、排名等。以上两种对信息的处理方式是在获取信息后对信息进行二次加工，目的是让信息受到更多关注、扩大传播范围，增加信息的影响力，聚合型平台如果不是单纯以技术获取信息，而是实施了信息处理，可以认定存在过错。

（3）被抓取信息的社会影响度或一定时间内的浏览量。有条件参照“避风港

原则”的含义是，在一般情形下，“通知移除”规则足以平衡聚合型平台和被侵权人的利益，但在某些特定的情形下，“通知移除”规则对聚合型平台过于宽宥，不利于保护被侵权人的合法权益。例如，被抓取的信息在一定时间内浏览量很大，短时间内暴增至上百万，或者成为社会热点，此时按照“红旗标准”，任何处于相同情况下的理性人都能够及时发现，即便被侵权人没有通知，聚合型平台仍有义务回查转载信息的真实性、合法性，发现并及时处理侵权信息。

（4）是否直接获利。在司法实践中，应将聚合型平台是否从转载侵权信息中直接获利作为过错因素之一。获利与未获利在法律评价上必然有差异，获利代表聚合型平台有比未获利高的注意义务，如果明知转载信息侵权并从中直接获利，一般理性人都难以接受聚合型平台无过错的辩解。

（5）被抓取信息的来源。著作权法规定时事新闻注明出处可以随意转载使用。从利用网络爬虫抓取其他网站信息的角度来说，对不同类型、来源信息的抓取，使得人格权侵权的风险程度、平台预见和避免侵权风险的能力不同。如果抓取对象是公开、权威网站的新闻类信息，侵权的风险相对较小。如果抓取对象是非主流权威平台上发布的信息，风险指数则明显变高。平台在不同类型网站上抓取信息，对其预见和避免侵权风险能力的要求高低有异，其应采取的预防侵权措施程度也不同，可以作为过错的考量因素之一。

编写人：北京市朝阳区人民法院　杨兵　刘茵茵

28

微信朋友圈中侵犯名誉权的认定

——徐某诉郝某名誉权案

【案件基本信息】

1. 裁判书字号

江苏省无锡市中级人民法院（2019）苏02民终4194号民事判决书

2. 案由：名誉权纠纷

3. 当事人

原告（被上诉人）：徐某

被告（上诉人）：郝某

【基本案情】

2019年2月28日，郝某在其朋友圈发布两条信息，并配上4张图片，图片系在徐某经营的无锡某公司门口拍摄，信息内容中反映出其对该公司老板徐某进行了辱骂。

郝某表示当时其去找徐某协商双方房屋的买卖纠纷事宜，因未找到徐某，故在朋友圈发了上述信息。直至诉讼中该内容仍在其朋友圈展示，郝某不同意删除。徐某表示2019年2月28日其与郝某电话联系过，说过其不在厂里而是在外地。

郝某认为双方之间存在房屋买卖合同方面的纠纷，徐某表示关于双方之间的房屋买卖事宜，其已经在其他法院提起诉讼。

【案件焦点】

微信上侵犯名誉权的认定标准。

【法院裁判要旨】

江苏省无锡市惠山区人民法院经审理认为：徐某与郝某之间就房屋买卖存在纠纷，双方应当本着理性、克制的态度加以解决。郝某因找不到徐某而出于个人情绪和主观推断，在微信朋友圈中通过发布辱骂、侮辱性言论并附上徐某经营的企业照片的方式，指向性十分明确，该言论在朋友圈内引起了朋友的关注，客观上影响了徐某的社会评价，亦在微信朋友圈中对徐某产生不良影响，损害了徐某的名誉，应当认定郝某侵害了徐某的名誉权。公民的名誉权受到侵害，有权要求停止侵害，恢复名誉，消除影响，赔礼道歉，并可以要求赔偿损失。侵害他人人身权益，造成他人严重精神损害的，被侵权人可以请求精神损害赔偿。现徐某主张郝某在市级报刊上公开对其赔礼道歉、消除影响、恢复名誉，但综合考虑郝某侵权的影响范围及程度，对徐某的该项诉讼请求不予支持，郝某应立即删除2019年2月28日在微信朋友圈中所发布的针对徐某的不当言论，并在微信朋友圈内发布道歉声明（内容由法院审定）。郝某发布辱骂、侮辱性言论的行为同时造成了徐某精神上的损害，根据本案情节，酌定郝某赔偿徐某精神损害抚慰金3000元。

江苏省无锡市惠山区人民法院依照《中华人民共和国民法总则》第一百一十条第一款，《中华人民共和国侵权责任法》第二条、第六条第一款、第十五条第一款第七项、第八项，《最高人民法院关于确定民事侵权精神损害赔偿责任若干问题的解释》第一条第一款第二项、第八条、第十条，《中华人民共和国民事诉讼法》第六十四条第一款规定，判决如下：

一、郝某于本判决发生法律效力之日起立即删除其于2019年2月28日发布的针对徐某的不当言论，并在其朋友圈内发布向徐某的道歉声明（内容由法院审定），发布天数不低于三天；

二、郝某于本判决发生法律效力之日起立即赔偿徐某精神损害抚慰金3000元；

三、驳回徐某的其他诉讼请求。

郝某不服一审判决，提出上诉。江苏省无锡市中级人民法院经审理，同意一审法院裁判意见。依照《中华人民共和国民事诉讼法》第一百七十条第一款第一项规定，判决如下：

驳回上诉，维持原判。

【法官后语】

微信传播对于社会发展有着明显的积极作用，但其负面效应也不容忽视。近年来，有关微信名誉侵权的纠纷不绝于耳，在社会上产生了较大影响。如何把握好微信言论自由的尺度，净化微信空间成为摆在人们面前的一个重要课题。

1. 微信言论自由具有相对性

微信自身的特点决定了它更多的是分享自我的感性平台，而非追求理性公正的官方媒体，因此相比正式场合的言论，微信的主观色彩更加浓厚，相应地对其言论自由的把握尺度也更宽。但是不可否认，作为公民现实社会的投影和延伸，微信不可能脱离现实生活而存在。而且其信息传播速度惊人，一旦言语不慎，完全有可能在短期内造成不可估量的后果，因此微信言论自由也是相对的，其行使也必须在合理的限度内。

2. 微信名誉权保护的基础

（1）微信用户与真实主体的对应性。虽然网络空间是虚拟的，但这种虚拟性并不是超物质的，它必须依托现实而存在，仍是由现实的社会物质生活所决定的。在微信世界里，人们只不过是换了一种交流方式而已。（2）微信用户名具有排他性。网友注册一个微信用户名之后，他人即不能重复注册。因此网友对其注册的微信账号享有专有权。（3）微信名誉侵权的后果具有现实性。对大家熟悉的微信用户的评价，在一定程度上会影响到现实生活的主体。在微信上对他们进行侮辱诽谤，依然会在生活中对他们造成影响。因此，了解对方实际身份的好友在微信上的交流，并非只局限于微信这个空间，这种交流，势必会对现实生活产生影响，其侵权结果具有现实性。因此，在微信中，无论用户是以本名上网还是网名上网，只要被侵害对象被不特定多数人知悉，其名誉权就必然会受到影响。因此在行使微信言论自由权的同时也应充分尊重他人的名誉权。

3. 涉案当事人是否构成微信名誉侵权

名誉是指对名誉主体的社会评价及该主体的自我感受，后者也被称为名誉感。因此名誉被损害，除了有名誉感受损的事实，更重要的在于名誉主体社会评价降低这一损害后果的发生，此外还要考虑是否存在主观过错、违法行为与损害后果之间的因果关系。

本案中，首先，郝某在微信朋友圈中所拍摄照片的地点反映出位于徐某所属公司的门口，指向性十分明显。其次，郝某在图片旁边附上了对徐某辱骂的文字，矛头直接针对徐某。最后，郝某的朋友还对该条朋友圈信息进行了评论及点赞，对徐某进行了否定性评价，客观上影响了徐某的社会评价，亦在微信朋友圈中对徐某产生不良影响，因此郝某的行为侵害了徐某的名誉权，应当承担相应的民事责任。

微信作为一种新兴的交流工具，使公民的言论自由得到了更大的发挥。如何妥善运用微信这一交流平台，平衡好微信言论自由与名誉权保护之间的关系，值得我们予以足够的认识和关注：在享受微信带来的自由和便捷的同时，还应把握好行使言论自由的合理限度。

编写人：江苏省无锡市惠山区人民法院　顾杰

29

网络个人求助引发的名誉权侵权认定

——王某友、杨某芹诉陈某名誉权案

【案件基本信息】

1. 裁判书字号

上海市闵行区人民法院（2018）沪0112民初27327号民事判决书

2. 案由：名誉权纠纷

3. 当事人

原告：王某友、杨某芹

被告：陈某

【基本案情】

王某友、杨某芹分别为王小某的祖父和母亲。2017年11月，2岁的王小某不幸患上双侧眼球内母细胞瘤（俗称眼癌）。杨某芹通过微信、水滴筹等途径寻求社会救助并陆续获得爱心捐款。2018年4月，陈某通过其实名认证的、拥有数十万粉丝的“作家陈某”微博，陆续发布涉及王小某家属的言论，包括“骗捐不治疗”“愚昧狠毒的心”“虐待”“疑似被亲生父母虐待致死”等内容（原有页面中已不再显示），引发热议。网友纷纷指责王小某家人涉嫌诈捐、所筹款项未用于治疗、善款资金流向不明等问题。在此过程中，作为求助方的杨某芹及相关网络求助平台未能及时回应，以致双方矛盾和社会舆论的影响进一步扩大，演变为一场网络公共事件。2018年5月，王小某去世。媒体澄清王小某父母为女儿治病费用的来源，当地警方表示“诈骗”“虐待女童”没有相关证据。此后，杨某芹、王某友对陈某提起名誉权诉讼，请求法院判令陈某停止侵害名誉权的行为，在媒体和陈某实名新浪微博公开道歉；赔偿精神损害抚慰金、医疗费、两季庄稼损失、误工费、律师费。

【案件焦点】

微博“大V”陈某的涉案公开言论是否构成对作为网络个人求助者的杨某芹的名誉权侵权。

【法院裁判要旨】

上海市闵行区人民法院认为，网络个人求助的方式为人们的爱心行为建立起了更加广泛、便捷的渠道，使更多困难家庭得到了及时救助并渡过难关，应当予以倡导；与此同时，网络个人求助也常有鱼目混珠的现象发生，透支了公众的爱心和信任，应该予以规范。个人求助者在获得捐助后，理应诚信、合理使用善款，以实现捐助人的捐助目的。在享有受捐赠权利的同时，应基于权利义务相一致原则，以合理适当的方式，披露必要的善款使用信息，适时适度地回应捐赠者和社会公众对于捐款效用的关注。如未能适时适当披露，个人求助者应对公众和媒体出于舆论监督对其人格权益产生的不利影响在一定限度内予以容忍。而微博“大V”作为具有一定网络影响力的自媒体，基于其在网络空间的特殊身份和较大影响，应当承担与其身份性质、影响范围相适应的较高注意义务，在介入热点事件并公开发表意见时，即便出于公共利益考量，也应遵循消息真实、评价恰当原则，避免不实或过激言论借助微博本身的影响力使他人权利遭受侵害。

陈某发布的部分博文带有强烈主观色彩和道德指控，其言论的尺度超过了个人求助者因未能适当披露捐款使用信息而负有的容忍限度，产生了名誉侵权的事实，构成名誉侵权。鉴于讼争博文在上述页面中已不再显示，故适用停止侵权民事责任的事实基础已不存在。侵权人承担赔礼道歉、消除影响或者恢复名誉等责任形式的，应当与侵权的具体方式和所造成的影响范围相当，陈某发表讼争博文的平台为新浪微博，基于新浪微博作为社交媒体对于社会的显著影响力，责令陈某通过该平台在合理时间内以置顶方式向杨某芹书面赔礼道歉足以实现恢复名誉、消除影响的目的。综合陈某的过错程度、行为方式、侵权后果等因素，以及相关信息未适时披露产生的影响，酌定陈某支付杨某芹精神损害抚慰金5000元。杨某芹为主张权利而聘请律师支出的诉讼代理费用，有权要求陈某进行赔偿，酌定由陈某赔偿5000元。对其他损失，因依据不足，不予支持。讼争博文明确指责的对象是杨某芹，文中所指家庭应当理解为王小某及其父母，难以认定作为女童祖父的王某友的名誉因此受损，故王某友诉请的各项主张于法无据，均不予支持。判决如下：

一、陈某于本判决生效之日起十日内在其实名认证的新浪微博中持续置顶三十日发表对杨某芹的道歉声明；

二、陈某于本判决生效之日起十日内赔偿杨某芹精神损害抚慰金5000元；

三、陈某于本判决生效之日起十日内赔偿杨某芹律师费5000元；

四、驳回杨某芹的其他诉讼请求；

五、驳回王某友的全部诉讼请求。

【法官后语】

网络个人求助近年来发展迅速，但相关领域立法空白，容易引发公共事件。该案缘起于“小某某”网络个人大病求助事件，系全国首例因网络个人求助引发的名誉权纠纷，也是上海法院首次适用七人合议庭审理社会影响重大的人格权侵权案件。在该案的审判中，法院对网络个人求助引发的名誉侵权中言论尺度的把握，做到了言论自由、舆论监督和人格权益的衡平保障。

一是确立了网络个人求助者在善款使用过程中的合理披露义务以及因披露不当对于社会舆论监督的适当容忍义务。网络个人大病求助多以众筹方式进行，是个人为了解决自己或家庭的困难，通过网络平台（如水滴筹）发起个人求助项目向社会筹集善款并获得捐赠的行为，因其不以公益为目的而未被纳入慈善法规制。对网络个人大病求助的法律性质，我们认为，定性为以帮助个人解除困境为特定目的的目的性赠与更为恰当。因为在法律效力上，如果定性为附义务赠与，则当个人求助者不按原定的筹款用途使用善款时，捐赠人并不能强制要求其履行该义务，导致所附义务为不能给付之债，理论上不够周延。在这种目的性赠与关系中，个人求助者作为筹款人和善款的无偿使用方，应当履行最基本的诚实信用，按照筹款的目的使用善款，通过原先获取捐赠的渠道或平台等途径，履行必要的信息披露义务，接受公众对其非恶意的监督。如未能适时履行相应的信息披露义务，则其对于公众和媒体基于公共利益及正当公正议题行使舆论监督等权利妨害其人格权益的行为，应给予一定限度的容忍。

二是厘定了微博“大V”在网络自媒体中发表公开言论应承担的与其身份性质、影响范围相适应的较高注意义务。基于微博“大V”博文的影响力，其应该在发布相关信息前尽到比一般人更高的注意义务。这种较高的注意义务在事实层面体现为行为人应尽到相应的合理查证义务，并应从以下几个方面作出考量：(1) 对名誉的侵害程度，侵害程度越高查证义务越重；(2) 报道事实的公共利益，公共利益越大查证义务越轻；(3) 报道事项的时效性，事项时效性越强查证义务越轻；(4) 事实来源的可信度，可信度越低查证义务越高；还需结合查证的成本和查证的对象在具体个案中予以考量。而在评价层面，这种较高的注意义务体现为对微博“大V”是否达到公正评论评价标准的审查，要求评论具有正当性并坚持合理评论原则。在本案审理中，法官对公正评论的标准提供了更加具体的考量因素：(1) 言论的社会影响，言论产生的社会影响越正面，越能引领社会价值导向朝着彰显社会主义核心价值观的方向发展，言论的正当性相应越高；(2) 言论的公益属性，言论是否系基于公共利益作出，具体可以参考言论指向的事件或利益的公共性质、言论传播的范围和传播的时间等，言论所涉事件的公益属性越高，涉及的利益群体越大，言论传播的范围越广、时间越长，其公益属性就越应该得到认可；(3) 评论是否基于善意，言辞是否具有客观性而不是个人观点或情绪的宣泄，评论方式是否存在人身攻击并超出了合理的限度。行为人的知名度、影响力越大，其承担的合理言辞的注意义务就应该越高。

通过上述司法裁判规则的确立，该案判决有力弘扬了诚信、友善的社会主义核心价值观，取得了良好的社会反响。该案宣判后，中央电视台、人民日报、新华社等数十家媒体均对此案进行了报道，宣判当日微博话题阅读数达到2.5亿次，并登上微博热搜第6位。

编写人：上海市闵行区人民法院　尹学新　夏万宏　王伟

30

网络举报侵害名誉权的认定

——李某桢诉李某名誉权案

【案件基本信息】

1. 裁判书字号

重庆市第一中级人民法院出（2019）渝01民终10369号民事判决书

2. 案由：名誉权纠纷

3. 当事人

原告（被上诉人）：李某桢

被告（上诉人）：李某

【基本案情】

2019年3月21日，李某通过某微信公众号发表一篇文章，部分内容如下："我叫李某，实名爆料某银行较场口支行（重庆）向资产负债超过百万的某公司分批次发放贷款共计9000万元。在某公司一分公司总经理杨某亲笔书写的说明里，合伙人李某文批注'李经理（行长）借300万元利息分摊'。某银行重庆较场口支行的时任行长叫李某桢，李经理（行长）会不会就是这个人呢？你想，那个李行长，假如那300万不是借的，是以借的名义要的，或者说是别人送的，那可是犯法的呀，收钱的犯法，送钱的也犯法。"该文章尾部配有一张双手戴手铐的图片。

李某曾向某银行重庆分行纪委实名举报李某桢在向某公司发放贷款过程中收受该公司一分公司经理杨某的贿赂款300万元，该行纪委对举报线索进行了核查，核查结论为：举报人李某以杨某提供的"某行贷款利息分摊"中的"李经理"就是原较场口支行行长李某桢证据不充分；举报人李某举报某公司一分公司经理杨某向原较场口支行行长李某桢行贿300万元不属实。

李某桢认为李某在微信公众号上发表的上述文章点击量达到1.2万，给其名誉造成损害，故请求判令李某删除侵权文章，在省级报刊上道歉，并赔偿精神损害抚慰金2万元。

【案件焦点】

网络举报侵害名誉权应如何认定，公民监督权与名誉权如何平衡。

【法院裁判要旨】

重庆市渝北区人民法院经审理认为，公民享有名誉权、荣誉权等人身权利，侵害他人人身权益的，应当承担侵权责任。李某发表的涉案文章中所称的“李行长”具有明确的指向即李某桢，容易让公众产生李某桢收受贿赂300万元的联想，但根据某银行重庆分行纪委的核查结论，李某桢并不存在文章所反映的违纪违法问题。李某发表不实文章，客观上对李某桢的社会评价造成了负面影响，侵害了李某桢的名誉权。但李某桢并未举证其受到的实际损失，故不支持其主张的精神损害抚慰金。遂判决：

一、李某于本判决生效之日起十日内删除侵权文章；

二、李某于本判决生效之日起十日内在省级报刊上公开发表道歉函向李某桢道歉；

三、驳回李某桢的其他诉讼请求。

李某不服一审判决，提起上诉。

重庆市第一中级人民法院认为，一审法院为了裁判的公正性依职权对案件事实进行的调查符合法律规定，审理程序并无不当。公民享有言论自由，享有控告、检举等权利，但行使这些权利并非无拘无束，必须恪守自身权利的边界，不得逾越法律规定的界限。网络具有传播速度快、传播面广的特点，发表网络文章必须基于客观事实，不得侵犯他人隐私或侮辱、诽谤他人，否则，行为人应承担侵权的法律后果。按照李某提交的证据，利息分摊中只是表明“李经理（行长）借300万元利息分摊”，并未直接说明李某桢以借的名义索要了300万元，并且该记录系李某桢之外的他人单方记录，而李某在涉案文章中据此通过分析，添加自己的主观意志，则李某应对文章内容的真实性承担举证责任。上述内容没有权威部门的调查认定等充分证据证明，结合一审法院对某行重庆分行纪委调取的核查结论，可以说明，李某在涉案文章中载明的上述内容系未经证实的内容。同时，虽然文章中使用了“假如”字样，但其意思是引导读者分析得出“李行长受贿300万元犯法”的结论，文章中直接表明，“而此时，某银行重庆较场口支行的时任行长叫李某桢，会不会就是这个人呢?”并在文章尾部配发一张双手戴手铐的图片，这让一般读者立即将上述文章中的“李经理（行长）”与李某桢联系起来，具有明确的指向性，使得不确定的多数读者对李某桢产生在担任经理（行长）期间作出了违法乱纪行为的印象，对李某桢的名誉造成了一定的侵害。李某在网络上发表上述文章的行为，并非向职权部门进行的举报，刊登未经证实而由自己主观分析的网络文章，对李某桢的名誉造成了损害，应当承担相应侵权责任。

综上所述，李某的上诉请求不能成立，应予驳回；一审判决认定事实清楚，适用法律正确，应予维持。重庆市第一中级人民法院依照《中华人民共和国民事诉讼法》第一百七十条第一款第一项规定，判决：

驳回上诉，维持原判。

【法官后语】

网络举报已成为公民行使监督权的一种重要方式，但恶意不实的举报内容往往会陷入侵害他人人格权的争议。监督权与人格权的冲突，不仅仅是权利的冲突，更是利益和价值的冲突。如何在两者之间找到平衡，实现法律效果与社会效果的统一，需要司法智慧。

1. 网络举报名誉侵权的认定：违法行为与过错

公民享有网络言论自由，享有通过网络控告、检举等权利。因此，一般来讲，公民在网络上合法行使举报权不仅不构成侵权，相反应给予支持鼓励。网络举报方式也多种多样，既有举报人通过网络邮件、微博私信、官方微信等渠道点对点直接将举报内容发送给监督机关，也有举报人选择发布网络公开信将举报内容公之于众。本案属于后者。无论是用哪种方式举报，举报内容均需达到基本真实的标准。特别是网络公开举报，由于其具有传播范围广、传播速度快、后果影响大的特点，一旦举报内容失实，往往会给他人名誉造成巨大伤害，就有可能构成名誉侵权。根据名誉权侵权构成的一般要件，判断网络举报是否侵犯他人名誉权，应以受害人确有名誉被损害的事实、行为人行为违法、违法行为与损害后果之间有因果关系、行为人主观上有过错来认定。以上四个构成要件又以违法行为和过错较难认定。关于网络举报言论是否违法的问题，不同形式的言论有不同的判断标准。李某的举报文章既有事实陈述也有意见表达，属于以事实为基础的意见表达，其收集了部分“证据”，在表述上虽有“添油加醋”的成分，但也可算基本属实，这部分事实陈述并不违法，但其在意见表达时牵强附会、断章取义，将“李经理（行长）”引导指向李某桢，将“借”曲解为索要或者贿送，最重要的是其轻率地得出了一个毁人名誉的结论：李某桢受贿300万元。受贿是一个可能要被追究刑事责任的严重指控，但该事实已被证伪，这种仅通过推断进行的意见表达显然构成诽谤。民法上的过错是个主客观要素相结合的概念，网络举报人应尽且能尽注意义务但未尽，为法律所不容许，应认定存在过错。就本案而言，李某举报银行行长收受300万元贿赂，肯定应当知道网络举报必定带来巨大流量的关注，知道给被举报人带来的巨大影响，这就要求其在举报时必须做到小心求证，但其未尽自己一个诚信善意之人力所能及的审慎注意义务，追求或者至少是放任引起轰动的错误结果流传，这应评价为具有故意而非过失的过错。因此，由于李某的不实举报在网络上流传，被不特定的人所知悉，并造成李某桢的社会评价降低、名誉贬损，应认定为构成名誉侵权。

2. 网络举报名誉侵权免责的抗辩：公众人物的容忍义务

本案的举报对象李某桢作为国有股份制银行的支行行长，基于特定的身份、地位与权能，其财产状况、工作能力、道德品格等无一不是社会公众关注的对象。这类在社会生活中具有一定知名度的人，我们可统称为公众人物。按照类型分类，公众人物大致包括：担任公职的工作人员，如公务员、国有企业员工；自愿的公众人物，主要是以明星为代表的公众人物；非自愿的公众人物，主要是指因偶然事件卷入公共视野之中的人。公众人物被人们特别加以关注在所难免。无论是维护公共利益、维护公众合理兴趣的需要，还是协调舆论监督权和人格权的需要，或是从保障公民知情权的需要出发，都要求公众人物面对民众的网络爆料负有一定的容忍义务。对公众人物的权利限缩具有一定的正当性，这是其享有权力、地位、殊荣等优势后所必须支付的对价。大众包括网民对公众人物进行议论、评价、监督均属正常现象，即便人们议论、评价、监督时偶有偏颇疏漏，也不能轻易认定为侵权。只要网络爆料所述的事实基本真实，定性准确，仅仅是遣词造句不当，或者个别言语有夸大现象，只要爆料人主观上出于善意，并无侮辱和诽谤的故意，就不应将其认定为名誉侵权。但限制公众人物的人格权，并不意味着其人格权就不应当得到保护。公众人物的容忍义务亦有限度，这种限度主要体现在：必须维持其基本人格尊严，保护其与公共事务、公共利益无关的纯粹私权利，如被恶意抹黑、攻击、中伤，无疑就伤害了公众人物的基本人格尊严，构成名誉侵权。本案中，李某桢作为公众人物，应该接受社会监督，面对公众的批评、举报负有一定的容忍义务。但李某的爆料文章不是简单的遣词造句的瑕疵，不是偶然、非故意的错误陈述，而是其依据的事实本身就疑点重重，最后爆料的结论已被证伪，已构成诽谤，严重损害了李某桢的名誉。如果在此种情况下仍要求李某桢对此保持克制容忍并予以谅解，既不合乎法理人情，更是超越限度的非理性、非正当行为。

3. 网络举报名誉侵权责任的承担：监督权与人格权的利益衡平

通过网络对公众人物进行公开爆料或者举报，从形式上看，是网民自由发表言论、畅快表达意见的一种方式，但从实质上看，更是公民参与公共事务的一种行为方式，是公民依法行使民主监督权利。也即，网络举报实为社会监督。在公民参与公共事务和参与公共治理的渠道尚不畅通、机制尚不健全的当下，充分保护公民的网络言论自由和通过网络行使检举、举报等监督权利显得尤为重要。但由于网络言论具有开放自由的特点，网民在公开举报过程中经常出现夸大其词、哗众取宠、极端言辞的现象，若网民没有把握好限度，极易与他人隐私权、名誉权、荣誉权、个人信息等人格权益相冲突。司法在处理此类案件时，既要保护公民的网络监督权，从而培养公民意识，推动公民社会进步，不致用过度的、不适当的管制限制损害网络给民众带来的福祉，又要保护公民的人格尊严，使其不致被谣言甚至人身攻击所伤而得不到救济，司法应从中找到平衡点。本案中，李某以已被证伪、模糊不定的所谓事实以及非客观中立的评述诽谤李某桢收受贿赂，侵害了李某桢的名誉权，应承担侵权责任，这是司法必须鲜明亮出的基本立场。李某桢请求判令李某删除侵权文章、在省级报刊上赔礼道歉并赔偿损失 2 万元，考虑到侵权文章虽已构成诽谤，但阅读量不大，故判令停止侵害、赔礼道歉已可大致消除不良影响，这是对被侵权人合理且必要限度的保护。同时考虑到李某网络举报客观上是行使公民监督权，若要求其在承担上述责任之外再承担较大的经济赔偿责任，无疑会打击其网络举报的积极性，甚至会形成公民参与社会公共事务的寒蝉效应，故对赔偿损失的请求未予支持。

编写人：重庆市第一中级人民法院　江满意

31

网络商誉侵权的认定

——望京搜候公司诉神棍网络公司名誉权案

【案件基本信息】

1. 裁判书字号

北京市朝阳区人民法院（2019）京0105民初14316号民事判决书

2. 案由：名誉权纠纷

3. 当事人

原告：望京搜候公司

被告：神棍网络公司

【基本案情】

望京搜候公司是阜通东大街1号院×号楼、第×幢的开发企业。微信号shengunju999（S神棍局S）账号主体为神棍网络公司。

2018年11月10日，微信号shengunju999（S神棍局S）发布《北京望京SOHO风水大局，互联网"滑铁卢"?》，其内容为导语："在北京有这么一个地方，它号称'北京第二CBD'，一个仅次于中关村的互联网圣地。然而，入驻的不少互联网企业却离奇衰退，甚至倒闭……今天我们来聊聊在望京中，最奇葩的一个建筑群——望京SOHO……然而，这里却有一个非常邪门的头衔——'互联网滑铁卢'……望京SOHO的正前方，是阜安路、阜通东大街与阜通西大街三条道路交会而成的T字路口。望京SOHO直面的阜安路，会因为车辆流动而形成煞气，路越长，煞气就越重，会一直怼到望京SOHO！在丁字路口所形成的煞气，叫'丁字路煞'……望京SOHO选在这里，无疑是自虐！雪上加霜前方有'路冲煞'，背后同样也有路煞！在望京SOHO背后阜通西路，阜通东路与望京街相交后，形成了一个类八字的道路。这样的道路会形成'八字路煞'，是大凶之煞，象征着争端与不和……也容易形成‘穿心煞’……望京SOHO的三座建筑都是流线型，本地人会戏称他为‘猪腰子’。‘猪腰子’固然好看，但是有一个大毛病……”文章下方显示“阅读100000+，点赞3164”。后望京搜候公司发送律师函。2018年12月7日，神棍网络公司出具《致歉声明》，其内容为：“因文章表述不当，列举了风水学中诸多‘不好’的煞气，并在文中对于在望京SOHO办公的公司进行了片面的分析、武断的结论，导致部分读者片面解读，造成公司的声誉受到不良影响……对此我们深表歉意！”望京搜候公司认为神棍网络公司的行为侵犯了其名誉、荣誉，故起诉至法院，请求法院判令神棍网络公司在《法制日报》等全国性报纸上连续刊载3日致歉声明向望京搜候公司赔礼道歉、消除影响，恢复名誉及荣誉，并赔偿经济损失300000元。

【案件焦点】

1. 如何确认微信公众号借传统文化、风水对公司否定性评价是否构成侵权；2. 如何确认商誉侵权行为损害的后果及赔偿范围。

【法院裁判要旨】

北京市朝阳人民法院经审理认为：名誉，是指社会公众对自然人或法人的综合评价。名誉权是指公民或法人依赖自己的名誉参与社会生活、社会竞争的权利，其内容是公民或法人享有（支配）自己的名誉，不受他人妨碍。良好的名誉是公民或法人参与社会生活、社会竞争的重要条件，对名誉的侵犯必然直接妨害、影响公民或法人参与社会竞争的资格，因此，法律规定法人享有名誉权、荣誉权等权利，法律也保护法人的名誉权等不受他人侵犯。是否构成侵害名誉权的责任应当根据受害人确有名誉被损害的事实、行为人行为违法、违法行为与损害后果之间有因果关系、行为人主观上有过错来认定。

首先，关于望京搜候公司是否确有名誉被损害的事实。判断神棍网络公司发表涉案文章的行为是否损害了望京搜候公司的名誉，需考察该行为是否足以导致望京搜候公司的社会评价降低。

望京搜候项目是北京地区知名地标建筑，望京搜候公司作为望京搜候项目的开发者、运营者，其对望京搜候项目享有相应权利与义务。涉案文章对望京搜候项目的评论是否足以导致望京搜候公司的社会评价降低需要考虑以下几点：第一，文章写作及内容问题。涉案文章从标题、语句、结论三方面，均会使人对望京搜候项目产生不同程度的负面评价。第二，文章逻辑问题。对于涉案文章是否全面分析望京搜候中的所有公司、如何从所有公司数据中得出涉案文章论点、如何全面分析有关公司运营过程与其论点之间的逻辑关系等，神棍网络公司未就此提供任何证据，且事后其出具的《致歉声明》明确载明对于在望京搜候办公的公司进行了片面的分析、武断的结论，因此涉案文章之逻辑、结论均会给读者产生误导。第三，社会影响问题。一方面，涉案文章阅读100000+，点赞3164，另一方面，涉案文章被转载等引发了自媒体等对于望京搜候项目、风水等的讨论。综合以上三点，神棍网络公司发表涉案文章的行为足以导致望京搜候公司的社会评价降低。

其次，关于神棍网络公司在微信公众号上发布涉案文章的行为是否具有违法性。言论包括事实陈述和意见表达，事实陈述是指现在或过去的具体历程或状态，具有可以验证其为真伪之性质。相对于事实的概念，可以泛称为意见。意见表达是指行为人表示自己的见解或立场，无论是纯粹的价值判断或单纯的意见表述，均无真伪之别。判断某种言论是否侵害名誉权，对于事实陈述，行为人需举证证明其所言为真实，或经合理查证，有相当理由确信所言为真实的。对于意见表达，观点正确与否并非法律评价的范围，但言语上不得存在侮辱他人的情形。据现有证据显示神棍网络公司的言论缺乏充分的事实依据。综观涉案文章中的语言环境，具有很多贬损之意的词句，且事后神棍网络公司出具的《致歉声明》明确载明文章表述不当，因此神棍网络公司具有侮辱、诽谤望京搜候公司名誉的情节，其行为具有违法性。

再次，关于神棍网络公司发表涉案文章的违法行为与望京搜候公司的名誉损害后果之间是否具有直接的因果关系。微信公众号系针对不特定公众的阅读平台，神棍网络公司发表的涉案文章明确载明了望京搜候项目、望京搜候公司法定代表人姓名及相关配图，公众阅读后显然会对望京搜候公司的名誉产生怀疑。神棍网络公司发表涉案文章的违法行为与望京搜候公司的名誉损害后果之间显然具有因果关系。

最后，关于神棍网络公司是否具有主观过错。神棍网络公司以传播文章为主，在线上出售相关视频，神棍网络公司在微信公众号中发布侵权文章的相关行为，不能视为无心之举，而是带有一定的倾向性和目的性，主观上存在过错。

综上，神棍网络公司发表的涉案文章构成对望京搜候公司的名誉侵权，应当承担相应的侵权责任。关于赔礼道歉、消除影响一节，考虑到涉案文章造成的社会影响，神棍网络公司之《致歉声明》不足以消除影响、恢复名誉，综合神棍网络公司侵权行为、损害结果、微信公众号被封等因素，依法确定赔礼道歉的具体方式。公证费为合理支出，对此予以支持。望京搜候公司提供微博、租赁合同等证据以证明其余经济损失部分，结合涉案文章中建议互联网公司搬离的评论，认定存在经济损失，并综合考虑望京搜候项目知名度、涉案文章删除时间、道歉方式、社会影响等因素，结合本案具体侵权行为、主观过错及损害结果，酌情确定为200000元。

本案首先需要严格遵照现行法律对商誉侵权进行逻辑解释及规范性评价，不论是微信公众号的形式，还是以风水的名义，都不构成侵犯法人商誉以谋取利益的合理抗辩。同时，社会主义核心价值观是当前全社会的价值共识，其根本作用是统一价值目标，引发全社会共同的行为；司法裁判的过程伴随着价值权衡，起着重要的价值引领作用，故应在裁判规则的确立中融入社会主义核心价值观予以价值权衡。社会主义核心价值观通过裁判规则适用进入到个案裁判，为具体规则的适用和价值导向提供指南。本案的审理阐明，厘清风水与企业发展的关系，坚持科技理念，坚持用社会主义核心价值观营造风清气正的网络空间，应为自媒体、企业的行动规则，也应是该类型案件的司法裁判价值导向。

北京市朝阳区人民法院依照《中华人民共和国民法总则》第一百零九条、第一百一十条，《中华人民共和国侵权责任法》第二条、第三十六条规定，判决如下：

一、神棍网络公司自本判决生效之日起三日内在《法制日报》上公开发表致歉声明，向望京搜候公司赔礼道歉、消除影响、恢复名誉，持续时间为连续三天（声明内容需经本院核准，如神棍网络公司拒不履行该义务，本院将在《法制日报》公布本判决的主要内容，费用由神棍网络公司负担）；

二、神棍网络公司自本判决生效之日起三日内赔偿望京搜候公司公证费1440元、经济损失200000元；

三、驳回望京搜候公司的其他诉讼请求。

【法官后语】

本案是微信公众号借风水评论知名企业引发的商誉纠纷的典型案件。商誉是商人基于良好的经营而取得的营业信誉以及由此而带来的利益。实践中，商誉侵权案件一般被作为名誉权案件处理。因此，商誉的保护体现为在现有评价体系内，避免他人通过不当言论，恶意降低其他人对自己的综合评价。

商誉本身就是构建在他人评价的基础上，公司，尤其是知名公司要在不同范围内接受他人的评价，包括负面评论。只有在“言论”超过一定限度，即构成诽谤、侮辱时，才成为“不当言论”，才会侵犯他人商誉。本案中，望京搜候项目为地标建筑、望京搜候有限公司为知名公司，其应接受公众的评价，但神棍网络公司没有收集望京搜候中的公司数据，也并不掌握所有公司的真实运营情况，直接得出望京搜候风水不好的武断结论，所以其言论缺乏充分的事实依据，且文章标题及内容中有很多带有明显贬损之意的词句，因此法院认定涉案文章构成不当言论。

商誉侵权的主观状态一般不是争议焦点，本案的特殊之处在于，神棍网络公司表示其系“研究案例、传播传统文化”，是基于自身对风水的掌握及分析，从而得出文章所述的结论，故其主观上没有侵权故意。但所谓的“风水”不能与传统文化简单等同，且传统文化本身也存在良莠不齐，故传播传统文化并不构成行为人免责的法定理由。同时，主观状态的认定应回到客观证据，涉案文章所依据的客观事实不完整、逻辑不连贯，且神棍网络公司出具《致歉声明》，所以法院认定其主观上明知自身行为存在不当，具有过错。

商誉侵权行为的损害后果和赔偿范围是两个层次上的问题。名誉权受损的后果是侵权行为的构成要件之一。在确定损害后果的前提下，赔偿范围指向的是可以定量的损失。商誉侵权行为损害后果包括商誉损害和经济损失等，存在应然和实然两个认定标准。本案中，商誉损害认定适用应然标准，在涉案文章确实存在不当言论的前提下，涉案文章阅读量大、点赞量多，加之被转发，引发了大讨论，应认定足以导致望京搜候公司的社会评价将实际降低。经济损失的认定应适用实然标准，一般包含因侵权行为导致的直接经济损失以及为制止侵权行为，恢复商誉、消除不良影响所花费的财力、物力及维权成本等。定量的方式包括评估、被侵权人损失计算法、侵权人获利计算法等。实践中，个别损失难以证明和量化，应以关联性和合理性为原则，从宽认定，从而引导社会价值取向。本案中，望京搜候公司分别举证证明其实际损失和预期利益损失，在此基础上，法院结合过错、侵权行为情节及性质、公司规模等因素综合酌定商誉损害赔偿数额。

另需特别指出的是互联网不是法外之地，国家正依法加强网络空间治理，一方面，自媒体应培育积极健康、向上向善的网络文化，用社会主义核心价值观和人类优秀文明成果滋养人心、滋养社会，营造一个风清气正的网络空间；另一方面，企业经营，尤其是互联网等新兴产业在开展经营活动时，应牢固树立科技创新理念，加强关键核心技术攻关，切实增强企业核心竞争力，实实在在、心无旁骛做实业，切不可将企业发展寄托于风水之说上。

编写人：北京市朝阳区人民法院　欧阳华

32

微博平台中匿名侵权人身份的核查与认定

——聂某诉微梦创科公司、姚某侵犯名誉权、隐私权案

【案件基本信息】

1. 裁判书字号

北京市海淀区人民法院（2019）京0108民初28025号民事判决书

2. 案由：名誉权、隐私权纠纷

3. 当事人

原告：聂某

被告：微梦创科公司、姚某

【基本案情】

聂某是新浪微博账户“Beauty”的注册使用人。姚某是新浪微博账户“一个小仙女呀”的注册使用人。新浪微博账号“扑通扑通白小白”“聂某外围卖淫女”发布的部分内容公开对聂某进行侮辱及诽谤。同时，涉案微博账号公开泄露了聂某个人机动车行车证信息、身份证信息、联系电话。聂某以微梦创科公司为被告，向法院提起诉讼，在诉讼期间向法院申请调查令，要求微梦创科公司披露两个涉案微博账号的信息。微梦创科公司披露“扑通扑通白小白”这一微博账号的曾用用户名为“Alin－soso”，使用360搜索和微博搜索证实该用户的真实姓名为姚某。聂某利用

微博微关系功能找到微博账号“大喵不改网名”，该账号最后一次使用支付时支付宝的账号信息为姚某。

通过比对“扑通扑通白小白”和“大喵不改网名”两个微博账号的信息，发现两个账号都与姚某这个名字有关，适用的手机型号均为iphone 6，登录IP地址均显示在上海。而另一个涉案微博账号“聂某外围卖淫女”与姚某注册使用的微博用户昵称“一个小仙女呀”的登录IP地址一致。

【案件焦点】

1.“匿名”侵权人身份应当如何核查；2.“匿名”侵权人身份应当如何认定。

【法院裁判要旨】

北京市海淀区人民法院认为，人格权益具有人身属性，言论指向特定自然人的人身属性时即进入了人格权益保护的范畴，随意对他人的人身特质进行不当归因或不当定性，涉嫌侵害他人的人格权益。名誉权、隐私权均属于人格权益的范畴。一般而言，按言论的内容指向区分，可以将言论分为“事实陈述”和“意见表达”，即前者的内容指向“是什么”，后者的内容指向“怎么看”。一般诚信谨慎之人，在“事实陈述”时，所述事实应当基本或大致属实，但是不得擅自披露、宣扬他人的个人信息、个人活动、个人领域，否则即使不构成言论诽谤，也可能构成侵犯他人隐私；“意见表达”时，评论内容应当大致客观公正；陈述或评论时，不得使用侮辱性言辞攻击他人，即以“就事说事或论事”为基本原则，不随意由事及人，使用侮辱、贬损的语汇针对他人的人身特质或人格特征进行不当归因或不当定性，进而侮辱、贬损他人人格。

公民拥有言论自由，无论公共话题抑或私人问题，当事人有权展开对话、讨论乃至争论，但行使言论自由不能逾越法律边界。一旦超出前述言论的权利边界，因故意或者过失对对方实施侮辱、诽谤等行为，足以使对方的社会评价降低，或者未经对方同意擅自披露、宣扬对方隐私，则可能分别构成对名誉权、隐私权的侵犯，即使双方对某问题存在争议甚至认为对方侵犯己方权利在先，也不能成为采取发布侵权言论进行所谓“寻求舆论支持”或“情绪宣泄”的正当理由。

涉案两微博账号系非实名认证账号，但是其注册信息和使用痕迹及登录IP均与姚某持有的微博账号高度相关，聂某对此向法院提交的证据形成了证据链并达到了高度盖然性的证明程度，姚某对此不予认可，但未对高度相关性提交相反证据予以充分反驳和说明，故可以推定姚某系这两个账户的使用人。

姚某在涉案微博中对无事实依据或可靠消息来源的情事进行公开传播，属于虚假事实传播，降低了聂某的个人声誉及社会评价，构成对聂某的诽谤。此外，姚某还在前述部分微博中指代聂某时，公然使用羞辱性词汇，而且对聂某进行公开谩骂，明显属于故意严重贬损聂某人格的行为，构成对聂某的侮辱。

姚某在前述部分微博中向不特定第三人公开披露聂某的个人信息，使聂某的个人生活安宁足以受到外界的打扰。同时，并无证据证明聂某曾对上述个人信息曾主动向不特定第三人公开披露或宣扬，抑或上述个人信息在其披露以前已经成为社会公知的常识信息，而且姚某披露前述个人信息并非出于维护公共利益及满足公众正当兴趣的需要，而是基于个人利益的需要甚至是泄私愤的不良动机，恶意宣扬聂某的个人信息，故姚某构成对聂某隐私权的侵犯。

北京市海淀区人民法院依照《中华人民共和国民法总则》第一百一十条，《中华人民共和国侵权责任法》第二条、第六条、第十五条、第三十六条第一款，《最高人民法院关于审理名誉权案件若干问题的解答》第七条、第十条、第十一条，《最高人民法院关于审理利用信息网络侵害人身权益民事纠纷案件适用法律若干问题的规定》第十八条，《中华人民共和国民事诉讼法》第六十四条第一款、第一百四十四条，作出如下判决：

一、本判决生效之日起十日内，姚某在《人民法院报》公开发表致歉声明，向聂某赔礼道歉，消除影响、恢复名誉（声明内容需经本院核准，如姚某拒不履行该义务，本院将根据聂某申请在《人民法院报》公布本判决的主要内容，费用由姚某负担）；

二、本判决生效之日起十日内，姚某赔偿聂某精神损害抚慰金 20000 元及诉讼合理支出 12388 元；

三、驳回聂某的其他诉讼请求。

【法官后语】

本案是一起典型的网络匿名侵权案件。当前，我国已经对网络用户账号实施了“前台自愿，后台实名”的账户实名制，所谓的“匿名”侵权相对于后台“实名”

的可查询而言，已经不再是“匿名”侵权。但是，在审判实践中，还存在网络账号实名制实施前或实施不力产生的“匿名”侵权案件的部分存量，这才是真正意义上的“匿名”侵权案件，本案就是此种情形。对于这一部分案件，审理的最大难点就在于被控非实名账户的实际使用人应当如何追踪及认定，以及相应的侵权责任应当由谁承担，其内在的规则和逻辑如何。以下详细评述之。

1. “匿名”侵权人身份应当如何核查

《最高人民法院关于审理利用信息网络侵害人身权益民事纠纷案件适用法律若干问题的规定》第三条建构了这样一种起诉“匿名”侵权人的模式，即允许原告先将网络服务商作为名义上的被告，在起诉条件充分并进入审判程序后，如果网络服务商提出实际侵权人为网络用户的抗辩，通过法院责令的方式让网络服务商披露侵权网络用户的注册信息，追踪“匿名”用户的明确身份。在我国实施“前台自愿，后台实名”的账号实名制后，网络服务商尤其是提供社交媒体服务的网络服务商，最常用的账号实名方式是通过“手机号”验证完成实名注册，这种方式实际上是通过“手机号实名制”间接实现了网络账户后台实名。因此，网络服务商通常只能披露网络用户提供的手机号、IP登录地址等可以追踪定位网络用户的间接信息，并不能直接披露网络用户的直接身份信息，需要进一步向电信运营商查询“手机号”的机主信息，以此追踪到网络用户的实名身份信息。一旦网络用户使用的手机号是非实名的或使用其他人手机号注册，甚至是在账号实名制之前采用非手机号的方式注册，就难以通过前述方式追踪到网络用户的真实身份信息。本案中，被控侵权人同时使用了多个匿名微博账号从事网络社交活动，受害人律师是通过对这些账号与关联账号之间大量的互动及交叉轨迹进行比对和梳理，结合微博账号的IP地址、注册信息、使用机型等间接信息，最终发现了被控侵权账号与已知身份账号之间的关联性，从而推导出被控侵权账号的实际使用人为被告。这一过程充满了调查取证的复杂性与证据线索发现的偶然性，但也提供了一种可行的“匿名”侵权人身份追踪方式，即通过匿名网络账户的社交行为轨迹进行规律分析和逻辑推导。

2. “匿名”侵权人身份应当如何认定

“匿名”侵权人的身份追踪与身份认定是两个不同的概念，二者是行为过程与结果认定的关系。身份追踪只是寻找“匿名”侵权人并查找出可能的侵权人的过程，而身份认定是通过常识、理性、规则与证据等事实与法律判断，最终将可能的侵权人认定为实际侵权人的过程。事实上，即使后台进行了实名注册，可以直接通过注册信息追踪到注册人的身份，也不能当然地认为实名注册人就是实际使用人。虽然在一般情况下可以推定网络账户的实名注册人就是实际使用人，但实践中存在着黑客攻击、网络账号被盗、手机号盗用、网络账号转卖等诸多实名注册人与实际使用人不一致的情况。更何况，像本案网络账户并没有进行实名注册，被控侵权人的身份追踪是通过受害人以间接证据进行逻辑推导完成的，这更需要进行身份的认定判断。

就实质而言，本案被控侵权人的身份认定是通过间接证据的认定完成的，不是按照处理此类案件的惯常方式（直接查询注册信息身份），所以身份认定必须遵从间接证据认定的一般规则，即形成证据链且达到高度盖然性的证明程度。鉴于网络侵权案件的特殊性，如果受害人能够从被控非实名注册账户的登录 IP 地址、与已知实际使用人关联账户的互动信息、关联账户的注册信息及使用痕迹等间接证据中找出关联关系，形成具有逻辑规律的证据链，能够推导出被控非实名注册账户的实际使用人与被控侵权人之间存在高度盖然的同一性，受害人就完成了初步的举证责任，如果被控侵权人对此予以否认，就必须提交相反的证据对前述间接证据的“三性”（真实性、合法性、关联性）进行充分反证，或者对间接证据之间能够形成证据链及达到高度盖然性的证明程度进行充分反驳，否则被控侵权人的否认就不能成立，进而可以认定受害人主张被控侵权人系该被控非实名注册账户的实际使用人成立。本案中，原告的证据达到了高度盖然性的证明标准，证实姚某曾是涉案新浪微博账户的实际使用人，故法院认定姚某是本案的侵权人。

编写人：北京市海淀区人民法院　陈昶屹　刘思鹭

33

微信群等新媒体社群中言论合理表达限度之界定

——王某某诉鲁某某名誉权案

【案件基本信息】

1. 裁判书字号

北京市第二中级人民法院（2019）京02民终8098号民事判决书

2. 案由：名誉权纠纷

3. 当事人

原告（上诉人）：王某某

被告（被上诉人）：鲁某某

【基本案情】

王某某系某环境科技有限公司（以下简称某公司）副总，该公司因内部职位调整，欲对员工鲁某某等人进行裁员。王某某作为新上任的公司副总与鲁某某就裁员一事进行沟通。沟通未果后，王某某在公司微信群（21人）发布通知：美工鲁某某已被正式通知停职，停薪停社保，所有美工工作都不用再找她！如果有美工需求直接淘宝外包，负责人提交作图需求即可。鲁某某随后在该微信群中艾特王某某的微信名并回复数条信息，其中包含“你有病”“疯子”“别××给你脸不要脸”“滚远点”等文字。

王某某认为自己作为公司高管，鲁某某在企业内部微信群中的言论对自己已造成极其严重的影响及人格侮辱，且对王某某后续的工作开展造成一定阻碍。故以名誉权纠纷向法院提起诉讼，要求判令鲁某某在朋友圈及公司群公开道歉并赔偿精神损害抚慰金。

【案件焦点】

1. 王某某在公司群内发布鲁某某停职通知是否属于挑衅行为；2. 鲁某某在微

信群内回复王某某时使用的不当文字是否构成对王某某名誉权的侵犯。

【法院裁判要旨】

北京市房山区人民法院经审理认为：名誉侵权行为应从受害人有名誉受损的事实、行为人行为违法、违法行为与损害后果有因果关系、行为人有主观过错等方面来认定。王某某与鲁某某因工作事宜发生矛盾，鲁某某从微信群看到关于自己的停职通知，在情绪激动下作出回复，虽然其发表的个别言论确有不当之处，但从内容看尚不足以构成侮辱、诽谤的情节，王某某亦未提供充分证据证明因鲁某某的行为导致其社会评价降低，名誉权受到损害。故对于王某某基于名誉权受到损害为由所提出的请求事项均无法支持。综上所述，依照《中华人民共和国民法总则》第一百一十条第一款、《中华人民共和国民事诉讼法》第六十四条第一款规定，判决如下：

驳回王某某的全部诉讼请求。

王某某不服一审判决，提起上诉。北京市第二中级人民法院认为：王某某与鲁某某因工作事宜产生分歧，王某某在公司微信群内发布鲁某某的停职通知后，鲁某某在群内微信回复王某某，并多处使用具有侮辱性质的评论文字。涉案微信群系公司工作群，王某某在该群内发布人员停职通知并告知后续相关工作安排，并未超出合理范围，鲁某某主张王某某的通知行为构成挑衅，依据不足，不予采纳。鲁某某在此情况下，使用针对王某某的人身侮辱性质的言语，已经超出化解分歧、解决争议的合理范围，且鲁某某上述侮辱王某某的言语在工作群内发布，影响范围扩散于公司其他工作人员，降低了王某某的社会评价，侵犯了王某某的名誉权，鲁某某应当承担向王某某赔礼道歉的法律责任，一审判决对此认定有误，予以纠正。

关于赔礼道歉的方式，鉴于鲁某某已经不在公司微信群内，本院对于王某某要求鲁某某在公司微信群内公开道歉的请求不予支持，对于王某某要求鲁某某在微信朋友圈公开道歉的请求，予以支持。

关于赔偿精神损害抚慰金，《中华人民共和国侵权责任法》第二十二条规定，侵害他人人身权益，造成他人严重精神损害的，被侵权人可以请求精神损害赔偿。根据鲁某某的过错程度、侵权行为的具体情节、后果和影响，王某某要求精神损害抚慰金，依据并不充分，不予支持。

综上，王某某的上诉请求部分成立。北京市第二中级人民法院依照《中华人民共和国民法总则》第一百零九条、第一百一十条第一款，《中华人民共和国侵权责任法》第二条、第十五条、第二十二条及《中华人民共和国民事诉讼法》第一百七十条第一款第一项和第二项规定，判决如下：

一、撤销北京市房山区人民法院（2019）京0111民初8871号民事判决；

二、自本判决生效之日起7日内，鲁某某在其微信朋友圈刊登致歉声明，向王某某赔礼道歉，致歉声明刊登时间不得少于10日（具体内容须经法院审核，如鲁某某未按前述判决内容履行，法院将在相关媒体上刊登本判决书主要内容，所需费用由鲁某某负担）；

三、驳回王某某的其他诉讼请求。

【法官后语】

微信、微博等新型社交媒体在人们的生活和工作中扮演着越来越重要的角色，根据微信官方与中国信息通信研究院政策与经济研究院联合发布的《2019－2020微信就业影响力报告》显示，截至2020年第一季度，微信的活跃账户数达到12.025亿。另有报道显示，新浪微博月活跃用户在2019年年底达到5.16亿。庞大的新媒体用户会在新媒体社群进行爆炸式的言论表达，法官在审理新媒体社群言论表达相关案件中，应更加谨慎，在新媒体与自媒体大环境下维护公共领域言论自由、维护公民“新话语权”的同时，通过发挥司法裁判的正向引领作用，引导公民合理利用新媒体社群，规范网络空间的言论表达。

部分新媒体社群实际上是公民的现实生活与工作圈层的真实反映，在该类新媒体社群中发表的不当言论对其他当事人会造成现实影响。随着新媒体社交平台的快速发展，新媒体社群已不止是公民在虚拟网络发表意见的载体，原本处于线下的真实圈层因借助新媒体的载体而具有了受众更广、传播更快的特点，这类新媒体社群反映社会越趋于真实本来，就越能够产生社会影响力。新媒体的这一特性，使本案中鲁某某在工作群内对王某某使用的不当评论具有降低王某某社会评价的现实影响。法院审理此类案件应重点把握以下两点。

第一，言论自由与诽谤、诋毁等侵权行为的边界判定。对社群成员在新媒体社群中的言论自由应当予以保障与充分尊重。但应当明确的是，任何自由都是相对的，没有边界的言论自由不是真正的自由。新媒体社群成员有权行使言论自由，但有明显的针对和指向性的越界诽谤与诋毁则可能构成侵权。本案中，王某某发布鲁某某职位变动的相关消息后，鲁某某有正常回应的权利，且这种正常回应的权利应当受到尊重。但鲁某某因未能有效控制情绪，在回复的信息中多处使用了具有侮辱性质的评论文字，具有明显的针对和指向性，结合涉案社群属于工作群的性质考虑，鲁某某的上述言论使王某某在网络社群乃至现实工作环境中的评价降低，属于越界言论，其应当承担侵权的相应后果。

第二，尽力实现表达权利与名誉权保护的平衡。法律本身是一般正义与个别正义的结合体，裁判结论必然是对相互冲突的价值进行权衡后得出的解决方案和结论。但价值的权衡和选择并不存在绝对的判断方法，而是个案衡量的结果。名誉权诉讼本质上是表达权利与名誉权保护的冲突和平衡问题。在法院裁判过程中，应充分重视运用价值权衡的裁判理念，在保障公民言论自由的宪法权利的同时，还应当保证公民的人格尊严不受侵犯，努力实现言论自由与名誉权保护的平衡。

综上，该案裁判对如何界定微信群等新媒体社群中的言论表达，尤其是当现实生活与工作圈层借助新媒体载体反映到新媒体社群当中时的言论表达之合理限度，作了有益探索，对类案裁量有所启示。

编写人：北京市房山区人民法院　原丹丹

34

侮辱诽谤他人网络虚拟身份是否侵犯名誉权

——杨某某诉北京某某公司侵犯名誉权案

【案件基本信息】

1. 裁判书字号

江苏省南京市玄武区人民法院（2018）苏0102民初3400号民事判决书

2. 案由：侵犯名誉权纠纷

3. 当事人

原告：杨某某

被告：北京某某公司

【基本案情】

杨某某系北京某某公司经营的某网络平台注册用户，用户名为“某甲”。2016年10月6日，用户名为“某乙”的网络用户在某网络平台发布网帖，内容包含“死妈货艾特某甲”“经查询，投诉娜吧吧主下台的这个小号的地址竟然如此巧合的和娜狗艾特某甲同属江苏”等言辞。“某乙”网络用户在发布案涉网帖过程中及发帖后艾特包括“某甲”在内的数十位某网络平台用户。

2018年3月31日，杨某某向北京某某公司邮寄《通知函》，要求北京某某公司在收函后三日内删除前述侵权内容，但该函未提供足以准确定位案涉网帖的相关信息。4月9日，杨某某再次向北京某某公司邮寄《通知函》，提供了足以准确定位案涉网帖的相关信息，再次要求北京某某公司删除案涉网帖，并以书面形式向杨某某提供某网络平台用户“某乙”的全部注册信息（包括真实姓名、电话、身份证号、住址、IP地址等）。北京某某公司收到该函后删除了案涉网帖，但未将“某乙”的注册信息提供给杨某某。

杨某某主张北京某某公司作为网络服务提供者，明知经营的某网络平台中存在侵犯他人名誉权的内容，在收到书面通知后仍拒绝删除，存在明显过错，要求北京某某公司停止侵权、向法院提交“某乙”的注册信息、赔偿经济损失。

【案件焦点】

1.“某乙”发布直接贬损杨某某网络虚拟身份的网帖是否构成侵权；2.若案涉网帖涉嫌侵权，北京某某公司是否应当承担责任。

【法院裁判要旨】

江苏省南京市玄武区人民法院经审理认为：关于争议焦点1，网络用户采用注册虚拟网名的方式，以虚拟人格依法参与网络空间活动，可以为现实中的网络用户本人带来精神层面的愉悦感，有时也可以为其创造实实在在的物质财富。因此，在网络空间对网络用户虚拟人格的侵害亦能转化为对网络用户本人在现实中人身权利、财产权利等合法权益的侵害。网络用户的网络虚拟人格亦为受我国法律保护的合法权益，对该权益造成侵害的亦应承担侵权责任。“某乙”网络用户发布的案涉网帖中，存在多处使用直接贬损杨某某网络虚拟身份“某甲”的言辞，目前虽无证据表明社会公众能将“某甲”与现实中的杨某某本人联系起来，但案涉网帖对“某甲”造成的损害可以折射至杨某某本人，故应认定该网帖构成侵权。

关于争议焦点2，相关法律及司法解释并未规定网络服务提供者负有对网络用户发布信息进行主动审查的义务，对于网络用户在网络空间实施的侵权行为并不能当然推断出网络服务提供者为共同侵权人。北京某某公司已举证证明其履行了事先提示与事后监管的义务，不存在过错；杨某某亦未举证证明北京某某公司对案涉网帖进行了编辑、选择或推荐；案涉网帖在侵权次数、被浏览量或影响力方面也不存在特别明显或严重的情形，因此，不能认定北京某某公司存在“应当知道”存在侵权行为而未采取必要措施的情形。再则，杨某某第二次发出的《通知函》提供了足以准确定位侵权内容的相关信息，北京某某公司收到后删除了案涉网帖，故北京某某公司的行为并无不当，且并未导致该网帖造成的损害后果扩大。

综上，杨某某要求北京某某公司承担侵权责任依据不足。南京市玄武区人民法院依照《最高人民法院关于审理利用信息网络侵害人身权益民事纠纷案件适用法律若干问题的规定》第九条，《中华人民共和国民事诉讼法》第六十四条第一款、第一百四十二条，《最高人民法院关于适用〈中华人民共和国民事诉讼法〉的解释》第九十条规定，判决：

驳回杨某某的全部诉讼请求。

【法官后语】

虚拟人格是指民事主体在注册网名以虚拟身份参与网络空间活动过程中所表现出的性格、态度、习惯等特征的总和形成的特定虚拟形象。在网络空间形成的虚拟社群中，虚拟人格具有独立于民事主体在现实世界中的评价和地位，对民事主体具有一定的精神价值、物质价值。

现有法律法规并未明确规定侵害虚拟人格是否侵犯名誉权，关于本案如何处理存在以下两种观点之争：一是侵害虚拟人格侵犯名誉权，理由为虚拟世界的社会评价也是名誉的组成部分，以侮辱、诽谤等方式侵害他人虚拟人格导致他人在虚拟世界的社会评价降低，同样会给受害人带来社会压力和心理负担；二是侵害虚拟人格不构成侵犯名誉权，理由为受侵害的虚拟人格不能投射到现实社会，其损害后果并未扩散至受害人现实中的亲友圈和社交圈，未造成一般社会评价的降低，受害人即使情感上受到伤害也不构成侵权责任构成要件中的实质损害。

笔者支持第一种观点。中国互联网络信息中心发布的统计报告显示，截至2020年3月，我国网民人均每周上网时长为30.8个小时，平均每天上网时长超过4个小时。网络平台在社交、游戏、购物、影音娱乐、在线教育等领域中显现出越来越重要的地位，人们投入网络空间活动的时间、精力甚至可能超过现实世界，网络空间活动对其造成的心理和精神影响同样可以延伸至现实世界，虚拟空间与现实空间的界限越来越模糊。尽管人们通过注册网名获取的是虚拟身份，但在长期的网络空间活动中逐渐形成了新型的网络社群，即因共同的兴趣爱好、价值取向等因素产生交集，并在频繁互动中产生共识、建立认同。网名是民事主体虚拟人格的载体，用侮辱、诽谤等方式损害他人网名，导致他人在网络社群中的社会评价降低，对他人名誉产生的负面影响并不亚于现实世界中对名誉权的损害，因此对民事主体虚拟人格权的保护尤为必要。

从立法角度来看，《中华人民共和国民法典》（以下简称《民法典》）第三条规定："民事主体的人身权利、财产权利以及其他合法权益受法律保护，任何组织或者个人不得侵犯。"第一千零二十四条规定："民事主体享有名誉权。任何组织或者个人不得以侮辱、诽谤等方式侵害他人的名誉权。名誉是对民事主体的品德、声望、才能、信用等的社会评价。"《最高人民法院关于审理利用信息网络侵害人身权益民事纠纷案件适用法律若干问题的规定》第一条规定："本规定所称的利用信息网络侵害人身权益民事纠纷案件，是指利用信息网络侵害他人姓名权、名称权、名誉权、荣誉权、肖像权、隐私权等人身权益引起的纠纷案件。"上述条文均未排除对虚拟人格的保护。且从立法趋势来看，《民法典》第一百二十七条已确认法律对数据、网络虚拟财产予以保护，虚拟人格与虚拟财产、数据均为民事主体的合法权益，同样应当得到法律保护。从法的价值角度考虑，加大对网络虚拟人格的法律保护，有利于规范网络空间中实施的相关民事行为，在网络空间形成与现实世界一样的秩序规范，提升行为人在网络空间中从事社交等各种活动的安全感、满足感，促进互联网技术和互联网社会有益、有序发展。综上，网络用户的虚拟人格亦为受我国法律保护的合法权益，对该权益造成侵害的亦应承担侵权责任。

关于涉虚拟人格侵权责任认定标准的问题，笔者认为，因虚拟人格具有独立于民事主体在现实世界中的评价和地位，且其折射至民事主体在现实世界中的权益价值往往难以量化，故从侧重保护该权益的角度来看，宜对“社会评价”采取更为广义的理解，既包括现实社会对民事主体现实身份的评价，也包括网络社群对民事主体虚拟身份的评价，即对民事主体虚拟人格的保护无须以虚拟世界的评价降低折射到现实世界为前提。

编写人：江苏省南京市玄武区人民法院　冯涛　陶媛　郑荣

35

言论自由及名誉权侵权的法律界限

——猫眼公司诉周某网络侵权责任案

【案件基本信息】

1. 裁判书字号

北京互联网法院（2019）京0491民初2410号民事判决书

2. 案由：网络侵权责任纠纷

3. 当事人

原告：猫眼公司

被告：周某

【基本案情】

电影《后来的我们》通过maoyan.com和猫眼App进行售票。2018年4月28日，电影《后来的我们》在各渠道出现部分退票现象。

2018年4月29日，猫眼公司声明称，截至4月28日23点，猫眼平台疑似恶意刷票并退票数量约38万张，其中有54%的订单确定为用户正常改签行为，在剩余46%的退票订单中，有部分确定为恶意刷票，疑似黄牛行为。

微信公众号“电影情报处”当时的账号主体是周某，功能为电影市场解读。该公众号先后于2018年4月28日、30日发表名为《后来的我们什么都有了，却被退票了》《集出品、发行、营销、购票、数据多环于一身的猫眼，会成为邪恶帝国吗?》(以下分别简称文章一、文章二)的原创文章。其中涉及“猫眼恶意退票房”“猫眼通过提前影院锁场，增加了自己片子的预售量”“不正当竞争”“预售造假”等猫眼公司利用预售机制先买后退、操纵排片、欺骗影院和观众的表述。猫眼公司主张涉案文章内容是在未经核实、无权威数据支持的情况下，擅自使用主观臆断及猜测方式进行不实陈述，诽谤性语言导致其社会评价降低，侵犯了其名誉权，要求周某赔礼道歉、赔偿经济损失。

【案件焦点】

1. 如何确定言论自由及名誉权侵权的法律界限；2. 猫眼公司退票事件作为公共事件、周某作为电影行业内从事数据分析人员，在名誉权侵权纠纷中如何认定其容忍义务和注意义务。

【法院裁判要旨】

北京互联网法院认为：公民、法人享有名誉权，禁止用侮辱、诽谤等方式损害公民、法人的名誉。涉案文章是评论电影《后来的我们》出现异常退票的事实并分析出现该事实的原因。猫眼公司系涉案影片的发行方，并运营猫眼平台参与涉案影片的营销，涉案影片的销售业绩与猫眼公司利益有一定的关联。在出现涉案影片退票异常情况下，应允许包括周某在内的观众、从业者提出质疑，在不存在侵害其实际利益的情况下，猫眼公司应予以容忍，故文章一未对退票异常现象的原因作出结论性判断，指出“具体此举动是否是猫眼发行刻意而为之，现在还不得而知”，仅仅是对退票异常现象之原因的一种可能性分析。故涉案文章并不存在侮辱、诽谤的事实，也不具备明显的误导性，并未侵犯猫眼文化公司的名誉权。

文章二中直接判断：(1)猫眼在电影行业内是一家真正“掌握核心标准数据”的全能型公司。(2)猫眼利用自身优势，不正当竞争已经不是第一次，也不仅是这一招。(3)猫眼另一大作弊手段就是预售造假，这一造假不是指花钱锁排片，而是零成本的数据造假。周某在未掌握相关数据的情况下，仅凭数据异常的现象即推定猫眼公司实施了刷票行为，误导读者误信，对猫眼公司名誉造成一定损害，存在故意。且周某为电影行业内从事数据分析人员，有更高的专业性，也就要有区别于普通撰写者的注意义务。故周某对猫眼公司的名誉权构成侵害。

北京互联网法院依照《中华人民共和国侵权责任法》第二条、第六条、第十五条、第三十六条，《最高人民法院关于审理名誉权案件若干问题的解答》第七条、第十条、第十一条，《中华人民共和国民事诉讼法》第六十四条第一款规定，作出如下判决：

一、本判决生效之日起十日内，周某在“电影情报处”首页显著位置公开发表致歉声明，向猫眼公司赔礼道歉，持续时间为连续七天（声明内容需经本院核准，如周某拒不履行该义务，本院将选择一家全国公开发行的报刊公布本判决的主要内容，费用由周某负担）。

二、本判决生效之日起十日内，周某赔偿猫眼公司经济损失20000元及诉讼合理支出5000元；

三、驳回猫眼公司的其他诉讼请求。

【法官后语】

信息在互联网高效高速的传播下，虚假错误言论造成的损害后果难以估计。尤其在法人名誉权案件中，自媒体侵权行为多为集中发布大规模不实言论，涉及法人的生产、经营问题，涉及消费者权益、社会公共利益等诸多利益，易给企业带来标签化的不实社会评价，更易引导公众情绪，造成虚假信息的大范围传播，给法人名誉权带来难以估量的损害。自媒体与法人双方博弈，既涉及言论自由保护与自由的言论环境构建，又涉及良好营商环境的营造。在案件审理过程中，需要考量多种利益的平衡，构建公平公正的市场氛围。

言论涉及不同的表现形式，即事实陈述和意见表达的区分。

事实陈述是基于实际发生的事情的介绍，错误的陈述会构造一个虚假事实，造成受传播者的认知错误，从而产生偏见及影响，这一过程即为诽谤。涉案文章二中存在超出事实范围的结论性判断言论，属于虚假的事实陈述，构成名誉权侵权。

基于事实基础的意见表达，则偏向于言论自由的行使，这类意见表达涉及言论自由法益，对其限制要更加谨慎。负面意见表达需要考量其表达程度是否为言论自由保护的范畴，应当允许合理的负面意见评论发表，从而维护言论自由环境，避免过度限制造成的寒蝉效应。但超出合理范围的意见表达可能造成他人合法权利受损，此时的意见表达已造成言论自由及其他权利的博弈，即需要通过权衡具体情况，考量多方因素，进行利益平衡。本案中，文章一属于合理限度内的意见表达，不构成名誉权侵权。

法人的名誉权属私权利，是为了保护法人的社会评价不被非法降低，以致影响法人的发展和社会秩序的稳定。言论自由和舆论监督权在维护公共利益、推动社会进步方面极为重要。在进行利益权衡时，不能有先入为主的态度，不能为了某一利益完全放弃另一利益，而需要在现有的法律框架内探索平衡点，以利益平衡为目标，保障“权利救济”与“促进自由”的协调统一，避免有所偏颇造成的利益损害。本案的审理，权衡了猫眼公司法人名誉权及周某言论自由，通过考量侵权构成要件及抗辩要件，合理安排其权利秩序及重要性，促使两种权利在某种程度上各自让步，达成双方权益保护的平衡。

首先，对言论自由边界的认定。对于涉及公共问题的，应放宽言论自由边界。基于电影票房预售退票问题，引发误导消费者消费之质疑，形成猫眼公司、消费者之间的直接利益关联。退票事件不断发酵后，针对这一事件发布评论的主体及内容不断扩散，其间涉及的权利链条不断延伸，逐步扩展为公共利益、言论自由与法人名誉权之间的平衡问题。猫眼公司作为知名企业，其涉案事件涉及企业经营相对方即消费者、社会公众的合法权益，已构成针对公众人物和公共问题的讨论。针对公共问题的言论，涉及的不仅仅是言论自由与名誉权的博弈，更增添了公共利益这一重要衡量因素。涉及公共问题的讨论，有利于通过意见表达、集聚，形成优质意见成果，从而发现真理，维护公民的知情权和舆论监督权。故在涉案言论为针对公共问题时，需要进一步放宽言论自由边界，给予言论自由更大的空间。猫眼公司作为电影利益关联方应承担一定的容忍义务。

其次，对言论注意义务的界定。公众人物、专业人员对自身的言论应承担更高的注意义务。对被告为互联网公众人物、特殊现实身份的人物的言论自由范畴应有一定程度的限缩，其应承担更高的注意义务，对其主观过错的判定更为严苛。本案中，涉案文章撰稿者即被告为电影行业内从事数据分析的人员，属于特殊现实身份的人物，具有对涉案行业较高的认知能力和水平，且其作为专业人士分析专业问题时，言论更易被受众取信。因此被告在电影数据分析领域的注意义务和言论自由限制要适当高于普通网民或者消费者，应基于专业角度谨慎作出公正、客观的言论，基于专业能力承担更多的社会责任。故本案在认定被告侵权责任时，结合其现实身份和言论内容，认定其存在主观过错及客观侵权行为，构成名誉权侵权。

编写人：北京互联网法院　崔丽萍　汪倩

36

舆论监督与法人名誉权保护的边界

——北京某科技有限公司诉吴某名誉权案

【案件基本信息】

1. 裁判书字号

北京市海淀区人民法院（2018）京0108民初29031号民事判决书

2. 案由：名誉权纠纷

3. 当事人

原告：北京某科技有限公司（以下简称科技公司）

被告：吴某

【基本案情】

科技公司为“懂球帝”App运营主体，该款App主要提供全球足球新闻、深度报道及足球社区服务。2015年1月23日至12月29日，吴某在“吴某PazzOlivo”微博账号中多次在转发“懂球帝”的文章后发表含有“懂屎帝”“懂个屎”“煞笔”等内容的评论。后已删除。

科技公司主张吴某发表的微博内容对其名誉权造成了损害，要求吴某赔礼道歉、消除影响、恢复名誉，并赔偿合理支出及经济损失。

【案件焦点】

1. 科技公司是否为适格原告；2. 吴某之行为是否构成了名誉权侵权；3. 舆论监督与名誉权保护的边界为何。

【法院裁判要旨】

北京市海淀区人民法院经审理认为，科技公司作为“懂球帝”App的运营者，他人对其运营产品的评价直接影响到企业生产、经营等商业利益，故吴某对“懂球帝”的社会评价，科技公司享有相应的权利。

吴某多次并持续性使用词义粗鄙的谩骂词汇，对科技公司之侮辱超出了其应克制、容忍的范畴，构成名誉侵权。吴某应承担相应的侵权责任。吴某抗辩称其系基于球迷身份对“懂球帝”App提供的新闻内容的监督，本院认为，正当的言论自由受到法律的保护，但言论自由亦应保持必要的理性、客观，尊重相关当事主体的合法权益，包括名誉权，故吴某使用谩骂词汇进行评论，已经超出了监督的范畴，故对吴某的抗辩，不予采纳。

吴某的微博账户有一定量的粉丝关注，故其评论对科技公司确会产生一定影响，关于赔偿经济损失一项，鉴于吴某的侵权行为会造成科技公司社会评价的降低，损害科技公司的商业机会、商业利益，对科技公司造成一定经济损失，结合吴某的侵权行为和情节，确定赔偿金额为5000元。关于律师费用一节，本院结合本案的具体复杂程度、专业性、律师工作成本等因素予以确定，公证费属于维权合理开支范畴，予以支持。

北京市海淀区人民法院依据《中华人民共和国民事诉讼法》第六十四条第一款、《中华人民共和国侵权责任法》第三十六条、《最高人民法院关于审理利用信息网络侵害人身权益民事纠纷案件适用法律若干问题的规定》第五条规定，作出如下判决：

一、本判决生效之日起十日内，吴某在新浪微博账号“吴某PazzOlivo”上持续十日刊登致歉声明（致歉内容须经本院审核，如吴某逾期不履行，本院将依科技公司申请，选择一家全国发行的报刊，刊登判决主要内容，费用由吴某负担）；

二、自本判决生效之日起十日内，吴某向科技公司支付损失5000元，其他合理支出10000元；

三、驳回科技公司的其他诉讼请求。

【法官后语】

《中华人民共和国民法典》第一百一十条第二款规定：“法人、非法人组织享有名称权、名誉权和荣誉权。”对法人运营产品的评价会直接影响法人的经营形象，进而影响其生产、经营等商业利益。本案中，科技公司系案涉App的运营者，其通过对该款App的运营获得社会评价及商业利益。吴某发布的关于案涉App的相关言论是否构成对科技公司名誉权侵权，涉及以下两个问题。

1. 关于法人名誉权侵权的判断

首先，从理论上讲，自然人名誉权保护的是精神利益，属于人格尊严，使自然人不因不公平社会评价而产生精神痛苦。而法人因其本身不具有情感等生理、心理属性，进而法人名誉权的损害也不会导致精神损害赔偿问题，因此法人名誉权保护的是以经济利益、财产性权利为核心的商誉，其本质在于维护法人的自主经营权，保护法人在经营过程中不会遭受非正当因素的影响，从而维持公正的市场秩序。

其次，从司法实践上讲，法人名誉权损害与自然人名誉权损害虽然都适用侵权的四要件判断方法，但是二者有明显之不同，主要体现在损害后果和因果关系方面。自然人名誉权受损，自然人会产生相应的情感反应，周围社会评价的变化也会对其生活造成直接或间接的影响，严重的情况下甚至会造成自然人身体的损害，更容易造成社会大众的共情，进而有利于法官的判断。但是，对于法人名誉权而言，法人无法对于其社会评价降低进行情感反馈，对其损害后果的通常判断，只能通过审查直接地反应于经营收入的变化，但是一则经营收入是一个长期的、动态的过程，很难在短期得以体现；二则经营收入的变化受多种因素的影响，并不能单纯地在侵权行为和损害后果之间建立直接的因果关系，这也就导致法人名誉权案件中的侵权人通常会采取本案中吴某的抗辩事由，即科技公司并未提交有关经济损失的证据，进而无法证明造成了实际的损害后果。但是，法人的名誉权是社会对法人的信誉、外在形象、经营能力、履约能力、经济效益、经营特色、产品质量、服务态度、社会贡献等各方面的总体社会评价所形成的权利。因此，对法人经营能力、履约能力、经济效益等状况社会评价的变化只要会影响到法人的经营行为，必然会影响到法人经营目的的实现。法人的名誉权与其财产利益紧密相联，科技公司名誉受损势必会使其社会评价降低，并对其商业机会、商业利益造成影响，给其带来直接或间接的经济损失。当然并非所有对法人的社会评价都会导致法人名誉权的损害，只有对法人不公正的评价使社会公众对法人产生误解，从而导致该法人的缔约成本、经营成本增加，进而影响其经营能力下降，才应认定造成了损害后果，并且二者之间存在因果关系。故，通常侵权人所提出的“并未造成法人实际经济损失”的抗辩不具有合理性。

当然，侵权行为实际造成的损害程度，需要法官结合诸如侵权人的过错、发表言论的平台、发表言论的阅读量、被侵权人的影响力等诸多因素进行综合考量，从而确定具体的侵权损害赔偿方式和金额。

2. 关于舆论监督与名誉权保护的边界

舆论监督与名誉权保护之间存在着天然的张力博弈。该案指出舆论监督并非没有限制，其需要在尊重客观事实、文明理性评判的范畴内进行。无论侵权人发表的内容是否属实，只要有侮辱他人人格的内容，使他人名誉受到侵害的，就应认定为侵害他人名誉权。但同时应给予舆论监督更为宽松的环境，以鼓励公众积极监督。因此，即使用语中带有戏谑、调侃、嘲笑等含义，甚至是带有一定贬损的评价，亦应属于相对人应当容忍、克制的范畴。但是，使用网络文明用语是底线，舆论监督不得使用词义粗鄙的谩骂性词汇。

案涉App作为一款提供足球资讯的手机应用程序，其网络用户对其资讯内容或经营情况发表评论实属正常。同时，球迷网友就其提供的足球资讯及软件功能等作出的正常批评、调侃，即使用语有些偏激，也应属于正常的舆论监督范畴。只要其内容并未达到侮辱、诽谤的程度，应当属于科技公司容忍、克制的范畴。正当的言论自由受法律的保护，但言论自由亦应保持必要的理性、客观，尊重相关当事主体的合法权益，包括名誉权。吴某使用谩骂词汇进行评论，已经超出了所谓监督的范畴，构成了对科技公司的侮辱，侵害了其名誉权。

编写人：北京市海淀区人民法院　常丽

（三）其他

37

英雄人物的司法认定及其名誉权保护

——江西省上饶市人民检察院诉彭某某英烈名誉民事公益诉讼案

【案件基本信息】

1. 裁判书字号

江西省上饶市中级人民法院（2020）赣11民初39号民事判决书

2. 案由：英烈名誉民事公益诉讼纠纷

3. 当事人

公益诉讼起诉人：江西省上饶市人民检察院

被告：彭某某

【基本案情】

2019年1月16日13时许，中国“氢弹之父”、改革先锋于某在北京逝世，全国人民无不沉痛哀悼。当日15时许，彭某某在用手机浏览微博时，看到了题为“28载隐姓埋名！中国氢弹之父于某逝世”的文章，就在该文章下发表了“于某们这样的人都应该早点死去，祸害整个世界”的侮辱性评论。之后，该条评论被微博平台“紫光阁”截取并转发，引发大量网民关注。截至当日20时许，该微博被1205人次转发、1894人次评论，在社会上产生较大负面影响。1月17日，江西省鄱阳县公安局对彭某某在网络上发表侮辱于某的不当言论，给予行政拘留十五日的处罚。7月25日，江西省上饶市人民检察院依法在《检察日报》上进行公告，告知于某的近亲属可依法提起诉讼。于某近亲属表示不提起诉讼，并签署了支持检察机关对彭某某提起民事公益诉讼的书面意见。

【案件焦点】

于某作为国家科学技术奖、改革先锋、全国劳动模范等国家荣誉获得者，其名誉受到侵犯能否认定为侵害英雄烈士的名誉。

【法院裁判要旨】

江西省上饶市中级人民法院经审理认为：于某作为国家科学技术奖、改革先锋、全国劳动模范等国家荣誉获得者，为实现国家富强，实现中华民族伟大复兴而毕生奋斗，其功勋彪炳史册，其精神永垂不朽，是国家和人民永远尊崇、铭记的英雄人物。于某的事迹和精神是社会主义核心价值观和爱国主义精神的重要体现，值得全社会崇尚和学习。彭某某在微博评论下发表侮辱于某的不当言论，亵渎了英雄人物的事迹和精神，诋毁和丑化了英雄人物的品德和形象，不仅侵害了于某的名誉，亦直接或间接损害了英雄人物所体现的全民族的共同记忆和共同情感以及这些英雄人物所代表的社会主义核心价值观，其行为符合侵害英雄烈士的名誉及损害社会公共利益的构成要件，依法应承担相应的民事法律责任。江西省上饶市人民检察院依法提起本案民事公益诉讼，要求判令彭某某在全国公开发行的媒体上公开赔礼道歉、消除影响，于法有据，本院予以支持。根据彭某某在网上发表诋毁英雄人物言论的性质、影响及其悔过表现等情节因素，综合考量后，判决：

彭某某在判决生效之日起十日内，在全国公开发行的媒体上公开赔礼道歉、消除影响（公告刊登媒体及内容需经法院审核）。逾期不履行，法院将在全国公开发行的媒体上刊登判决书的主要内容，所需费用由彭某某承担。

【法官后语】

本案是一起公民在网络上发表侮辱性言论诋毁英雄人物名誉且产生一定负面影响、检察院提起公益诉讼的典型案例。该案发生在《中华人民共和国民法总则》（以下简称《民法总则》）和《中华人民共和国英雄烈士保护法》（以下简称《英雄烈士保护法》）实施之后，裁判适用了《民法总则》第一百八十五条［现《中华人民共和国民法典》（以下简称《民法典》）第一百八十五条］和《英雄烈士保护法》第二十二条、第二十五条，体现了对英雄人物的特殊司法保护，对保护英雄人物姓名、肖像、名誉等人格权益不受侵害，维护社会公共利益，弘扬社会主义核心价值观，规范公民在网络上的言行具有示范意义。

1. 有关“英雄烈士”含义的厘清

《民法总则》第一百八十五条将英雄、烈士并列使用，而《英雄烈士保护法》并未对英雄烈士的内涵、外延和具体概念予以明确规定，导致实践中产生了司法认定分歧。有观点认为，此处所说的“英雄”在性质上属于形容词，应当将该条的“英雄烈士”解释为“具有英雄品质的烈士”；① 也有观点认为，该条中的“英雄”属于名词，属于与烈士并列的人物，应当与烈士一同列入法律保护范围。② 英雄与烈士具有交集，又有不同于烈士的特点。关于烈士的认定和保护范围，我国专门颁行了《烈士褒扬条例》和《军人抚恤优待条例》，分别对公民被评定为烈士的条件和现役军人被批准为烈士的条件作出了限定。③ 即烈士是因公牺牲的人，经过烈士评定的特定程序评定方能称为烈士。“英雄”与“烈士”明显非同一概念，事实上，在我国现行法律中，并无关于英雄的概念。换言之，“英雄”并非法律概念，英雄的评价标准并无成文的特殊规定，不需要经过特定的评定程序认定，是否是英雄取决于人民群众日常用语中对“英雄”的通识和国家对英雄人物的价值评价，英雄可以是牺牲的，也可以是健在的。《英雄烈士保护法》第二条第二款指出，近代以来，为了争取民族独立和人民解放，实现国家富强和人民幸福，促进世界和平和人类进步而毕生奋斗、英勇献身的英雄烈士，功勋彪炳史册，精神永垂不朽。本条规定是对“英雄烈士”内涵的一个整体阐释，而非对“英雄”的单独阐释。通常的理解认为，英雄是指为了他人利益、公共利益、国家利益，不畏艰辛、不怕牺牲、英勇奋斗并有重大贡献的人。④ 因而，考量《民法总则》第一百八十五条和《英雄烈士保护法》的立法本意，维护社会公共利益的客观需要以及人民群众对英雄人物的通识理解后，法条中所称的“英雄烈士”应作“英雄”和“烈士”两种并列的保护对象理解。如此理解，既可解决《民法总则》第一百八十五条和《英雄烈士保护法》的保护范围问题，尊重了立法本意，又有利于弘扬社会主义核心价

---

① 张新宝：《〈中华人民共和国民法总则〉释义》，中国人民大学出版社2017年版，第400页。

② 苏正洪：《侵害英雄烈士名誉之公益诉讼问题探究》，载《上海法学研究》2020年第3卷。

③ 参见《烈士褒扬条例》第八条和《军人抚恤优待条例》第八条。

④ 沈德咏主编：《〈中华人民共和国民法总则〉条文理解与适用》，人民法院出版社2017年版，第1221页。

值观。《民法总则》及《民法典》第一百八十五条在《英雄烈士保护法》第二十五条规定的基础上，在“英雄烈士”之后增加“等的”二字，意在适当扩大英烈保护的对象范围，将已经故去的在国家建设中作出巨大贡献、建立卓越功勋的人纳入英烈保护范畴，符合我国民事立法特别是《民法典》英烈保护条款的要义。因此，将“英雄烈士”厘清为“英雄”和“烈士”，是本案裁判的逻辑起点。

2. 于某作为国家科学技术奖、改革先锋、全国劳动模范等国家荣誉获得者，应当认定为英雄

根据《英雄烈士保护法》第二条的文义阐释，结合日常通识的理解，对英雄人物的司法认定可以从功勋价值和精神事迹两个层面进行解读：其一，英雄人物通常是具有重大历史贡献或时代价值的人物，必须要有卓著的功勋；其二，英雄人物之事迹必须凝聚着民族精神、承载着民族情感，具有公共属性。两者同时兼备，方有认定为英雄人物的可能性。于某作为国家科学技术奖、改革先锋、全国劳动模范等国家荣誉获得者，其卓著的功勋得到了国家和人民的认可，是具有重大历史贡献和时代价值的人物，其事迹承载着民族精神和民族情感，符合认定为英雄人物的构成要素。因而，应当根据《民法总则》第一百八十五条和《英雄烈士保护法》的立法本意认定其为英雄人物。

3. 侵害英雄人物名誉公益诉讼的适用

英雄人物的人格权益受到侵害，通过民事公益诉讼的方式进行救济需要具备一定的条件：一是英雄人物必须已经离世。若英雄人物在世，其人格权益受到侵害，本人可以提起民事诉讼维护自身的合法权益，不存在通过公益诉讼特别保护的必要。本案中的侵权事实发生在英雄人物逝世之后，时间上没有问题。二是英雄人物无近亲属或者虽有近亲属但其近亲属不提起诉讼。如其近亲属愿意为维护英雄人物的人格权益提起民事诉讼，则检察机关没有必要提起公益诉讼。本案中受害人的近亲属明确表示不提起诉讼，检察机关提起公益诉讼具有必要性。三是英雄人物的人格利益必须已经转化为社会公共利益。英雄烈士的人格利益具有双重属性，既具有私人利益的属性，又具有社会公共利益的属性。[①] 对英雄人物的人格权益之所以给

① 迟方旭：《民法总则第185条的核心要义是维护社会公共利益》，载《红旗文稿》2017年第11期。

予特别保护是因为英雄人物的个人利益已经成为社会公共利益的一部分，于此，才有超越一般民事主体保护程度的必要性。就社会公共利益这一概念，在不同语境和情境下其内涵存在一定差别。① 围绕《民法总则》第一百八十五条和《英雄烈士保护法》的立法目的来看，此处的社会公共利益可以解读为以社会主义核心价值观为代表的英烈精神、社会风气和社会公德。② 具体到本案中，被告彭某某在网络上发表不当言论诋毁“氢弹之父”、国家科学技术奖、改革先锋、全国劳动模范等国家荣誉获得者于某的名誉，具有主观故意，诋毁行为不仅侵害了于某的个人名誉，也损害了社会主义核心价值观、公众情感等公共利益，诋毁行为与侵害结果具有因果关系，符合侵权法律关系的构成要件，依法应当承担相应民事责任。

在责任构成上，法律对英雄人物的人格权益保护虽然具有一定特殊性，但从特别法的规范目的、保护手段和规范性质上看，仍然属于侵权责任范畴。名誉侵权纠纷公益诉讼案件必须符合侵权法律关系的构成要件，即须行为人有侵权行为、行为人主观上表现为故意或过失、须有损害事实、侵权行为与英雄人物的名誉损害事实之间具有因果关系。在责任承担上，此类案件适用《民法典》第九百九十五条关于侵害人格权的责任承担方式，即停止侵害、赔礼道歉、消除影响、恢复名誉等。这些责任承担方式，可以单独适用，也可以合并适用。需要注意的是，对于侵害英烈名誉纠纷案件，若是英雄烈士的近亲属提起民事诉讼，则其可以主张精神损害赔偿；而对于检察机关提起的侵害英烈名誉公益诉讼案件，能否主张赔偿损失以及损失该如何界定尚有争议。③ 本案判令被告彭某某公开赔礼道歉、消除影响，正是基于对该案危害后果、被告悔过态度以及检察机关起诉意见等各种因素综合裁量的结果。

编写人：江西省上饶市中级人民法院　连重波
江西省吉安市中级人民法院　彭璇

---

① 胡鸿高：《论公共利益的法律界定——从要素解释的路径》，载《中国法学》2008年第4期。

② 王叶刚：《论侵害英雄烈士等人格权益的民事责任——以〈民法总则〉第185条为中心》，载《中国人民大学学报》2017年第4期。

③ 苏正洪：《侵害英雄烈士名誉之公益诉讼问题探究》，载《上海法学研究》2020年第3卷。

38

限制传播的特定内容在微信群中传播是否构成侵害名誉权的认定

——王某某诉淄博某商会名誉权案

【案件基本信息】

1. 裁判书字号

山东省淄博市中级人民法院（2019）鲁03民终2152号民事判决书

2. 案由：名誉权纠纷

3. 当事人

原告（被上诉人）：王某某

被告（上诉人）：淄博某商会

【基本案情】

2018年8月20日，淄博某商会办公室主任魏某某将《商会对王、张去市政府上访的说明》（以下简称《说明》）的文章在商会副会长交流中心微信群（该群人数41人）中发布，并让执行会长马某某发到微信群里，该文章中关于王某某现状表述为，“王某某，2017年与老婆协议离婚（没办理离婚手续）与张某某（有丈夫……）住在一起一年多”。次日，《说明》一文在淄博三峡移民微信群（人数139人）、一家亲微信群（人数122人）、四面八方一起上微信群（人数148人）传播。王某某起诉要求判令淄博某商会：立即停止发布上述说明，停止对其名誉权的侵害；在各大媒体公开道歉，消除影响、恢复名誉；赔偿因侵害名誉权造成的经济损失10万元。淄博某商会辩称其向市政府汇报的行为并不导致对王某某个人名誉的损毁或贬低。

【案件焦点】

淄博某商会在微信群中传播涉及王某某的特定内容是否构成对其名誉权的侵害。

【法院裁判要旨】

山东省淄博市张店区人民法院经审理认为：公民依法享有名誉权，公民的人格尊严受法律保护。微信作为一种信息交流平台，具有公开性和传播性，便捷快速，散播广泛。《说明》一文本是淄博某商会向有关部门的汇报材料，但其却在微信群中发布，造成该文中涉及王某某个人隐私的信息公开传播，引发他人对王某某品行的怀疑和猜测，致使王某某的名誉受到损害，侵害了王某某的名誉权。依据相关法律规定，公民名誉权受到侵害的，有权要求停止侵害，恢复名誉，消除影响，赔礼道歉。因此，王某某要求淄博某商会停止侵害、赔礼道歉的诉讼请求符合法律规定，予以支持。王某某要求淄博某商会赔偿经济损失的诉讼请求证据不足，不予支持。据此，淄博市张店区人民法院判决：

淄博某商会在发布信息的微信群里发表致歉声明，向王某某赔礼道歉（内容须经法院审查）。

淄博某商会持原审答辩意见提起上诉。山东省淄博市中级人民法院经审理认为：《说明》原系淄博某商会向有关部门的汇报材料，本应依法限制传播范围（不应当在社会层面传播），但淄博某商会未能做到限制传播范围，致使该文在其所称的微信工作群之外进行了传播，使得本不应当知悉该文具体内容的社会群众知悉了其中的具体内容，其行为显属不当。《说明》中有关王某某的隐私信息，实质暗含王某某与他人存在不正当关系，在多个微信群中的传播，会在特定的环境和人群中对王某某的社会评价产生一定程度的负面影响，故淄博某商会的行为与王某某名誉受损有一定的因果关系，一审法院认定淄博某商会侵犯王某某的名誉权并无不当。据此，二审判决：

驳回上诉，维持原判。

【法官后语】

本案主要涉及本应限制传播的特定内容在微信群中传播是否构成名誉权侵权的认定问题。社会生活中，某些涉及个人隐私或其他人格利益的特定人身信息内容应当限制或禁止传播，相关特定内容一旦公开传播，确实会对相关当事人的名誉形象构成损害，甚至产生经济上的不利益。法律上对相关的行为也是明令禁止的，如《中华人民共和国民法典》（以下简称《民法典》）第一千零二十四条第一款规定："民事主体享有名誉权。任何组织或者个人不得以侮辱、诽谤等方式侵害他人的名誉权。"

网络特别是微信等社交平台非法外之地，但其对当事人名誉的侵害具有一定的特殊性，对在微信等网络社交平台上传播本应限制传播的特定内容是否构成名誉侵权的问题，可首先从特定内容自身的法律性质来看：(1) 特定内容的对象性，即特定内容中隐含或明示受害人的相关人格信息，当然不一定要指名道姓，但是依据该特定内容，相关阅读人员很容易依据内容明确所指对象。如果所指向的对象是特定环境、特定条件下的具体人，即使没有说出姓名，也构成对他人名誉权的侵害；(2) 特定内容的侵害性，即特定内容中含有一定程度的侮辱、诽谤或致人人格减损的内容，并且一旦传播必然造成对他人的名誉损害。涉及本应限制传播的特定内容在微信群中传播导致他人名誉受损的，应当构成名誉侵权。

本应限制传播的特定内容在微信群中传播是否构成名誉侵权的认定除内容要素外，还应当综合考虑传播人的主观因素、社会环境因素、特定受众对象等方面。首先，传播人过错程度的考量。如果传播人明知相关内容的传播会对当事人产生不利影响而故意或放任相关信息的肆意传播，说明其具有侵害他人名誉权的严重过错，造成侵权结果的，应当认定为名誉侵权。如果传播人出于轻微过失导致特定内容传播，则应当从特定内容传播是否造成他人一定程度的名誉损害后果来加以认定，即传播范围小、影响面不大时，一般不宜认定为名誉侵权，若造成较大社会影响，则应当认定为侵权，并承担相应修复名誉或填补损失的责任。其次，社会舆论环境方面的考量。即不应限制传播的所谓特定内容也应当具有一定的时效性，特定内容会随着时间流逝，其中不宜传播的某些内容因时过境迁变得不那么敏感，对当事人的名誉等其他人格利益不会再引起相当的损害，当事人也不会再对相应特定内容的传播作出过激的反应，社会舆论也会变得包容、宽容，在此条件下，一般就不宜认定为侵害名誉权，否则就会滑向限制言论自由的极端。最后，特定受众对象方面的考量。微信传播具有涟漪效应，微信特定内容传播的第一波、第二波受众一般是与该内容有切身利害关系或对相关情形较为敏感的微信单个用户或群用户，行为人直接传播的对象人数决定着其过错程度和受害人名誉受损的严重程度。另外，考虑到网络传播的广泛性，特别是微信传播方式的即时性，在某些特定区域传播的特定内容只要经过某些有心人的渲染，通过微信等社交平台也会很快在其他地区传播开来，因此对微信特定传播内容是否构成侵权不能以其传播的最初特定地域作为主要考量因素，毕竟这一因素并不能固定传播内容扩散的范围。

具体到本案中，首先，《说明》作为淄博某商会向有关部门的汇报材料，本应依法限制传播范围即不应当在社会层面传播，但是淄博某商会未能尽到限制传播范围的注意义务，致使该文内容被社会群众知悉。一是传播内容明确地提及了当事人姓名，二是具备公开传播的行为特征，故淄博某商会的传播行为显属不当，主观上具有重大过失。

其次，《说明》一文含有关于王某某的隐私信息，在多个微信群中传播，且涉案微信群中的用户多为王某某的老乡，受众必然会对王某某的人品产生合理怀疑。加之微信作为当前网络流行的信息交流平台，在信息传播和交流方面具有快捷、便利、覆盖面广的特点，一旦发表，即可能不以作者的意志为转移地被广泛传播。从涉案的微信特定内容传播情况看，淄博某商会的汇报材料传播后，许多人已经看到或者有所留存，也有部分不恰当的评论，鉴于负面语言、消息在网络当中能够快速传播以满足人们八卦心理的特性，涉案言论与分享的资料将会在更大范围内引发微信受众对王某某的猜测与误解，在不特定的环境和人群中形成对其的负面印象，使其社会评价降低，造成其名誉上的不利益，进而对其正常的社会生活、人际关系形成困扰，甚至出现经济方面的损失。故淄博某商会的行为与王某某的名誉受损有一定的因果关系。

总之，在“互联网+”时代，微信虽为网络虚拟空间，但已成为人们生活中必备的交往工具。微信群、朋友圈不应是法外之地，公民在其中同样需要遵守法律法规和公序良俗，不能为所欲为，没有节制；构成网络名誉侵权的，应当承担相应的法律责任。本案对于规范公民的网络空间行为，树立文明交往风尚、构建良好网络社会秩序具有积极意义。

编写人：山东省淄博市中级人民法院　荣明潇　杨富元　朱倩茹

39

未经核实将企业列入诚信黑名单并予以公开，构成名誉侵权

——德源公司诉南康包装协会、绿盾征信赣州公司名誉权案

【案件基本信息】

1. 裁判书字号

江西省赣州市中级人民法院（2019）赣07民终3365号民事判决书

2. 案由：名誉权纠纷

3. 当事人

原告（被上诉人）：德源公司

被告（上诉人）：南康包装协会、绿盾征信赣州公司

【基本案情】

德源公司系一家经工商注册登记为从事包装装潢，其他印刷品印刷、销售，纺织品生产、销售的企业，是兴国县内唯一以“德源”命名的从事纸箱生产销售的企业，与南康包装协会的会员企业有生意往来，交易中一般称该公司为兴国德源纸箱厂。2015年9月，因南康包装协会的会员企业报告兴国德源纸箱厂有欠款行为，该协会在赣州市南康包装行业信息公示平台、南康家具网（互联网域名分别为nk-bzxh.com、0797jjw.cn，域名备案主体均为南康包装协会）公开发布“兴国德源纸箱厂被列入不守信誉黑名单”的通知信息。绿盾征信赣州公司系南康企业信用信息共享平台（互联网域名为0797jjw.cn）的网站运维机构。2017年10月17日，该公司根据赣州市南康包装行业信息公示平台上发布的“兴国德源纸箱厂被列入不守信誉黑名单”的通知，在南康企业信用信息共享平台刊登了标题为“兴国德源纸箱厂

被列入不守信誉黑名单”的信息。

德源公司得知此事后，认为南康包装协会、绿盾征信赣州公司的行为违法且损害其商誉，提起名誉权之诉，要求停止侵权、赔礼道歉、消除影响、赔偿损失。

【案件焦点】

1. 南康包装协会、绿盾征信赣州公司的行为是否合法，是否存在过错；2. 南康包装协会、绿盾征信赣州公司的行为是否造成德源公司名誉受损，是否导致该公司经济损失。

【法院裁判要旨】

江西省兴国县人民法院认为，法人名誉权的核心是商业信誉，外在表现为企业的名称、品牌、产品和服务所获得的社会评价。南康包装协会、绿盾征信赣州公司发布的信息所指向的虽然只是兴国德源纸箱厂，但由于“兴国德源”与德源公司名称相同、“纸箱厂”也与德源公司注册经营包装装潢和其他印刷品印刷业务相近，足以让人将兴国德源纸箱厂联想到或理解为德源公司，以至于给德源公司的商誉及企业形象等造成了一定损害。南康包装协会并没有发布兴国德源纸箱厂属于不守信客户信息的职权，却随意发布有损德源公司名誉的信息，当属违法。同时，绿盾征信赣州公司对涉案信息未加任何审核、未采取任何合理措施保证正确性即任意发布，违反《征信业管理条例》的规定。德源公司因而有权诉请保护。南康包装协会、绿盾征信赣州公司的违法行为与德源公司的损害有着引起与被引起的关系。由于绿盾征信赣州公司发布的范围大于南康包装协会，造成的损害也更大。因德源公司并未提供充分证据证明南康包装协会、绿盾征信赣州公司之举已造成其 50 万元损失，相关金额应予酌定。故一审判决支持德源公司停止侵权、赔礼道歉、消除影响的诉求，并判令南康包装协会、绿盾征信赣州公司分别赔偿德源公司损失 10000 元、50000 元。

南康包装协会、绿盾征信赣州公司不服一审判决，提起上诉。江西省赣州市中级人民法院认为，南康包装协会既无法律法规的明确授权，也无征信业经营资质，其仅依据会员单位指称的兴国德源纸箱厂拖欠货款信息，既无人民法院生效判决的确认，又无合同双方的最终结算确认，发布信息前也未核实兴国德源纸箱厂此前已经支付全部货款，双方仅对是否应当支付利息及利息的计算存在分歧的事实，直接将兴国德源纸箱厂列入不守信誉客户黑名单并在互联网上发布，属于对采集的信用信息（会员单位指称兴国德源纸箱厂拖欠货款）进行加工的行为，其对该信息进行加工并作出将兴国德源纸箱厂列入不守信誉客户黑名单的信用评价，该行为事实依据不充分，违反了《征信业管理条例》的规定，存在过错。绿盾征信赣州公司将上述征信信息予以采集、加工、对外提供时，既未核实南康包装协会是否具有从事征信业务的相关资质，也未核实该征信信息是否合法、准确，违反了《征信业管理条例》第二十三条的规定，存在过错。上述过错行为损害了德源公司的商誉，构成名誉权的侵权，行为人依法应当承担停止侵权、赔礼道歉、恢复名誉、赔偿损失的侵权责任。故判决驳回上诉，维持原判。

【法官后语】

本案的处理主要涉及信用是否作为名誉权予以保护，如何认定征信机构的征信业务行为是否存在过错。

1. 信用的含义及其民法保护

一般认为，信用与名誉都是一种社会评价，但二者在实质内容上有明显区别。名誉是对民事主体品德、才能及其他素质的社会评价，概言之，为人格的社会评价；信用则是对民事主体经济能力的社会评价，是将关于主体经济能力的社会评价从一般的社会评价中分离出来，确认为一种独立的人格利益，并以之与名誉相区别。

受德国、日本以及我国台湾地区法律学说与立法实践的影响，我国早在2002的“民法草案”中，就用4个条文规定“信用权”。因“信用权”入典存在论证不清等诸多问题，最终颁布实施的《中华人民共和国民法典》（以下简称《民法典》）未将“信用权”单独进行规定，而是在第一千零二十四条关于名誉权的规定中，将信用与品德、声望、才能等一并作为民事主体名誉是否受到损害的评判内容，明确将信用纳入名誉权的保护范围。因信用与名誉权的其他组成内容存在较大区别，仅通过名誉权来保护信用并不足以应对信用权益遭受侵害的各种情形，故《民法典》第一千零二十九条规定了民事主体的信用评价异议权，第一千零三十条明确规定与征信机构相关的个人信息受法律保护，对与信用相关的制度作出明示性规定，弥补了信用权益保护的立法空白，扩大了信用权益的保护范围。

可见，《民法典》确立了民法对信用的三重保护：（1）通过名誉权予以保护，内容包括：①构成要件。损害他人信用构成名誉权侵权，应符合以下要件：一是有贬损他人信用的行为，二是行为基于过错，三是造成了他人信用的社会评价降低的后果，四是行为和损害结果具有因果关系。②民事责任。侵害名誉权的民事责任包括停止侵害、消除影响、恢复名誉、赔偿损失等。信用的受损，特别是对于企业而言，与财产利益直接相关，故在认定民事责任时，应当综合考虑受害人的实际损失以及信用受损的影响范围和行为人过错程度等因素，合理确定行为人的损害赔偿数额。(2) 通过信用评价异议权予以保护。信用评价异议权的行使，并不以构成侵权为前提，在信用评价不当但不符合名誉权侵权的其他构成要件时，民事主体也有权提出异议并请求信用评价人采取更正、删除等必要措施。(3) 通过个人信息保护的法律规定予以保护。个人的信用信息，是与个人财产和履约能力等信用评价有关的个人信息，是受《民法典》保护的个人信息的重要内容。《民法典》规定，对个人信息的处理，应当遵循合法、正当、必要原则，其次要履行信息安全保障义务。

2. 征信机构的征信业务行为侵害他人名誉权的认定

征信机构的征信业务行为是否侵害他人名誉权，认定标准应坚持名誉侵权的“四要件”，其中的重点在于对违法行为和主观过错的判断。国务院颁布的《征信业管理条例》（以下简称《条例》）是对征信业务和相关活动所作的规定。《条例》规定，征信业务是指对企业、事业单位等组织的信用信息和个人的信用信息进行采集、整理、保存、加工，并向信息使用者提供的活动。其核心就是民事主体的信用信息，所以征信机构在从事征信业务活动中必须遵循相关的规范体系，以确保规范开展征信业务，不侵犯他人合法权益。为此，首先应当遵守《民法典》关于名誉权、信用利益和个人信息保护的相关规定；其次应当遵守《条例》的规定。根据《条例》规定，征信机构开展征信业务应当保障信息的准确性，遵循本人同意、“最少、必要”、采集不良信息的事先告知、个人不良信息逾期删除、个人信用对他人保密等规则。《条例》对信息来源和信息内容也有明确规定。

上述征信业务规范体系作为征信机构从事征信活动的基本规范，同时也是法院认定征信机构是否存在名誉权侵权的违法行为和主观过错的法律依据。首先，征信机构未采取合理措施保障信息的准确性，应当认定其存在过错，行为具有违法性。在影响他人名誉的后果及行为的公益性方面，征信行为与新闻报道、舆论监督等行为具有一定的相似性。新闻报道、舆论监督等行为影响他人名誉，一般情况下行为人并不需要承担民事责任，行为人在何种情况下需要承担民事责任，《民法典》第一千零二十五条、第一千零二十六条作出了具体的规定。笔者认为，认定征信机构是否采取合理措施保障信息的准确性，可以参考第一千零二十五条、第一千零二十六条的规定并依据《条例》的相关规定确定征信机构合理注意义务的最低标准。而征信机构作为需要相关资质的专门机构，在保障信息准确性等方面，理应尽到高度谨慎的注意义务。其次，违反《民法典》关于个人信息保护规定或《条例》规定的征信业务规范，直接违反了法律、行政法规的明确规定，应当认定征信机构存在违法行为，主观上具有过错。

3. 本案对两被告名誉权侵权的认定

本案中，两被告的行为从外观上看是行业协会、征信机构对企业作出信用评价的合法行为，两被告也以此为由主张不构成侵权。但是，将民事主体列入“黑名单”，属于《条例》规定的“不良信息”的范畴，且属对民事主体有重大影响的不良信息，应当在民事主体具有严重失信行为的情况下才能作出此类评价，因此，此类信息的采集、整理、保存、加工及提供应当严格遵守《条例》有关采集、提供不良信息的相关规定，确保此类信用信息的合法性、准确性。南康包装协会并无征信业资质，发布该负面信用评价前未经核实，绿盾征信赣州公司对该行业协会作出的负面信用评价也未经审核直接转载。两被告未采取合理措施保障涉及原告不良信息的准确性，违反了《条例》的相关规定，对原告作出了不当的信用评价，存在过错。两被告作出错误的信用评价并公开发布在互联网上，为不特定第三人所知悉，对原告企业商誉造成负面影响，符合名誉权侵权的构成要件，故应当认定两被告侵害了原告的名誉权。

编写人：江西省赣州市中级人民法院　宋玉玲

40

检举、控告与侵害他人名誉权的区分认定

——魏某诉赵某名誉权案

【案件基本信息】

1. 裁判书字号

山东省淄博市中级人民法院（2019）鲁03民终256号民事判决书

2. 案由：名誉权纠纷

3. 当事人

原告（上诉人）：魏某

被告（上诉人）：赵某

【基本案情】

赵某、魏某同住某小区。2017年10月13日，两人因小区改造问题发生争执。赵某采取抓衣领、掐脖子等方式将魏某推至小区围墙上，致使魏某颈部、顶枕部受伤，经法医鉴定魏某的损伤程度构成轻微伤。2018年1月11日，淄博市公安局淄川分局给予赵某行政拘留五日并处罚款200元的行政处罚。赵某曾到洪山镇反映魏某拿走小区居民的工程款问题。魏某提起本案诉讼请求判令赵某侵害魏某名誉权；赵某赔偿魏某名誉损失费10000元、精神损害抚慰金5000元，停止侵害、恢复名誉、消除影响、公开赔礼道歉。

【案件焦点】

对他人违法违纪行为进行检举、控告与侵害他人名誉权之间应如何区分认定。

【法院裁判要旨】

山东省淄博市淄川区人民法院经审理认为：公民的名誉权和人格尊严受法律保护。公民有向有关部门检举控告他人违法违纪行为的权利。赵某向淄川区洪山镇有

关领导反映魏某拿了小区改造工程款 50000 余元并称魏某给有关领导送礼等行为，即使所反映的情况经调查不属实，也属于正当行使权利的行为。但如果借检举、控告之名，侮辱、诽谤他人，造成他人名誉损失的应当承担侵权责任。魏某未提供充分证据证明赵某侮辱、诽谤、诋毁、侵害魏某名誉权的事实，故对于魏某主张赵某侵害其名誉权，不予支持。赵某在另一起健康权纠纷案庭审中对魏某存在不礼貌言行，因该行为发生在庭审中，法院对该行为予以训诫。赵某辩称魏某主张的赔偿名誉损失费和精神损害抚慰金已在（2018）鲁 0302 民初 2619 号案件中进行了诉讼，魏某无权再进行诉讼。但两者为不同案由，分别是名誉权纠纷与健康权纠纷，应当按照当事人选择的案由予以审理，故对魏某的起诉，应予受理，对赵某上述辩称不予支持。名誉权受损与否主要是社会评价是否降低，魏某未提供证据证明其社会评价降低及名誉权受损害的事实，故魏某请求赵某赔偿其名誉损失费及精神损害抚慰金的诉讼请求和要求赵某停止侵害、恢复名誉、消除影响的诉讼请求，不予支持。对于魏某要求赵某公开赔礼道歉的诉讼请求，结合本案，赵某反映的魏某给领导送礼和拿走居民钱财，至今未经有关部门查实认定。双方的争执应通过合理合法途径予以解决，但赵某却将魏某打伤并在另一起健康权纠纷庭审中存在不礼貌言行，赵某应向魏某赔礼道歉，道歉形式可以书面形式在两人所住小区张贴。据此，判决：

一、赵某在与魏某所居住小区公共场所以书面形式张贴道歉声明向魏某公开赔礼道歉，道歉内容须本院审核，张贴时间为三日；

二、驳回魏某的其他诉讼请求。

魏某、赵某均不服一审判决提起上诉。山东省淄博市中级人民法院经审理同意一审法院裁判意见。同时认为，依据《最高人民法院关于审理名誉权案件若干问题的解释》规定，公民依法向有关部门检举、控告他人的违法违纪行为，他人以检举、控告侵害其名誉权向人民法院提起诉讼的，人民法院不予受理。如果借检举、控告之名侮辱、诽谤他人，造成他人名誉损害，当事人以其名誉权受到侵害向人民法院提起诉讼的，人民法院应当受理。该规定明确了区分检举、控告他人违法违纪与侵害他人名誉权之界限，即是否借检举、控告之名侮辱、诽谤他人，造成他人名誉权损害。魏某未提交证据证实赵某有借检举、控告之名侮辱、诽谤魏某的事实，亦未提交证据证实赵某的行为造成了魏某社会评价的降低，且赵某反映的情况亦未经有关部门查实认定，故一审法院未支持魏某名誉权受损的诉求并无不当。故判决：

驳回上诉，维持原判。

【法官后语】

本案主要涉及对他人违法违纪行为进行检举、控告与侵害他人名誉权之间的区分认定的问题。

名誉是指人们对于自然人[①]的品德、才干、声望、信誉和形象等各方面的综合评价，直接关系到人格尊严，是自然人进行民事活动的基础。名誉权是人格权的一种，是自然人享有的就其自身特性表现出来的社会价值而获得社会公正评价的权利。《中华人民共和国民法典》（以下简称《民法典》）不仅在总则编中对民事主体的名誉权进行了确认，而且在人格权编以专章对名誉权的保护作出了规定。在社会生活中，人们依法享有对自己所获得的客观社会评价排除他人侵害的权利，主要包括名誉利益支配、名誉维护等。因此，如果他人以某种形式的行为造成自然人的社会评价降低即对自然人的名誉利益构成了损害，就在法律上产生了侵害自然人名誉权的行为。对此，《民法典》第一千零二十四条第一款明确规定："民事主体享有名誉权。任何组织或者个人不得以侮辱、诽谤等方式侵害他人的名誉权。"

检举控告权是宪法赋予我国公民的重要民主权利之一，《中华人民共和国宪法》（以下简称《宪法》）第四十一条对此作了相关规定。故公民依法检举、控告他人的违纪违法行为是行使宪法赋予的权利，即使公民反映的情况不完全属实，只要不属于"捏造或者歪曲事实进行诬告陷害"，就是正当行使权利的行为。本案中，赵某向有关部门反映魏某违法违纪的行为，即使其反映的内容经调查不属实，赵某的检举、控告行为也不具有违法性。实践中，公民检举、控告他人违法违纪行为时容易出现检举、控告的违法事实与客观事实不相符的情况，如果行为人认为自己检举揭发的是真实存在的违法违纪事实，没有捏造或者歪曲事实进行诬告陷害他人的故意，此情形仍属于行使检举控告权的范畴，不存在侵害他人名誉权的问题。但如果行为人明知自己检举控告的情形系捏造或歪曲的事实，则具有陷害他人的故意，进而有侵害他人名誉权的可能。而实践中公民在行使检举控告权时，也确实容易出现越界甚至变质，从而转化为侵害他人名誉权的行为。

---

① 本文仅涉及自然人的名誉权，故在此不论述法人名誉权问题。

对于行使检举控告权与侵害他人名誉权之间的区分问题，《最高人民法院关于审理名誉权案件若干问题的解释》（已于2021年1月1日失效）中规定："公民依法向有关部门检举、控告他人的违法违纪行为，他人以检举、控告侵害其名誉权向人民法院提起诉讼的，人民法院不予受理。如果借检举、控告之名侮辱、诽谤他人，造成他人名誉损害，当事人以其名誉权受到侵害向人民法院提起诉讼的，人民法院应当受理。"这一规定与《宪法》第四十一条所确定的检举、控告"不得捏造或者歪曲事实进行诬告陷害"的原则是完全吻合的。即公民检举、控告他人违法乱纪是合法的，即使反映的情况不实或者不完全属实，也是正当行使权利的行为，不是侵权行为。但如果借检举、控告之名捏造、歪曲事实，侮辱、诽谤他人，则属于侵害名誉权的范畴。也就是说，法律在赋予公民检举控告权的同时也作出了相应的限制，以避免检举控告权的异化和滥用。因此，如果公民以检举、控告他人违法违纪行为的名义而对他人进行侮辱、诽谤，他人可以以名誉权受到损害为由向法院提起诉讼，但前提是有证据证实行为人借检举、控告之名捏造、歪曲事实，而不是简单地"反映情况不属实"，如果没有充分证据证明行为人是借检举、控告之名捏造、歪曲事实，就不能认定行为人构成侮辱或诽谤，进而无法认定侵害名誉权。

具体而言，人民法院在考量检举控告行为是否构成法律意义上的名誉权侵权时是按照侵权行为的构成要件来加以判断的。一般认为是否构成侵害名誉权的责任，应当根据受害人确有名誉被损害的事实、行为人行为违法、违法行为与损害后果之间有因果关系、行为人主观上有过错来认定。第一，判断受害人名誉是否被损害不应以受害人的主观感受为标准，而是要衡量受害人的社会评价是否降低，即是否为社会不特定的第三人知悉，且该举证责任应分配给受害人。第二，行为人行为违法主要指行为人借检举、控告之名实施侮辱、诽谤他人的行为，此时行为人属于权利滥用，具有违法性。第三，违法行为与损害后果之间具备因果关系，须由受害人举证证明其社会评价降低是由行为人违法检举控告引起的，如果行为人正当行使检举控告权，其反映的违纪违法行为经相关部门查证属实后导致受害人受到处罚、社会评价降低，则受害人的社会评价降低不是因行为人检举、控告导致，两者之间不具备因果关系。第四，行为人在主观上为故意，在行使检举控告权时，故意捏造不存在的事实、陷害他人，或者故意借检举、控告之名，向社会散布虚假事实。

具体到本案中，魏某主张赵某针对其的检举控告系诬告陷害，构成对其名誉权的侵害。但是魏某未提供证据证明其社会评价降低，即无法证明其存在名誉权受到损害的结果。并且关键是赵某有向相关部门检举控告魏某违纪违法行为的权利，而对于赵某反映的情况是否属实以及赵某是否系借检举、控告之名捏造、歪曲事实，魏某并未提供相应证据证实，且赵某反映的情况也未经相关部门调查核实认定，故赵某是否存在借检举、控告之名实施侮辱、诽谤的行为在本案审理期间是无法证实的，所以本案未认定赵某的检举控告存在侮辱、诽谤的情形，也就不存在赵某检举控告的行为与魏某所谓的受到名誉权损害之间存在因果关系的问题。综合上述要素，本案没有支持魏某名誉权因赵某检举控告而受到侵害的主张，这一认定在司法实践中厘清了检举控告他人违纪违法行为与侵害他人名誉权之间的界限。

编写人：山东省淄博市中级人民法院　荣明潇　毕亮杰　杨富元

41

名誉权纠纷中名誉损害赔偿责任的适用

——刘某诉山东某农村商业银行股份有限公司名誉权案

【案件基本信息】

1. 裁判书字号

山东省淄博市中级人民法院（2018）鲁 03 民终 4417 号民事判决书

2. 案由：名誉权纠纷

3. 当事人

原告（被上诉人）：刘某

被告（上诉人）：山东某农村商业银行股份有限公司（以下简称某农商行）

【基本案情】

2004 年 8 月 24 日，某农商行有一笔金额为 43000 元的贷款是以刘某的名义和证件申请所贷。中国人民银行出具的有关刘某《个人信用报告》（明细）内容第三页显示：2004 年 8 月 30 日某农商行发放的 43000 元贷款，业务号 90300000157984，担保方式是保证，还款期限是4期，按季归还，截至2012年8月31日，账户状态为“结清”。某农商行未提供涉案“贷款”的合同。刘某起诉请求依法在某农商行系统中消除对刘某的不良信用记录，某农商行在刘某的村居消除影响并向刘某赔礼道歉，赔偿刘某名誉损失10万元。

【案件焦点】

某农商行是否侵害了刘某的名誉权，刘某要求某农商行赔偿名誉损失应否支持。

【法院裁判要旨】

山东省淄博市临淄区人民法院经审理认为：某农商行至今未提供涉案“贷款”的合同，故认定该笔43000元贷款并非刘某所贷，导致刘某在中国人民银行的《个人信用报告》中存在不良贷款信用记录，在银行的信用下降，影响了银行金融机构对刘某名誉的客观公正评价，对此，某农商行的行为存在过错，侵害了刘某的名誉权，刘某有权要求某农商行停止侵害、赔礼道歉、赔偿损失。故某农商行应向中国人民银行征信系统为刘某报送撤销不良信用记录申请。某农商行的过错行为给刘某的社会综合评价造成一定影响，结合某农商行的过错程度、侵权行为的影响范围及受诉法院所在地的实际经济情况等因素，对于刘某主张的名誉损失酌情确定为5000元。某农商行的该过错行为并未在刘某所在村给其造成影响，故刘某要求某农商行在刘某的村居消除影响的诉讼请求，证据不足，不予支持。据此判决：

一、某农商行立即停止侵害，并向中国人民银行征信系统呈报撤销刘某“43000元贷款”不良信用记录的申请；

二、某农商行向刘某书面道歉；

三、某农商行赔偿刘某名誉损失5000元；

四、驳回刘某的其他诉讼请求。

某农商行不服一审判决，提起上诉。山东省淄博市中级人民法院经审理认为：某农商行主张其未侵犯刘某名誉权的理由，证据不足。中国人民银行的征信系统是一个相对封闭的系统，根据规定，查询个人信用报告，应当取得被查询人的授权。因此刘某的个人信用报告并未向社会公开、披露。根据《最高人民法院关于确定民事侵权精神损害赔偿责任若干问题解释》第八条：因侵权致人精神损害，但未造成严重后果，受害人请求赔偿精神损害的，一般不予支持。刘某亦无充分证据证实某农商行的行为给其名誉造成严重后果，不足以给刘某造成极大精神痛苦。因此，一审判决某农商行支付刘某名誉损失5000元，证据不足，适用法律错误，予以纠正。一审判决认定刘某名誉损失错误，应予纠正。据此，判决：

维持一审判决第一项、第二项；撤销一审判决第三项、第四项。

【法官后语】

本案涉及的主要问题在于，因商业银行的原因导致被侵权人误为借款合同的借款人，从而导致被侵权人产生不良贷款信用记录，被侵权人据此以侵害名誉权为由向商业银行主张侵权责任的，人民法院应如何认定。

随着经济社会的快速发展，个人融资需求不断增多，个人在商业银行进行贷款的现象也因此变得较为普遍。对于商业银行而言，其为了扩大自身业务规模，对贷款业务亦是极力推广。在这一过程中，也确实存在商业银行对于贷款业务审核不严，从而导致出现一些错误的现象，进而对受害人的合法权益造成影响。在此情况下，受害人则会提起相关诉讼要求商业银行承担相应的名誉权侵权责任。本案即如此。

关于本案的认定，某农商行的行为构成对刘某名誉权的侵权是比较明确的。毕竟某农商行作为贷款方，未对贷款业务进行严格审查、监督，甚至在诉讼中都未能提供涉案贷款合同，故法院认定涉案贷款并非刘某所贷。某农商行的这一失误造成刘某产生了不良贷款信用记录，导致其在银行的信用下降，无疑会影响银行等金融机构对其名誉的客观公正评价，客观上给刘某带来了不良影响。对此某农商行显然存在过错，故应认定某农商行构成对刘某名誉权的侵害，某农商行应当就其侵权行为向刘某承担停止侵害、赔礼道歉的民事责任。但是对于刘某提出的赔偿损失的诉讼请求，一、二审法院的认定并不一致。一审法院认为刘某存在名誉损失并酌情确定为5000元，二审法院则认为刘某无充分证据证实某农商行的行为给其名誉造成严重后果，不足以给其造成极大的精神痛苦，故对其要求赔偿损失的诉讼请求未予支持。要对这一问题加以正确把握，就需要对名誉权侵权中赔偿损失问题予以正确界定。

原告在名誉权侵权案件中要求赔偿名誉损失的情形并不鲜见，在此类案件中，在认定被告构成名誉权侵权的基础上，首先应当明确的是原告在此主张的名誉损失并非一种直接的物质损失，而是一种精神损失，即该赔偿主张实际为精神损害赔偿。既然属于精神损害赔偿，法院进行认定时就应当以《中华人民共和国民法典》（以下简称《民法典》）《最高人民法院关于确定民事侵权精神损害赔偿责任若干问题的解释》（2020年修正，以下简称《精神损害赔偿解释》）的相关规定为依据。《民法典》第一千一百八十三条第一款规定："侵害自然人人身权益造成严重精神损害的，被侵权人有权请求精神损害赔偿。"《精神损害赔偿解释》第一条规定："因人身权益或者具有人身意义的特定物受到侵害，自然人或者其近亲属向人民法院提起诉讼请求精神损害赔偿的，人民法院应当依法予以受理。"由于名誉权侵权属于自然人的人身权益被侵害的序列，故根据上述规定，其首先具有了可以要求精神损害赔偿的请求权基础。但从《民法典》第一千一百八十三条所规定的适用精神损害赔偿的要旨来看，并不是存在人身权益受侵害的情况就一定可以要求精神损害赔偿并得到支持，而是其精神损害要达到一种"严重"的程度才可以考虑予以支持。之所以这样规定，是因为精神损害本身是一种无形的损害，其与有形的物质损害不同。物质损害可以根据具体的物质损失来加以判断和计算，具有"有形"的特点，在实践中也较容易把握。而精神损害赔偿从概念上来看是因侵犯人格权致使自然人受到精神上的痛苦所应承担的一种民事赔偿责任，其目的主要在于以物质形式弥补和减轻受害人精神上的痛苦和心灵的创伤从而慰藉受害人的情感，故其在名称上为精神损害抚慰金。既然是一种对精神痛苦和心灵创伤的抚慰，那么其显然需要精神损害达到严重的程度才能够成立。试想如果侵权行为对于受害人在精神上虽有影响但尚达不到一种严重到让人产生精神痛苦和心灵创伤的程度，那么在此情况下支持精神损害赔偿显然不具有公平性和合理性。因此，对于原告主张的精神损害赔偿而言，其必须有证据证实侵权行为严重到让其能够产生精神痛苦和心灵创伤的程度，法院才可以考虑支持其精神损害赔偿的请求。就名誉权侵权来看，根据其特点，其本身侵权的构成要求侵权行为导致的损害事实为原告的社会评价降低。故对于名誉权侵权中的精神损害赔偿而言，在名誉权侵权能够被认定的情况下，必须要考量原告的社会评价降低程度是否严重，其是否能够让原告达到一种足以产生精神痛苦和心灵创伤的程度。当然这都需要原告举证予以证明。如果原告能够举证证明涉案名誉侵权行为十分严重，造成其社会评价严重降低，且这种降低在一般人看来能够达到足以产生精神痛苦和心灵创伤的程度，那么法院可以考虑对其精神损害赔偿请求予以合理支持；若原告对此不能举证证明，那么法院不应支持原告的精神损害赔偿请求。

综上所述，人民法院在审理名誉权等人格权侵权案件时，对于精神损害赔偿责任的适用应当严格按照上述法律规定的精神损害赔偿原则进行把握。对侵权情节轻微、未造成严重后果的，可以根据具体情况，依法判令侵权人停止侵害、恢复名誉、消除影响、赔礼道歉，对赔偿精神损害抚慰金的请求则一般不予支持；加害人因故意或重大过失致人损害，造成精神损害的后果比较严重的，可根据加害人的过错程度、侵权情节、损害后果等具体情况，依法判令其赔偿一定数额的精神损害抚慰金。如本案中被告侵害原告名誉权当属无疑，但中国人民银行的征信系统是一个相对封闭的系统，根据规定，查询个人信用报告，应当取得被查询人的授权。原告刘某的个人信用报告并未向社会公开和披露。因此，原告的社会评价虽有降低，但范围和程度都十分有限。而原告刘某也没有充分证据证实被告的行为给其名誉造成严重的侵害后果，不足以给其造成极大精神痛苦，不符合适用精神损害赔偿责任的条件。

编写人：山东省淄博市中级人民法院　荣明潇

山东省淄博市临淄区人民法院　刘海红　高飞

42

消费者基于消费体验发帖评价不侵犯经营者名誉权

——赤豆公司诉罗某华网络侵权责任案

【案件基本信息】

1. 裁判书字号

重庆市第一中级人民法院（2019）渝01民终10587号民事判决书

2. 案由：网络侵权责任纠纷

3. 当事人

原告（上诉人）：赤豆公司

被告（被上诉人）：罗某华

【基本案情】

赤豆公司在淘宝网上经营名为“木瓜装饰”的店铺。2019年4月21日，罗某华作为甲方与作为乙方的赤豆公司签订《委托设计协议书》，约定：甲方委托乙方进行工程初步设计，甲方应向乙方交纳设计定金5000元。乙方在接到甲方交纳的定金后，将在双方约定的时间内到现场丈量尺寸；设计地址为沙坪坝区大学城龙湖U城7组团×栋，设计面积处为空白；乙方按甲方的装修意图及修改意见进行设计，甲方认可乙方设计方案后在签订家装施工合同时，定金将抵入设计费/工程款总额；家装施工合同签订前，如甲方要带走设计方案，甲方应按乙方设计收费标准总额交纳设计费用。合同签订后，罗某华支付定金5000元。2019年6月9日，赤豆公司通过微信向罗某华发送平面设计图两张。因履约争议，罗某华在“购物狂”“百度贴吧”网站上发布“我来曝光木瓜装饰”“木瓜装饰 被坑经历”“木瓜装饰骗得我好惨”等网贴，在“大众点评”网站上以消费者的身份对“木瓜装饰”的商品发表评论。主要内容为：我付款后赤豆公司再也没有联系我，我多次主动联系该公司，该公司人员突然换了另一个设计师给我，一直说忙或者就是没上班或者就是晚上不接电话之类的，总之无法沟通，并且说我的房子有137个平方（实际不到120个平方），无故还要多收一万多的费用，另外还要收一万多的管理费，每次我找该公司要效果图，该公司都以各种理由让我去公司签最终的十几万装修合同，一直不给图。其间各种理由不回复我，原来是为了拖时间让交易成功无法退款。现在淘宝小二让我们协商，电话中该公司负责人告诉我钱是不可能退的，要告随便，如果做过分了小心。

【案件焦点】

消费者在评价中使用“骗子”“被坑”“黑幕”等是否侵犯经营者的名誉权。

【法院裁判要旨】

重庆市沙坪坝区人民法院经审理认为，通常情况下，非基于事实为基础而以肯定之口吻在公共区域散布与他人的身份、地位、品德等不相符的事实及言论，即构成对他人名誉权的侵害。但是，法律也从来没有授权享有受法律保护的名誉权的主体可以拒绝接受社会及其他人的监督、批评的权利。根据《最高人民法院关于审理名誉权案件若干问题的解释》第九条规定，从事市场经营活动的主体，在面对消费者的批评意见时，必须具有适度的容忍义务，这既是维护良好市场秩序、保护消费者合法权益的需要，也是市场经营主体应当承担的必要社会责任。认定言论表达是否侵害了法人名誉权，应当从“事实陈述”和“意见表达”两个方面判断。在事实陈述方面，发言者负有一定的注意义务，应当尊重客观事实，正当行使批评监督的权利；在意见表达方面，发言者应避免发表恶意中伤、诋毁、侮辱他人的意见，故意诋毁法人名誉的，应当承担相应的法律责任。消费者在发表、传播批评言论时，尤其是消费者在投诉维权时，难免对经营主体发表较为尖锐的批评意见，但是否构成诋毁其名誉，应当考察消费者是否具有诋毁经营主体名誉的主观故意，并综合全文、结合社会普遍观念认定，而不仅仅以经营主体的主观感受作为认定标准。从罗某华涉诉网帖中的内容来看，主要系由罗某华对自身经历的自述构成，综合考察网帖全文的内容、风格，罗某华并不存在诋毁赤豆公司名誉的主观恶意，其言论仍在消费者维权和社会舆论监督的正常范围内。和谐“经营者—消费者”关系需要双方的共同努力，唯有相互尊重、相互理解，方能携手创建公平、竞争、和谐、有序的市场秩序和消费环境。遂判决：

驳回赤豆公司的全部诉讼请求。

赤豆公司不服，提起上诉。重庆市第一中级人民法院经审理认为，罗某华被淘宝网站上木瓜装修的“免测量费”“免设计费”等一系列宣传吸引，遂与木瓜装饰的经营者赤豆公司签订《委托设计协议书》，并交纳定金。罗某华作为普通消费者，只有通过观看装修效果图才能对装修完成后的房屋有一个直观的感受，赤豆公司仅向罗某华发送两张平面布局图根本无法满足罗某华作为消费者的基本要求。根据罗某华在网上发帖及评论的内容来看，其内容主要是对本次消费及接受服务经历的阐述，并表达了自己的意见，该内容并不存在诋毁赤豆公司的主观故意。其在要求退款被拒后，为了寻求帮助，在网站上发帖、评论使用“被骗”“骗局”等词语也仅是对其主观感受的一种表达，不宜将其认定为对赤豆公司名誉的诋毁。遂判决：

驳回上诉，维持原判。

【法官后语】

根据《最高人民法院关于审理利用信息网络侵害人身权益民事纠纷案件适用法律若干问题的规定》第一条规定，本案属于典型的网络侵权责任纠纷。信息网络技术的飞速发展，给人们的消费带来了翻天覆地的变化，线上消费越来越普遍，消费者也逐渐形成了消费评价的习惯，因消费者差评引发的各类纠纷更是不胜枚举。

1. 评价权是消费者的基本权利

消费者评价权，是指消费者基于自身的消费感受对商品或服务的质量优劣进行评论的权利。在电子消费平台中，消费者评价的内容通常涵盖评级和评语两部分：一是消费者对商品或服务的评级，如好评、中评或差评；二是消费者对商品或服务的评语，即以文字描述的形式展现消费体验（含商品质量、服务态度等）。消费者的评价，具有为潜在的消费者提供消费决策参考的重要作用。潜在的消费者通过已有的评价信息获取商品质量、服务态度等信息，在一定程度上改变了仅依据经营者的自我介绍和宣传而带来的信息不对称现象。基于"口碑效应"，经营者对消费者的评价普遍呈现追求好评而厌恶差评的现象。具体表现在，一些商家不同程度地存在"好评返利"等行为，客观上造成"注水"好评；一些商家对给予差评的消费者进行打击报复，甚至篡改评论内容。也正因如此，相较而言，差评显得更为真实，更能引起潜在消费者的注意，提供消费决策参考的作用更强。

消费者发表评价内容的目的是多元化的，包括愉悦感受的分享、"好评返利"的驱动、不愉快消费体验的倾诉等。但从本质上看，消费者对商品和服务进行评价，是消费者表达利益诉求、维护合法权益的一种手段，是消费者行使监督权的具体方式。同时，消费者通过查看其他消费者的评语，可以和自身所购买的商品或接受的服务进行对比，更有利于保障消费者的知情权。2019年1月1日起施行的《中华人民共和国电子商务法》第三十九条第一款明确规定，电子商务平台经营者应当建立健全信用评价制度，公示信用评价规则，为消费者提供对平台内销售的商品或者提供的服务进行评价的途径。还应看到，我国法律法规对消费者进行监督的方式并无限制，消费者既可以在平台内评价，也可以在第三方平台上发布评级信息。

2. 经营者对消费者的评价有必要的容忍义务

名誉权，是民事主体依法享有的维护自己名誉并排除他人侵害的权利。名誉权所保护的名誉，是指人们对民事主体的品德、声望、才能、信用等的社会评价。法律保护名誉的目的，是使每个民事主体都得到与自身实际情况相一致的社会评价，名实相符，各得其所。是否构成侵害名誉权的责任，应当根据受害人确有名誉被损害的事实、行为人行为违法、违法行为与损害后果之间有因果关系、行为人主观上有过错来认定。与传统名誉侵权行为相比，网络名誉侵权行为因借助信息网络而使其有传播范围广、危害程度大、调查取证难等特征。但是，就行为模式而言，其和传统的名誉侵权并无实质性区别，对侵权责任成立与否的判断，仍然应恪守“四要件”。

但是，由于评价权是消费者的基本权利，经营者对消费者的评价有较高程度的容忍义务。根据《中华人民共和国消费者权益保护法》第十七条规定，经营者应当听取消费者对其提供的商品或者服务的意见，接受消费者的监督。通过聆听消费者的评价，经营者可以直面商品或者服务质量的瑕疵，将更多的精力放在提高商品、服务的质量和客户体验上。正因如此，《最高人民法院关于审理名誉权案件若干问题的解释》（已于2021年1月1日失效）第九条规定，消费者对生产者、经营者、销售者的产品质量或者服务质量进行批评、评论，不应当认定为侵害他人名誉权。但借机诽谤、诋毁，损害其名誉的，应当认定为侵害名誉权。从该规定可以看出，尽管消费者名誉侵权的认定需遵守传统的“四要件”，但在行为人行为违法的认定上较为严格。具体来说，只有消费者借评价商品和服务的机会诽谤、诋毁经营者，损害经营者名誉的，才可认定为名誉侵权行为。

诽谤，是指捏造、散布虚假事实，使得社会公众对被侵害人的社会评价降低；诋毁，是指故意用贬损他人人格的词语侵犯他人。在比较法上，通常将行为人的言语划分为事实陈述和意见表达两部分。事实属可检验的客观陈述或经验总结，而意见则是对事物的主观看法或立场，是否可证伪是判断二者的主要标准。从对应关系看，诽谤主要指向言论中的事实陈述，而诋毁主要指向言论中的意见表达。

3. 基于消费体验的评价不侵犯经营者名誉权

根据前面的分析，本案认定消费者罗某华是否构成网络名誉侵权的关键是，罗某华在评价淘宝店铺“木瓜装饰”提供的装修设计服务时，是否存在借机诽谤、诋毁的行为。

首先，从事实陈述方面看，发帖内容主要是罗某华自身的消费经历。罗某华在“木瓜装饰”店铺购买装修设计服务约50天后，该店铺的经营者赤豆公司才通过微信向罗某华发送两张平面设计图，并称只有签订了装修合同才能发送效果图。双方因履约发生纠纷后，罗某华在“重庆购物狂”等网站上发布“木瓜装饰 被坑经历”“曝光木瓜装饰”等评论。评论内容包括交易流程、服务态度、服务效率、对房屋面积和设计费用的分歧、对设计服务结果的分歧等内容。从已查明的案件事实看，罗某华关于交易流程、服务态度、服务效率、房屋面积的陈述基本属实，赤豆公司并未举示有力证据予以反驳。至于设计服务的产品，合同中仅约定了“设计方案”字样，但未明确是设计图还是效果图。由于普通消费者通常无法看懂设计图，罗某华将设计方案理解为效果图并无明显不妥，故罗某华发帖称没有拿到效果图并不存在捏造虚假事实的行为，不构成诽谤。

其次，从意见表达方面看，罗某华使用的贬损性词汇与其消费体验密切相关，不应认定为诋毁行为。罗某华在评语中使用了“骗子”“被坑”“黑幕”等词汇，这些词汇在一般语境下确实具有贬损之义。但是应当看到，罗某华之所以使用该类词汇，与其消费经历直接相关。根据赤豆公司与罗某华签订的设计服务合同，罗某华可以根据设计效果确定是否与赤豆公司继续签订装修服务合同。但是，在设计服务合同对“设计方案”究竟是指设计图还是效果图约定不明的情况下，赤豆公司仅向罗某华提供了设计图。罗某华作为普通消费者，无法看懂设计图，自然不能实现其签订涉案服务合同的目的，也无法决定是否继续签订装修服务合同。从罗某华的视角看，其自然认为赤豆公司使用了欺骗的手段，使其陷入该公司预设的套路。故不宜认定罗某华使用“骗子”等词汇的行为为诋毁行为。

综上，罗某华发帖的主要内容为其消费经历和主观感受。“骗子”等词汇虽有偏激，但结合其消费经历看，仍属于其真实感受的合理范畴，不侵犯赤豆公司的名誉权。

编写人：重庆市第一中级人民法院　刘学亮　杨红平

43

用人单位在诉讼中陈述劳动者的“不端行为”是否构成对劳动者名誉权的侵害

——相某诉某房地产开发有限公司名誉权案

【案件基本信息】

1. 裁判书字号

山东省淄博市中级人民法院（2019）鲁03民终3014号民事判决书

2. 案由：名誉权纠纷

3. 当事人

原告（上诉人）：相某

被告（被上诉人）：某房地产开发有限公司（以下简称某公司）

【基本案情】

相某于2018年1月9日至某公司工作，担任人事主管，双方签订了书面劳动合同，约定劳动合同期限至2019年2月11日，并约定试用期为两个月。其间双方因解除劳动合同问题产生劳动争议，相某于2018年7月11日向淄博市劳动人事争议仲裁委员会申请仲裁，请求裁决某公司继续履行与相某签订的劳动合同。2018年8月3日，该委作出淄劳人仲案字［2018］第224号仲裁裁决书，裁决某公司继续履行于2018年3月9日与相某签订的劳动合同。某公司对该裁决不服，起诉要求判决某公司不予继续履行2018年3月9日与相某签订的劳动合同。法院以（2018）鲁0303民初6489号民事案件立案受理，某公司在该案诉状中，陈述了相某有关利用职务便利擅自篡改劳动合同、个性偏激、骚扰女同事、不能按时完成相关工作等方面的“不端行为”。相某认为某公司在该案的起诉状中对其侮辱、诽谤，侵害其名誉权，遂提起本案诉讼要求某公司赔礼道歉并赔偿损失。

【案件焦点】

用人单位在诉讼中陈述劳动者的“不端行为”是否构成对劳动者名誉权的侵害。

【法院裁判要旨】

山东省淄博市张店区人民法院经审理认为：诉讼行为有别于一般的民事行为，某公司起诉状的陈述对象是审判机关及相某，起诉状的提交目的在于向法院及相某陈述以抗辩相某的劳动争议仲裁请求，这与向不特定多数公众作出结论性陈述以贬损公民、法人的名誉存在主观上的区别。众所周知，审判机关并不会当然采信当事人的陈述，任何人在诉讼过程中的陈述未经法院认可不足为信是基本的法律和社会常识，且陈述不被采纳往往反而会引发公众对陈述方的质疑，所以根据侵权责任的一般举证原则，相某应对某公司的上述行为给其造成的损害后果承担举证责任。在（2018）鲁0303民初6489号案件中，一审判决并未采信某公司的陈述，相某没有提供证据显示某公司的上述诉讼行为导致其社会评价降低，对其名誉造成了损害后果。综上所述，相某诉称某公司侵害了其名誉权证据不足，对其诉讼请求不予支持。据此，判决：

驳回相某的诉讼请求。

相某持原审起诉意见提起上诉。山东省淄博市中级人民法院经审理认为：在双方劳动争议一案中，某公司虽然在起诉状中列举了相某所谓的“不端行为”，但某公司递交起诉状的对象是特定的，即人民法院，再由法院送达对方当事人，在这一过程中，某公司并不存在当众或者向不特定公众散布相某所谓“不端行为”的主观故意，法院根据双方的诉辩内容制作的裁判文书也仅是对庭审内容的客观反映，也不能因此认定某公司存在侵害相某名誉的主观故意。而且，相某也不能证明社会公众因双方劳动争议一案对相某的社会综合评价作出较大否定，因此不宜认定某公司对相某的名誉权造成了侵害，相某主张某公司赔礼道歉、赔偿财产损失及精神损失，依法不予支持。据此，判决：

驳回上诉，维持原判。

【法官后语】

本案主要涉及用人单位在诉讼中陈述劳动者的“不端行为”是否构成对劳动

者名誉权侵害的问题。

名誉是指人们对民事主体的品德、才能及其他素质的社会综合评价。名誉权是指民事主体就其自身属性和价值所获得的社会评价享有的应予保护、维护的人格权。根据《中华人民共和国民法典》相关规定，自然人享有名誉权，任何组织或者个人不得以侮辱、诽谤等方式侵害他人的名誉权。从名誉的本质而言，名誉是对特定民事主体的客观的综合评价，其是客观名誉而不是主观名誉。主观名誉也称为名誉感，是民事主体对自己名誉的感受。名誉权只保护客观名誉，不保护主观名誉。因此，违法行为造成民事主体的客观名誉损害的，构成侵害名誉权。衡量名誉权受到损害的标准，是行为人基于故意或者过失，通过言辞或者行为对他人进行侮辱、诽谤且为第三人所知晓，他人出现社会综合评价降低的直接后果。

侵害名誉权的认定标准至少应当包括以下两个方面：第一是存在侮辱或者诽谤他人的行为，第二则是产生了导致他人社会评价降低的客观损害事实从而造成对其名誉的不良影响。其中，侮辱是指以暴力或者其他方法，公然贬低、损害他人人格；诽谤是指故意捏造并散布虚构的事实，损害他人人格、破坏他人名誉。因此，侮辱行为要求公然进行，即采用不特定或者多数人可能知悉的方式对他人进行侮辱；诽谤行为不仅要求有捏造事实的行为而且要求进行公开散布。也就是说无论是侮辱还是诽谤他人的行为，均要求公然或公开进行，即面向不特定的社会公众进行，唯有如此才可能导致他人社会评价的降低，进而产生对名誉的侵害。如果上述行为并非面向不特定的社会公众进行，而是定向进行甚至是只针对特定主体进行，那么就不会产生侵害名誉权的后果。例如，甲与乙因故发生争吵但现场并无其他人员，甲在争吵中对乙进行谩骂，这种行为原则上是不构成侵害名誉权的。因行为只是在特定范围内进行，并不会造成甲的社会评价降低。

本案中，某公司虽在劳动争议案件的起诉状中陈述了相某的“不端行为”，但其起诉仅是为了诉讼之用，目的在于向法院及相某陈述以抗辩相某的劳动争议仲裁请求，陈述对象是审判机关及相某，这与向不特定多数公众作出结论性陈述以贬损自然人名誉的行为显然存在主、客观上的区别。尽管法院根据双方的诉辩内容制作的裁判文书会记载起诉状中的内容，但也仅是对双方诉讼内容的客观反映，且某公司的这些陈述也未在劳动争议案件中被人民法院所采信认定。因此，本案中不能因劳动争议诉讼而认定某公司存在侵害相某名誉权的主观故意；从客观结果来看，相某也不能证明社会公众因双方劳动争议一案对相某的社会综合评价明显降低。因此，用人单位在诉讼中陈述劳动者的“不端行为”并不构成对劳动者名誉权的侵害。

编写人：山东省淄博市中级人民法院　荣明潇　杨富元
山东省淄博市博山区人民法院　刘盛炅

44

诉讼参与人在审判活动中的正当陈述不构成名誉权侵权

——王某泽诉王某玲名誉权案

【案件基本信息】

1. 裁判书字号

福建省厦门市思明区人民法院（2018）闽0203民初5685号民事判决书

2. 案由：名誉权纠纷

3. 当事人

原告：王某泽

被告：王某玲

【基本案情】

王某泽向厦门市思明区人民法院起诉王某玲撤销王某玲对王某泽六套房产的赠与［（2016）闽0203民初5029－5034号］，王某玲不服该系列案一审判决，向厦门市中级人民法院提起上诉。王某玲在上诉状中使用了“婚外情”“与其他有配偶的女子存在不正当关系”“伪造文书、违法提供各种虚假文件”等表述。王某泽认为王某玲在上诉状中的言论严重损坏了王某泽作为家族长者和商业名流的形象，致使王某泽遭受极大精神刺激，由此影响王某泽的商业经营，故诉至法院，请求判令：（1）王某玲立即删除其在与王某泽撤销赠与合同纠纷六案［一审案号（2016）闽0203民初5029－5034号］提交的《上诉状》中侵害王某泽名誉权的言论；（2）王某玲在中华人民共和国及菲律宾共和国范围内发行的报纸等媒体上向王某泽赔礼道歉，同时澄清相关事实，为王某泽恢复名誉、消除影响；（3）王某玲向王某泽支付精神抚慰金人民币 1 万元。

【案件焦点】

1. 通过合法形式行使辩论权是否会造成当事人名誉的贬损，行为人是否有主观上的恶意；2. 法律能否救济尚未实际发生或不必然发生的名誉损害。

【法院裁判要旨】

福建省厦门市思明区人民法院经审理认为：在现代法治社会，通过诉讼解决纠纷是合法正当的途径，当事人在人民法院审理民事案件时，有权进行辩论，当事人的名誉并不会因其他诉讼参加人发表与己不同的观点而有所损害。如其他诉讼参加人陈述失实的，当事人可以提供证据予以反驳；如其他诉讼参加人存在侮辱、诽谤言行的，当事人可以申请审理案件的法院根据《中华人民共和国民事诉讼法》第十章的规定或《中华人民共和国人民法院法庭规则》的规定，依法追究法律责任。王某玲发表案涉言论的载体是其向人民法院提交的上诉状，是其行使辩论权的合法形式，陈述对象是人民法院而非社会公众，即使其陈述可能引发王某泽主观“名誉感”的不适，但不会降低王某泽的外部社会评价，从而不会损害王某泽的名誉权。王某泽又主张，王某玲的陈述形式虽然合法，但可能通过司法公开途径致使社会公众知悉其不实陈述，从而侵害王某泽的名誉权。对此，本院认为，法律并不救济臆测可能发生而未实际发生或不必然发生的损害，实际上，王某泽完全可以提出正当的理由，通过向审理案件的法院申请不公开审理、不进行庭审直播录播、不在互联网公布裁判文书等方式避免或降低不利影响，但王某泽在争议案件的审理过程中均未提出上述申请。同时，王某泽也自认争议案件并未在互联网上进行庭审直播，旁听庭审的人员均系争议案件的利害关涉方而无一般社会公众。综上，王某泽并未提出任何确实证据证明其名誉权实际受损。

福建省厦门市思明区人民法院依照《中华人民共和国民事诉讼法》第六十四条第一款规定，作出如下判决：

驳回王某泽的诉讼请求。

【法官后语】

该案例涉及诉讼参与人在审判活动中以合法形式行使辩论权，向人民法院而非不特定社会公众进行书面或口头陈述，是否侵害其他诉讼参加人名誉权的问题。

名誉权是人格权的一种，任何人对民事主体的名誉不得损害。对于自然人来说，名誉权被侵犯的主要方式包括侮辱、诽谤等。结合本案，当事人的名誉权是否在诉讼活动中受到侵害，应当围绕以下三个方面进行分析。

1. 行为人客观上存在损害他人名誉的事实，并为第三人知悉。首先，诉讼参与人有权通过正当合法的途径表达自己的观点并进行辩论，如诉讼参与人陈述失实，当事人完全可以通过提供证据予以反驳，以证成自己主张的事实；对于诉讼参与人因主观过错实施侮辱、诽谤、诬陷等行为的，审理案件的法院将根据《中华人民共和国民事诉讼法》第十章的规定或《中华人民共和国人民法院法庭规则》（以下简称《人民法院法庭规则》）的规定，依法追究相关诉讼参与人的法律责任。其次，损害他人名誉的事实为第三人所知悉，是构成名誉侵权的必要条件。诉讼参与人在诉讼中发表的陈述内容公开范围局限于审判活动中，即使存在不实陈述或过激言辞，也不会为不特定的第三方所知悉。本案中，王某泽并未举证王某玲在上诉状中的书面陈述失实，王某玲递交的上诉状面向的群体为审判组织成员，其接收并阅读上诉状内容是诉讼活动中的一个正常环节，并不会使王某泽的人格形象产生负面社会评价。王某泽自认争议案件旁听人员系争议案件的利害关涉方，也未开展庭审直播，并无一般不特定公众获悉王某玲上诉状的内容。故王某玲在上诉状中的陈述不存在损害他人名誉的问题。

2. 行为人主观上是否存在过错。主观过错方面的考察，应当以行为人是否具有恶意为标准。明知自己的行为会造成他人名誉的损害，仍然积极追求或放任这种结果的发生才属于存在主观过错。参加诉讼活动是诉讼参与人维护自身权益的合法行为，其陈述与案件相关的内容，是行使诉讼权利的合法形式，即使陈述的事实与裁判认定的事实有出入甚至相反，也不宜认定为主观上存在侵犯他人名誉权的过错。本案中，王某玲在上诉状中的陈述并无辱骂他人、捏造和散布虚假事实的意图。故不能认定王某玲在上诉状中作出与王某泽不同观点的陈述存在主观过错。

3. 是否造成名誉损害的后果。后果上造成名誉损害是指社会不特定群体对受害人产生了不公正的评价，使受害人感觉到一种不公正的社会压力或心理负担，精神上受到折磨，抑或是心理上遭受创伤。这种损害的后果应当是客观存在的，而不是该人对其内在价值的自我感知。同时，任何法律上的救济，都要以损害的发生为前提，即使行为人实施了不法行为但没有造成损害，也不存在救济问题，因此，损害的发生是法律救济的前提。本案中，王某玲的陈述可能引发王某泽主观“名誉感”的不适，但由于该陈述并未向第三方公开，并不会降低王某泽的外部社会评价，从而不会损害王某泽的名誉权。且根据《最高人民法院关于人民法院直播录播庭审活动的规定》第二条规定，涉及个人隐私或当事人明确提出不进行庭审直播、录播并有正当理由的民事案件不得进行庭审直播、录播。另根据《最高人民法院关于人民法院在互联网公布裁判文书的规定》第四条、第十条规定，法院在裁判文书公开的过程中对于涉及个人身份信息、个人隐私的内容已作了删除等技术处理。本案中，王某泽并未通过向法院提出相关申请主动避免或降低不利影响，只是臆测其自身的社会评价可能通过司法公开途径致损。故王某泽并无名誉权受到实际损害、社会公众对其评价降低的损害后果。

综上，本案中，王某玲通过诉讼活动中作出口头或书面陈述，主观上不存在故意或过失，客观上不存在损害他人名誉的事实，书面陈述的内容也未被不特定公众得知，在后果上未造成王某泽名誉的损害，故法院驳回了王某泽的诉讼请求。

需要注意的是，并不是所有诉讼活动中的书面或口头陈述均属于合法行使辩论权。《人民法院法庭规则》第二十条规定，行为人侮辱、诽谤、威胁、殴打司法工作人员或诉讼参与人，危及法庭安全或扰乱法庭秩序的，法院将根据相关法律规定，予以罚款、拘留；构成犯罪的，依法追究其刑事责任。因此，即使是诉讼活动中的表达，也应当受到一定限制，要注意陈述表达的内容和边界。诉讼参与人可以通过口头或书面陈述、答辩等参与诉讼的方式合理表达自己的主张，但不能借由诉讼活动损害他人人格，诋毁他人名誉，使人蒙受耻辱。否则，即使不构成侵害他人名誉权，也将受到法律相应的处罚。

编写人：福建省厦门市思明区人民法院　张希华　蒋煜之

三、姓名权、肖像权纠纷

45

冒用他人姓名进行税务登记侵犯他人姓名权

——朱某诉北京某公司姓名权案

【案件基本信息】

1. 裁判书字号

北京市石景山区人民法院（2019）京0107民初13435号民事判决书

2. 案由：姓名权纠纷

3. 当事人

原告：朱某

被告：北京某公司

【基本案情】

2017年11月至2018年5月及2019年2月，北京某公司使用朱某姓名，在税务系统中为朱某申报工资薪金收入。2018年11月22日，朱某（承租方）与北京市海淀区保障性住房发展有限公司签订《北京市公共租赁住房租赁合同》，约定朱某租赁北京市海淀区某小区房屋，租赁期限自2018年12月15日至2019年7月14日。2019年3月12日，北京市海淀区某街道住房保障相关部门作出《信息比对核查结果告知书》，其中载明："朱某，我们对你家庭申请保障性住房过程中提供的相关情况与有关部门进行了信息比对核查，结果为未通过，原因为收入核查中2018.1－2018.5有除退休收入外的其他收入，收入申报单位为北京某公司。根据相关规定，你家庭计入住房保障不良信用档案，5年内不得再次申请保障性住房。如你对信息比对核查结果有异议，应于收到本告知书之日起30日内，向本区住房保障部门提出复查申请，并提交有关证明材料，逾期提出申请的，不予受理。经区住房保障管理部门复查异议成立的，我们将恢复后续审核工作，逾期未提出复查申请或经复查异议不成立的，我们将终止对你家庭的资格审核工作。”2019年3月28日，朱某在国家税务总局个人所得税App中就任职受雇信息事项进行申诉，申诉类型为“从未在职”，被申诉对象为北京某公司，补充说明载明：盗用个人信息。后该个人所得税App向朱某反馈申诉结果：经核实，该单位不是您的任职单位，我们已经为您进行了处理。北京某公司主张使用朱某姓名在税务系统进行相应申报经过朱某同意，但未提供相应证据证实。

【案件焦点】

1. 北京某公司冒用他人姓名进行税务登记是否侵犯他人姓名权；2. 侵犯他人姓名权应如何承担侵权责任。

【法院裁判要旨】

北京市石景山区人民法院经审理认为：北京某公司未经朱某同意擅自使用朱某姓名在税务系统中为朱某申报工资薪金收入，属于盗用朱某姓名行为，侵犯了朱某的姓名权，应当依法承担侵权责任。截至法庭辩论终结之日，北京某公司已停止使用朱某姓名进行相应税务申报，朱某要求判令北京某公司停止盗用其姓名的诉讼请求已无必要，对该诉讼请求不予支持。经朱某申诉，税务部门已对北京某公司盗用其姓名的行为作出处理并反馈，朱某要求判令北京某公司在相关税务系统中删除相应纳税信息的诉讼请求亦无必要，对该诉讼请求不予支持。朱某要求北京某公司赔偿精神损害费5000元，综合北京某公司侵权的时间、方式及程度，该侵权尚未造成严重后果，对朱某该项诉讼请求不予支持，但北京某公司应就其侵权行为向朱某书面赔礼道歉，对朱某要求北京某公司赔礼道歉的诉讼请求予以支持，关于赔礼道歉的方式，本院综合本案情况予以确定。朱某要求北京某公司赔偿律师费10000元，该项主张无法律依据，对此不予支持。朱某要求北京某公司赔偿公共租赁住房补贴损失每年15000元，因该项损失尚未实际发生且数额未定，对此亦不予支持，如本案判后朱某确实发生该项损失，可另行主张。朱某要求北京某公司赔偿交通费1121元，朱某因北京某公司案涉侵权行为确实发生相应交通费用，综合本案情况，本院对该项费用数额酌定为900元。

综上所述，依照《中国人民共和国民法总则》第一百一十条、《中华人民共和国侵权责任法》第六条规定，判决如下：

一、北京某公司于本判决生效后7日内以书面方式向朱某赔礼道歉（赔礼道歉内容需经本院审核，如北京某公司不履行本项判决内容，本院将依朱某申请，将本判决书的主要内容在北京市发行的报刊上进行刊登，所需费用由北京某公司负担）；

二、北京某公司于本判决生效后7日内赔偿朱某交通费900元；

三、驳回朱某的其他诉讼请求。

【法官后语】

姓名权作为自然人基本的区分符号之一，是每个自然人人格权的基本内容。《中华人民共和国民法典》第一千零一十二条规定："自然人享有姓名权，有权依法决定、使用、变更或者许可他人使用自己的姓名，但是不得违背公序良俗。"第一千零一十四条规定："任何组织或者个人不得以干涉、盗用、假冒等方式侵害他人的姓名权或者名称权。"根据以上规定，侵害自然人姓名权的行为主要有两种表现形式：一是干涉他人行使姓名命名权、更名权、使用权的行为；二是盗用、假冒他人姓名的行为。盗用他人姓名的行为只要符合构成侵权责任的四个要件，即侵犯了他人的姓名权。第一，客观上存在盗用他人姓名的违法行为。第二，有损害事实。一般情况下，自然人姓名被冒用、盗用，本身就伴随着"被盗""被冒"这类侵害后果的发生，所以这类姓名权侵权纠纷中，只需要客观上存在侵权行为即可认为存在损害后果，不需要举证证明造成其他损失。但是，若原告提出存在物质损害赔偿的请求，则其负有证明产生实际物质损害后果的责任。第三，侵权行为与损害事实之间存在因果关系，即由于他人的侵权而造成被侵权人财产或人身上的损失或损害，二者之间存在前者引起后者的客观联系。由于姓名权纠纷案件的侵权行为表现形式和损害事实比较容易判定，因此在因果关系的证明上，只要证明侵权行为与损害事实之间存在客观的、合乎规律的联系即可。对于给被害人造成的精神痛苦，违法行为的产生随即产生损害后果，无需举证证明。对于物质损失的发生则需举证证明。第四，侵权行为人主观上有过错。侵害姓名权的行为一般表现为故意，如果行为人因过失而将他人姓名弄错，不应认定为侵害姓名权。在侵害姓名权的诉讼中，原告只要证明被告实施了侵权行为，就可以推定为被告对自己实施的侵权行为具有主观过错。而被告应承担证明自己不存在过错的证明责任。

姓名权纠纷案件的最终目的在于确定侵权责任。根据《中华人民共和国民法典》的规定，姓名权纠纷类案件的侵权责任认定主要涉及停止侵害、赔偿损失、赔礼道歉、消除影响等。停止侵害、赔礼道歉、消除影响这三种方式比较容易确定和操作。赔偿损失因涉及举证，成为判定的重点。若被侵权人主张物质损害赔偿，根据侵权责任构成要件，被侵权人需证明产生实际物质损害后果；若被侵权人主张精神损害抚慰金，我国目前立法已经明确要求：因侵权致人精神损害，但未造成严重后果，受害人请求赔偿精神损害的，一般不予支持，人民法院可以根据情形判令侵权人停止损害、恢复名誉、消除影响、赔礼道歉。就损害赔偿是否应当包含律师费，一般而言，当事人可以以自己的名义参加全部诉讼活动，律师费用并非必然发生的费用，因此诉讼中产生的律师费与被告的侵行为没有必然的因果关系，且法律或相关司法解释没有明确规定侵害姓名权纠纷案件中侵权人应承担律师费，因此被侵权人主张该费用缺乏法律依据。

编写人：北京市石景山区人民法院　李秦进

46

肖像权侵权行为与免责事由的认定

——韩某诉蓝翔学校、搜狐公司肖像权案

【案件基本信息】

1. 裁判书字号

北京市第一中级人民法院（2019）京01民终6350号民事判决书

2. 案由：肖像权纠纷

3. 当事人

原告（被上诉人）：韩某

被告（上诉人）：蓝翔学校

被告（被上诉人）：搜狐公司

【基本案情】

韩某为电子竞技选手，多次获得国际国内比赛冠军，并从事游戏解说、游戏频道主持和参加综艺节目等工作，别名××，在业内有一定影响力。

2017年11月2日，韩某申请提取保全内容，证实山东蓝翔电竞专业网站（www. sdlxdj. cn）发布内容如下：首页拼接大图左侧为一蒙面人，右侧为韩某头戴白色耳麦操作游戏的半侧脸照片，图片中央大号文字为“电子竞技运动与管理专业”，次级文字为“培养数字娱乐行业应用型精英”，最小字体为：2016年9月2日，教育部职业教育与成人教育司发布《关于2017年高等职业学校招生专业申报工作的通知》，公布了2016年的13个增补专业，其中包括“电子竞技运动与管理”，专业代码670411，属于教育与体育大类。2013年，国家体育总局决定成立一支由17人组成的电子竞技国家队，出战第四届亚洲室内和武道运动会。下方有咨询专业的链接按钮，对电子竞技不同于网络游戏，市场现状及相关内容排列，注明该专业的课程由基础课、专业课、实训课及岗前培训构成，保证了学生从零基础到精通，最终直接进入企业工作。下方为专业师资团队及该专业成立的相关新闻图片。

搜狐体育项下体育创业动态栏目于2017年11月2日刊登了名为《学习电竞哪家强？山东蓝翔开设电子竞技学院》的配图文章，显示来源为“体育产业生态圈”，文章版头图片与前述蓝翔学校网站图片相同，内容主要为蓝翔学校开设新的电竞学院的相关介绍。当日，搜狐体育项下搜狐电竞中的电子竞技新闻频道发布题目为《蓝翔技校开招电竞学生，看名师资料尴尬癌都犯了》的文章，显示来源：搜狐体育，作者17173。文章使用相同图片，内容亦是关于蓝翔学校开设电竞专业招生的信息。

韩某起诉要求蓝翔学校、搜狐公司分别在蓝翔学校网站首页和搜狐网首页位置向韩某公开赔礼道歉，共同赔偿经济损失50万元、精神损失10万元、维权合理开支3.5万元，以上共计63.5万元。后韩某认可搜狐网系互联网公共平台，放弃对搜狐公司的诉讼请求。

【案件焦点】

1. 蓝翔学校使用韩某肖像的行为是否具有过错、是否属于侵犯肖像权的行为；

2. 韩某在本案中的肖像是否具有可识别性；3. 韩某的损失数额如何认定。

【法院裁判要旨】

北京市海淀区人民法院经审理认为：韩某是在电竞行业具有一定影响力的公众人物，其形象在该范围具备较高的公众识别度和商业价值。蓝翔学校系民办学校，具有一定经营性。该校在其电竞专业网站的主页面显著位置使用韩某的半侧面肖像拼接图片，图片中的文字及文章内容涉及其设立专业和招生事宜，系明显的宣传行为和商业性使用，且未经韩某许可，侵犯了韩某的肖像权。

北京市海淀区人民法院判决：

一、判决生效后十日内，蓝翔学校在其经营的山东蓝翔电竞专业网站首页（www. sdlxdj. cn）显著位置针对未经许可使用韩某照片的行为公开发布致歉声明，时间持续 72 小时；声明内容及位置需经法院审核；如不能履行本项判决，法院将在相关媒体公开判决书的主要内容，费用由蓝翔学校负担；

二、蓝翔学校赔偿韩某经济损失 15 万元及维权合理支出 2 万元，判决生效后十日内给付；

三、驳回韩某的其他诉讼请求。

蓝翔学校不服一审判决，提起上诉。北京市第一中级人民法院经审理认为：关于蓝翔学校使用韩某肖像的行为是否具有过错、是否属于侵犯肖像权的行为的问题。蓝翔学校认为其使用韩某肖像的行为不属于“以营利为目的”，故不属于侵权行为。关于侵犯肖像权是否需要将“以营利为目的”作为构成要件的问题。肖像权作为一种绝对权利，具有对世性和排他性。营利与否，只是肖像财产化利用的一部分。《中华人民共和国民法通则》第一百条首次提到了“以营利为目的”使用他人肖像的问题，但该条文是一种权利宣示性规定，意图在于明确其权利的正当性，并非侵权责任的要件构成规范。《最高人民法院关于贯彻执行〈中华人民共和国民法通则〉若干问题的意见（试行）》第一百三十九条也不能得出“以营利为目的”作为肖像权侵权责任构成要件的结论，该条只是对具体的侵犯肖像权行为的认定和解释。之后的《中华人民共和国侵权责任法》并没有将侵犯肖像权的行为规定为特殊侵权行为，而是将其作为一般侵权行为而承担一般侵权责任来处理。综上，行为人未经肖像权人同意而使用他人肖像构成一般侵权责任上的加害行为。“未经同意”就意味着主观上存在故意或者过失，而不论以何种目的使用肖像。蓝翔学校在不具有违法阻却事由的情况下，未经韩某同意，擅自使用其肖像作为电竞专业招生广告，应认定为存在过错。

关于涉案肖像是否具有可识别性的问题。肖像可识别性理论追求的是肖像与自然人外部形象之间的关联性，应就外部形象呈现之方法、特征、场合、相关文字说明等客观要件加以综合认定，同时应当考虑权利人的社会交往范围、社会知名度等，综合予以判断。蓝翔学校网站中使用的是韩某戴耳机侧脸的照片，该形象系韩某参加电竞比赛时的代表性形象，而蓝翔学校网站所要宣传的目标为电竞专业的招生，恰好是韩某从事的并具有一定影响力的专业领域。因此，涉案侧脸照片足以使人与韩某之间发生当然联想，应当认定该肖像的内容具有可识别性。

关于损失数额的认定问题，“以营利为目的”在认定赔偿责任大小上仍然具有重要意义。蓝翔学校上诉认为其是非营利性学校，使用韩某的肖像属于非营利性行为。对于“非营利性”一词所涉对象的认识，蓝翔学校存在逻辑误区：非营利性学校是对学校性质的界定，并不代表学校所为的一切行为皆为非营利性行为。对营利性的考察并非指向行为主体，而是指向具体行为。蓝翔学校利用韩某肖像做广告的目的在于提升其电竞专业的知名度和招生数量，应当认定为属于营利性行为。一审法院认定的赔偿数额能够体现对韩某肖像的财产价值的保护，本院予以维持。

综上所述，北京市第一中级人民法院判决：

驳回上诉，维持原判。

【法官后语】

肖像权是自然人对自己的肖像所体现的以利益为内容的人格权。关于肖像权侵权行为如何认定，何种行为属于肖像权侵权行为，尤其是“以营利为目的”是否为肖像权侵权的构成要件，以及是否存在合理使用肖像权的免责行为，均值得探讨。

1. 肖像权侵权行为的认定

理论上，肖像权的内涵包括自然人所享有的再现、使用并排斥他人侵害的权利。[①] 其中，再现权即制作自然人肖像的权利，需借助一定的物质载体；使用权包括公开展示、许可他人使用肖像等。由于肖像是人格尊严与价值的体现，因此未经

① 王利明主编：《民法》，中国人民大学出版社2010年版，第518页。

权利人同意制作或使用肖像足以构成对其肖像权的侵犯。具体而言，肖像权侵权行为应包含如下形态：未经同意制作肖像、未经同意使用肖像以及侮辱、丑化他人肖像等。

关于“以营利为目的”是否构成肖像权侵权构成要件的问题。关于肖像权侵权行为的认定，在《中华人民共和国民法典》（以下简称《民法典》）出台之前，主要的法律依据有：一是《中华人民共和国民法通则》（以下简称《民法通则》）第一百条规定，公民享有肖像权，未经本人同意，不得以营利为目的使用公民的肖像。该条中首次提到了“以营利为目的”使用他人肖像的问题。二是《最高人民法院关于贯彻执行〈中华人民共和国民法通则〉若干问题的意见（试行）》（以下简称《民法通则意见》）第一百三十九条规定，以营利为目的，未经公民同意利用其肖像做广告、商标、装饰橱窗等，应当认定为侵犯公民肖像权的行为。

虽然上述规定均提及使用肖像不得“以营利为目的”，但是，从文义解释来说，上述两条规定均不能直接得出“以营利为目的”构成肖像权侵权责任构成要件的结论。毋宁说，《民法通则》第一百条是一种权利宣示性规定，规定公民享有肖像权这一人格权利，意图在于明确其权利的正当性，而《民法通则意见》第一百三十九条也只是对具体的侵犯肖像权行为的认定和解释，二者均非界定肖像权侵权的构成要件。之后《中华人民共和国侵权责任法》第二条将肖像权纳入调整范围，但并没有将侵犯肖像权的行为规定为特殊侵权行为，而是将其作为一般侵权行为而承担一般侵权责任来处理。据此，应认定肖像权侵权责任的构成不需将“以营利为目的”作为构成要件。

另外，从肖像权的内涵来看，分属人格权项下的肖像权兼具财产利益与精神利益属性。并且，任何一种独立的权利都可以认为具有两个方面的权能，即积极权能和消极权能。肖像权人一方面可依其享有的肖像权而为制作、使用、公开肖像等活动，另一方面又具有排除他人为制作、使用、公开肖像的行为。① 可以看出，“以营利为目的”使用肖像仅涉及肖像权的财产利益和使用方面的权能，不足以覆盖肖像权保护的全部范围。而且《民法典》第一千零十九条规定，任何组织或者个人不

① 张红：《“以营利为目的”与肖像权侵权责任认定——以案例为基础的实证研究》，载《比较法研究》2012 年第 3 期。

得以丑化、污损，或者利用信息技术手段伪造等方式侵害他人的肖像权。未经肖像权人同意，不得制作、使用、公开肖像权人的肖像，但是法律另有规定的除外。未经肖像权人同意，肖像作品权利人不得以发表、复制、发行、出租、展览等方式使用或者公开肖像权人的肖像。进一步明确了只要未经肖像权人同意，他人包括肖像作品权利人均不得使用或者公开肖像权人的肖像，而不论是否以营利为目的。

综上，在肖像权的精神价值获得普遍认同的背景下，不应将“以营利为目的”认定为肖像权侵权责任的构成要件。在审判实践中，应基于肖像本身所承载的人格利益认定肖像权囊括的人格权内涵，将未经同意制作、使用他人肖像及侮辱、丑化他人肖像等均认定为肖像权侵权行为。

2. 肖像权的合理使用

将所有未经肖像权人同意而使用他人肖像的行为均认定为侵权，难免失之过严。《民法典》第一千零二十条规定，合理实施下列行为的，可以不经肖像权人同意：(1) 为个人学习、艺术欣赏、课堂教学或者科学研究，在必要范围内使用肖像权人已经公开的肖像；(2) 为实施新闻报道，不可避免地制作、使用、公开肖像权人的肖像；(3) 为依法履行职责，国家机关在必要范围内制作、使用、公开肖像权人的肖像；(4) 为展示特定公共环境，不可避免地制作、使用、公开肖像权人的肖像；(5) 为维护公共利益或者肖像权人合法权益，制作、使用、公开肖像权人的肖像的其他行为。据此，审判实践中还有必要厘清肖像权的合理使用行为，即基于利益平衡在特定情形下对肖像权进行限制，准许使用人在特定情况下可免予取得同意即使用肖像。

《民法典》第一千零二十条规定的肖像权合理使用情形可概括为，基于国家利益、社会公共利益、个人使用或为肖像权人自身利益之目的，制作或使用肖像。对肖像权的合理使用不应超出与该目的相适应的必要限度和范围。基于国家利益进行合理使用是指国家机关为依法履行职责在必要范围内制作、使用肖像权人的肖像；个人使用是指为个人学习、欣赏之目的使用肖像；为肖像权人自身利益之目的合理使用肖像的情况是指如寻人启事中使用失踪人肖像的情形。[①] 基于公共利益进行合理使用覆盖的情形比较广泛，如为新闻报道、科学研究、课堂教学等目的，在合理

① 王利明主编：《民法》，中国人民大学出版社2010年版，第519页。

范围和程度内使用他人肖像。考虑到完整的肖像权利益包括权利人在制作、公开和使用肖像方面的利益，且肖像权必须以作品形式予以展现，与著作权难以分离，[①]可基于肖像权与著作权在内涵、表现形式等方面存在的诸多实质关联，在著作权人的合法权益范围内认定肖像权的合理使用。在适用公共利益原则时，尤其需要注意合理界定公共利益的范畴，综合使用目的、形式、范围以及侵害程度等因素审查使用人的具体行为，避免因认定过宽损害肖像权人的利益。

本案中，蓝翔学校未经韩某同意擅自使用其肖像作为电竞专业招生广告，即属于实施了侵害韩某肖像权的侵权行为，存在过错。值得讨论的是，蓝翔学校能否以公共利益为由主张对韩某肖像权的合理使用。非营利性学校是对学校性质的界定，并不代表学校所为的一切行为皆为非营利性行为，本案中仍应具体考察其使用韩某肖像的行为是否具有非营利性。蓝翔学校使用韩某肖像之目的在于为其电竞专业做广告，以提升该专业的知名度和招生数量，其并未提供充分证据证明其上述行为纯粹系出于科研教学等公共利益之目的，故其不能援引公共利益原则主张对韩某肖像权的合理使用。

编写人：北京市第一中级人民法院　赵小军　黄慧婧

47

肖像权与著作权的法律冲突及价值衡量

——朱某东诉汉华易美公司肖像权案

【案件基本信息】

1. 裁判书字号

北京市第一中级人民法院（2019）京01民终1629号民事判决书

2. 案由：肖像权纠纷

---

① 浦增平：《肖像权保护模式的比较研究》，载《法律科学》1992年第4期。

3. 当事人

原告（上诉人）：朱某东

被告（上诉人）：汉华易美公司

【基本案情】

朱某东系北京东大正保科技有限公司法定代表人。2015年至2017年，朱某东先后获得“2015年度杰出贡献教育人物奖”“2016年度教育行业评选年度教育人物”“2017年度教育风云人物”等多项奖项。

2018年3月20日，登录汉华易美公司经营的视觉中国网站（www.vcg.com），网站中“关于我们”页面中有关视觉中国介绍中表示“视觉中国是一家国际知名的以‘视觉内容’为核心的互联网科技文创公司……视觉中国整合全球优质版权内容资源，通过互联网版权交易平台提供亿级的高质量、专业性的图片、视频及音乐素材……”；该网站中“编辑图片/搜索‘395505084’/正保远程教育集团总裁朱某东”页面中有涉案照片，页面右侧有“您无权下载”“正保远程教育集团总裁朱某东”。

朱某东诉称，汉华易美公司未经其同意，将其肖像照（以下简称涉案照片）放置于视觉中国网站（www.vcg.com）上进行复制、展示、销售，特别是以诉讼为手段，强迫使用朱某东肖像的企业进行巨额赔偿，牟取经济利益，汉华易美公司的侵权行为给朱某东造成了极大的负面影响，故诉至法院。

【案件焦点】

1. 汉华易美公司的行为是否构成对朱某东肖像权的侵害；2. 若汉华易美公司构成侵权，如何认定其责任承担方式以及赔偿数额。

【法院裁判要旨】

北京市海淀区人民法院经审理认为：汉华易美公司在其网站介绍中表示其为通过互联网向用户提供高质量、专业性的图片、视频及音乐素材的版权交易平台。其网站中的图片、视频及音乐素材系汉华易美公司向用户展示的可以对外授权许可的素材，汉华易美公司通过授权许可用户使用该素材而取得授权许可的对价，以此种方式获得相应的商业利益。汉华易美公司辩称涉案照片属于编辑类版权素材，而该种素材不需要取得肖像权人的许可，但根据其网站中关于“编辑类版权素材”的定义，涉案照片的拍摄源于《京华时报》对朱某东的个人采访，系通过特定角度选取朱某东的半身正面肖像为对象摆拍而成，并不属于具有时事新闻价值记录可以引起公众兴趣的单纯事实消息的版权素材。汉华易美公司的该项辩称无事实和法律依据，不予采信。

汉华易美公司未经朱某东许可在其网站中以对外授权许可为目的展示涉案照片，构成对朱某东肖像权的侵犯，汉华易美公司应承担相应的侵权责任。汉华易美公司虽辩称涉案照片来自其用户《京华时报》，但根据现有证据，并无证据证明《京华时报》已经取得朱某东的许可可以对外授权许可他人使用涉案照片。汉华易美公司的该项辩称，无事实和法律依据，不予采信。

汉华易美公司未经许可将涉案照片在其网站中以对外授权许可为目的进行展示，展示的同时在网页中对朱某东进行介绍表明了朱某东的姓名及其工作职务情况，该种行为属于对朱某东肖像权中所包含的财产性权利的侵犯，由此对朱某东要求汉华易美公司赔偿经济损失的请求，予以支持。朱某东要求汉华易美公司赔礼道歉的诉讼请求，无事实和法律依据，不再予以支持。关于赔偿损失的数额，朱某东未提供证据证明其因本次侵权造成的实际损失数额或汉华易美公司使用其肖像所产生的经济利益，故法院综合考虑朱某东的知名度、汉华易美公司的过错程度，对朱某东肖像的使用方式、使用范围、使用时间、网站影响力及当前的市场因素酌情确定为10000元。

综上，北京市海淀区人民法院判决：

一、本判决生效之日起，汉华易美公司立即停止侵权；

二、汉华易美公司于本判决生效后十日内向朱某东赔偿经济损失10000元；

三、驳回朱某东的其他诉讼请求。

朱某东、汉华易美公司不服一审判决，提起上诉。北京市第一中级人民法院经审理认为：1. 汉华易美公司的行为是否构成对朱某东肖像权的侵害。肖像权是自然人对自己的肖像享有利益并有权排除他人侵害的人格权利，受到法律保护，未经肖像权人同意不得随意使用他人肖像。任何人不得超出肖像权人许可或约定的范围使用肖像作品，即使是享有著作权的主体也不例外。涉案照片系朱某东正面半身肖像照，汉华易美公司主张该照片属于“具有时事新闻价值记录可以引起公众兴趣的单纯事实消息的”的编辑类版权素材，不需要肖像权人许可。对此本院认为，在《京华时报》的采访报道中使用涉案照片的确经过了肖像权人朱某东的许可，但当涉案照片被单独截取并以商业目的展示在汉华易美公司网站上时，其便不具备“时事新闻价值”属性，且该照片亦非出于公共安全之目的。因此，在未经朱某东本人同意的情况下，汉华易美公司在其网站中以对外授权许可为目的对涉案照片进行展示，构成对朱某东肖像权的侵犯。

汉华易美公司主张就涉案照片已经取得《京华时报》的授权，有权对外销售该照片的著作权，其并不构成对朱某东肖像权的侵犯。对于汉华易美公司的该项上诉意见，不予采纳，理由如下：首先，肖像权是人格权，侧重保护人格利益，肖像作品著作权属于知识产权，更侧重财产利益的保护。如果在一个摄影作品中同时存在着肖像权与著作权的双重权利，而双重权利分属两个不同权利主体时，肖像权和著作权两种权利之间并不会互相吸收，基于两种权利之间的价值差异，应对人身权益给予更高保障的立法精神，对著作权的行使不能损及肖像权。因此，享有著作权授权许可并非侵犯肖像权的免责事由。其次，涉案照片的著作权人为《京华时报》，汉华易美公司主张，《京华时报》授权后，其有权就涉案照片进行代理销售。但汉华易美公司并未提交证据证明《京华时报》对其就涉案照片进行授权许可。故针对汉华易美公司主张其享有涉案照片的著作权人授权许可的上诉意见，不予采纳。最后，即使汉华易美公司确有《京华时报》的授权许可，其对涉案图片所享有的著作权也不能影响朱某东对其所享有的肖像权利益进行保护。而本案中，并无证据证明《京华时报》已经取得朱某东的许可可以对外授权许可他人使用涉案照片，汉华易美公司亦未取得朱某东本人的认可。在未经肖像权人同意的情形下，汉华易美公司就涉案照片进行代理销售和使用，就是对朱某东肖像权的侵害，汉华易美公司是否得到著作权人的授权并不影响对朱某东肖像权侵权的成立。基于上述理由，汉华易美公司无论是否具备涉案照片的著作权许可，均不影响朱某东作为肖像权人对自身肖像权的保护。在未经朱某东同意的情况下，汉华易美公司将涉案照片作为商业用途进行展示的行为构成对朱某东肖像权的侵害，汉华易美公司应承担相应的侵权责任。

2. 若汉华易美公司构成侵权，一审法院认定的责任承担方式以及赔偿数额是否适当。朱某东上诉认为，汉华易美公司应就侵权行为进行赔礼道歉且一审法院判决赔偿数额过低。对此本院认为，侵权责任法第十五条虽然确定了八种民事责任的承担方式，但选择何种责任承担方式，既需要考虑受侵害的权利类型，亦需要考虑具体的侵害情节。汉华易美公司虽然侵害了朱某东的肖像权，但是，汉华易美公司在展示朱某东照片的同时也在网页中对朱某东进行了较为客观如实的介绍，与恶意使用导致受害人精神受到损害的情形存在明显差别。考虑到损害赔偿本身具有财产救济和财产惩罚的双重功能，故一审法院选择赔偿损失的责任承担方式并无不当。朱某东要求赔礼道歉的请求，不予支持。另外，本案一审法院根据朱某东的知名度、汉华易美公司的过错程度并结合对朱某东肖像的使用方式、使用范围、使用时间、网站影响力以及当前的市场因素等酌情确定汉华易美公司赔偿朱某东10000元的处理亦无不妥之处，朱某东主张经济损失50万元的请求欠缺事实依据，亦不予支持。依照《中华人民共和国民事诉讼法》第一百七十条第一款第一项规定，判决：

驳回上诉，维持原判。

【法官后语】

本案为因使用人物肖像摄影作品引发的侵权纠纷，虽然案由为肖像权纠纷，但案件核心涉及肖像权与著作权两种权利的交叉和冲突问题。在自媒体飞速发展的时代，人物肖像作品被不当使用的乱象频发，由此产生对权利人人格权或财产权的损害及两种权利之间的冲突会干扰权利秩序、不利于经济社会的稳定发展，作为居中裁判的人民法院，正确理解并有效调和权利之间的冲突具有重要意义。本案二审期间正值上诉人之一“视觉中国”黑洞版权风波，公众关注度高，社会影响面广，公正合法地处理本案不仅是法院定分止争的本质彰显，更是司法指引社会权利秩序良性发展的能动体现。

1. 肖像权与著作权冲突之根源

(1) 冲突的产生

传统法学理论一般认为，各种权利都有着自己的行使范围，权利之间也应有一定的界限。但在司法实践中，权利冲突的现象普遍存在，权利之间并不是完全分离的，而是相互交叉、彼此影响，因此在很多情况下，两项权利之间很难找到准确的分界线。同时一种利益的实现必定会影响到其他利益的实现，也正是由于这种利益冲突才最终导致了权利的冲突，这是权利产生冲突的根本原因。

肖像权与著作权分别作为人格权与知识产权的一种，看似彼此分离、互不干涉，但二者之间其实有着“深厚的渊源”。肖像，作为一种人格标识，既有法律上的意义，也有美术上的价值，肖像必须固定在物质载体上以作品的形式存在，从而与肖像权人客观上相脱离，由此，肖像作品一旦具备智力创作成果因素，便受到著作权法的保护，两种权利之间便产生了理论上的纠缠。此外，相较于著作权，自然人肖像权在权利的行使上更为被动和静态，而作品的著作权常被人们认为是一种主动的、动态的权利。因而在某些场合中主动的著作权很容易侵犯被动的肖像权，从此角度来看，作品中著作权与肖像权之间的冲突就十分容易发生。

(2) 本案冲突类型之具体分析

作品之所以称为“作品”，在于其独创性的表达，如果一幅摄影作品以人物肖像为对象和内容，一旦完成创作或拍摄，无论是否发表，都产生了著作权，而肖像权人在此作品之上当然地享有其肖像权。本案中，涉案照片的拍摄，朱某东表示系《京华时报》对其采访过程中，由《京华时报》的工作人员胡某柏拍摄而成。那么在涉案照片上，便同时体现两方面的权益，一方面是肖像作品著作权人（《京华时报》）所享有的著作权；另一方面是肖像权人（朱某东）就该肖像所享有的人格利益。一幅摄影作品上存在着肖像权与著作权的双重权利，而双重权利分属两个不同权利主体。此时，肖像权和著作权两种权利之间并不会互相吸收抑或相互湮灭，反而有可能在不同权利主体行使权利过程中产生冲突。本案中，汉华易美公司认为其因著作权人《京华时报》的授权而享有著作权利，而在行使著作权时与肖像权人朱某东发生冲突，此为本案争议的最核心内容。

(3) 冲突之下的司法调和

“权利的绝对平等保护”固然为司法的最理想状态，但现实中错综复杂的民事法律关系，使得司法裁判过程中不得不面对和处理权利间的交叉和紧张关系。诚如美国法哲学家E. 博登海默所指出的那样，法律的主要作用之一就是调整及调和种种相互冲突的利益，而“这在某种程度上必须通过颁布一些评价各种利益的重要性和提供调整这种种利益冲突标准的一般性规则方能实现”①。可以说，在权利的体系中，权利位阶的存在基本上是一个不争的事实，但权利位阶之所以没有整体的确定性，主要是由于涉及价值判断而很难确定，基于人类对价值问题认识的有限能力，我们无法脱离具体情形而先在地把每个权利正确地镶嵌在权利体系的图谱之上，以此解决任何可能出现的权利冲突。所以，在个案中进行具体的考量，就成为

① ［美］E. 博登海默：《法理学：法律哲学与法律方法》，邓正来译，中国政法大学出版社1999年版。

人们认识权利位阶，解决权利冲突的暂定方案。

通过个案对权利进行位阶的排序进而判断行为人是否侵权，也许会存有争议，但类似方法的运用在处理较为复杂的案件中是不可避免的，否则就可能无法确定性地解决权利冲突，毕竟法院不能拒绝裁判。正如拉伦兹所说，面对权利冲突，司法裁判不得不根据它在具体情况下赋予各该法益的“重要性”，来从事权利或法益的“衡量”。本案中著作权的行使是否侵害到肖像权人的利益，也需要通过权利之间的价值差异以及利益衡量来进行判断。

2. 肖像权与著作权之利益衡量

（1）从权利位阶的角度，人格权优先于财产权

权利冲突是法律世界的正常现象。在司法的调和中，“权利位阶”则是解决权利冲突的重要方式之一，为法官提供了可靠的选择机制，即优位权利者优先于低位权利者得以实现，低位权利者需容忍优位权利的“侵害”。例如，宪法所保护的基本权利与一般法律中规定的权利相比，前者应当优先于后者受到保护；再如，人格权（尤其是生命权、身体权等）由于内在于人且具有绝对的不可侵犯性，在与财产性权利发生冲突时，一般应当优先保护。针对本案中的肖像权与著作权来说，肖像权关涉人的基本尊严，属于人格权的一种。而在《中华人民共和国著作权法》第十条规定的著作权所包含的权利中，尽管包括了发表权、署名权、修改权以及保护作品完整权四项人身性质的权利，但著作权更多的仍是强调发行权、复制权等财产权能，主要还是一种财产性权利。因此，从权利位阶的角度而言，肖像权应该优先于著作权受到保护。

（2）从法益衡量的角度，肖像权应优先于著作权

《中华人民共和国民法典》（以下简称《民法典》）第一百一十条与第一百二十三条中分别规定了民法所保护的自然人肖像权及民事主体知识产权。虽然为民法所同等保护，但肖像权作为一项基本人格权，为每个自然人所与生俱来，它从自然人诞生之时即存在，具有天然的合理性，是人之为人的基本权利之一，任何自然人都享有并且不得放弃、不得被剥夺。而著作权并非每个自然人都实际享有的权利，只有进行了创造活动并创作出实体作品的人才能够享有，它存在于人的脑力延伸载体之中，属于一种“后来权利”，体现为一种派生利益。[1] 当二者出现冲突时，基本

---

① 张红：《肖像权保护中的利益平衡》，载《中国法学》2014 年第 1 期。

权利（肖像权）理应优先于派生权利（著作权）进行保护。

（3）本案两种权利的利益衡量

本案中，汉华易美公司主张，《京华时报》授权后，其享有著作权的相关权利，有权就涉案照片进行代理销售，因此涉案照片并未侵犯朱某东的肖像权。我们认为，享有著作权授权许可不能成为侵犯肖像权的免责事由。基此，当一幅作品中同时承载着肖像权和著作权两种权利，并且分属不同的权利主体时，权利主体应当在各自的权限范围内行使权利。当出现权利冲突时，无论是从权利位阶的角度还是从法益衡量的角度而言，肖像权都应当优先于著作权进行保护，申言之，肖像作品著作权人的权利受制于肖像权，著作权人在行使相关权能时，须经过肖像权人的同意或授权，而此种同意或授权，基于肖像权的自然人专有民事权利属性，不能以默示的方法来确认对该权利的放弃。

具体到本案，即使是著作权人《京华时报》对涉案照片的使用也须经过肖像权人朱某东的许可，超出许可或约定范围行使著作权会损害肖像权人的合法权益。汉华易美公司将涉案照片作为商业用途进行展示，未经肖像权人的许可，构成对朱某东肖像权的侵害。即使汉华易美公司确有《京华时报》的授权许可，在未经肖像权人同意的情况下，汉华易美公司的行为依然构成对朱某东肖像权的侵犯。根据本案现有证据可知，在《京华时报》的采访报道中使用涉案照片的确经过肖像权人朱某东的许可，但并无证据证明《京华时报》已经取得朱某东的许可可以对外授权许可他人使用涉案照片，汉华易美公司的使用亦未取得朱某东本人的认可。此外，涉案照片被单独截取并以商业目的展示在汉华易美公司网站上时，其便不具备“时事新闻价值”属性，不属于《民法典》第一千零二十条规定的合理使用的情形。因此，汉华易美公司在其网站中以对外授权许可为目的对涉案照片进行展示，构成对朱某东肖像权的侵犯。

需要指出的是，本案是基于双方既无授权、亦无约定同时也不属于合理使用作品的情况而作出的裁量。对肖像作品而言，当其承载了不同主体的肖像权和著作权时，对于这种冲突的解决和应对，法院在裁判过程中，不宜机械地进行权利排序，还要根据具体案情，包括当事人之间就权能行使是否有约定、是否符合侵权构成中的违法阻却事由（如公共利益）等综合进行判断和认定，尽可能实现同一作品中肖像权与著作权之间的利益平衡，并以此使得肖像作品的社会价值最大化。

编写人：北京市第一中级人民法院　张军　刘雅璠

四、一般人格权纠纷

（一）隐私权纠纷

48

空间隐私权的权利保护及权利边界

——张甲诉张乙隐私权案

【案件基本信息】

1. 裁判书字号

北京市第三中级人民法院（2019）京03民终7526号民事判决书

2. 案由：隐私权纠纷

3. 当事人

原告（上诉人）：张甲

被告（被上诉人）：张乙

【基本案情】

张乙曾是某公司销售经理，张甲曾是张乙的上级主管。

2018年7月4日，张甲与张乙分别入住北京某饭店×1房间、×2房间。张乙于该日晚偷录了张甲在房间内与他人电话通话内容并发送给某公司部分人员。

2018年7月25日，某公司向张乙作出《即时解除劳动合同通知书》，后张乙对此向天津市东丽区劳动人事争议仲裁委员会申请劳动仲裁。2018年10月23日，该仲裁委作出仲裁裁决，认为某公司提供的酒店监控录像中的人员模糊不清，无法核实真实身份，提供的电子邮件的往来对象为其个人及某公司其他领导，无法据此认定张乙泄露公司技术或商业秘密。某公司在《即时解除劳动合同通知书》上未注明解除合同的理由，在仲裁庭审中亦无法就其所述提供证据证明，故其解除劳动合同不符合法律规定，应承担相应的法律责任。该仲裁裁决作出后，某公司因不服该仲裁裁决，向法院起诉。

张甲认为张乙侵害了张甲的隐私权，故提起本案诉讼。

【案件焦点】

1. 张乙在房间外对张甲在其酒店房间内的电话交谈内容进行录音并将录音内容以电子邮件的方式向特定人发送，该行为是否造成张甲的隐私利益遭受侵害的后果；2. 张乙关于偷录系为维护自身合法权益之目的、内容不涉及隐私、未将录音广泛传播的意见是否构成其侵害张甲隐私权的抗辩事由。

【法院裁判要旨】

北京市朝阳区人民法院审理后认为：案涉酒店监控录像中人员模糊不清，无法核实真实身份；张甲提供的电子邮件截图为影印件，未提供该邮件之附件亦未详述其内容，张乙不认可其真实性。张甲提交的证据无法证明张乙侵犯其隐私权。依照《中华人民共和国民事诉讼法》第六十四条规定，判决：

驳回张甲的诉讼请求。

张甲不服一审判决，提起上诉。北京市第三中级人民法院审理认为：张甲被录音时处于其酒店房间内，酒店房间具备封闭、独立之特征，与公众空间分隔，系张甲个人空间。张乙称其在自己房间即可听到张甲谈话，不能改变其后续录音和传播行为的违法性。张甲对其在个人空间内的谈话不被偷听、偷录享有合理期待，其不具有谈话为他人知悉的意愿，未以任何形式放弃隐私利益。故张乙对张甲在个人空间内的谈话进行录音并发送给他人构成侵犯张甲的隐私权。

录音当时，某公司尚未解除与张乙的劳动合同，张乙希望借录音内容要求单位领导介入相关人事纠纷。张乙以侵犯张甲隐私权的形式获取录音，在张甲的隐私权与张乙所称其劳动争议需领导关注并介入的利益存在冲突时，张乙并未被剥夺以其他正当方式实现其利益的途径，其所持排除侵权行为违法性的利益并不具备迫切性和必要性，亦不属于公共利益和公共安全范畴。故张乙辩称偷录系为维护自身合法权益，不构成阻却违法性的抗辩事由。关于张乙所持录音内容不涉及隐私、其并未对录音进行广泛传播的抗辩理由，本院认为，张乙对张甲个人空间隐私权的侵犯不以录音内容是否涉及隐私以及偷录内容是否被传播为要件，张乙在他人房间外的偷录行为一经发生即构成对他人空间隐私权的侵害，不以录音内容是否涉及隐私及传播为要件。故对其该项抗辩意见，不予采纳。

张甲请求张乙删除录音内容并向其道歉，属合理的侵权责任承担形式。张甲仅证明张乙存在录音行为，故对其要求张乙删除录制的视频或其他方式储存的信息资料的请求，不予支持。依照《中华人民共和国民法总则》第一百一十条，《中华人民共和国侵权责任法》第二条、第六条、第十五条，《中华人民共和国民事诉讼法》第一百七十条第一款第三项规定，判决：

一、撤销北京市朝阳区人民法院（2018）京0105民初82312号民事判决；

二、张乙于本判决生效之日立即删除其于2018年7月4日至2018年7月6日在北京某饭店录制的有关张甲的音频，并不得保留任何形式的副本；

三、张乙向张甲书面赔礼道歉（道歉内容须于本判决生效后十日内送本院审核，如其不履行，本院将公开刊登本判决主要内容，所需费用由张乙承担）；

四、驳回张甲的其他诉讼请求。

【法官后语】

1. 空间隐私权及权利客体

隐私是自然人的私人生活安宁和不愿为他人知晓的私密空间、私密活动、私密信息。《中华人民共和国民法典》将私密空间作为隐私的内容予以保护。[①] 隐私权是自然人享有的私人生活安宁与私人信息依法受到保护，不被他人非法侵扰、知悉、搜集、利用和公开的一种人格权。[②] 隐私权的内容不仅包括信息隐私权，还包含空间隐私权。空间隐私权是权利人享有的在特定私密空间内不受他人窥伺、侵

---

① 自2021年1月1日起施行的《中华人民共和国民法典》第一千零三十二条规定，自然人享有隐私权。任何组织或者个人不得以刺探、侵扰、泄露、公开等方式侵害他人的隐私权。隐私是自然人的私人生活安宁和不愿为他人知晓的私密空间、私密活动、私密信息。

② 张新宝主编：《互联网上的侵权问题研究》，中国人民大学出版社2003年版，第171－172页。

入、干扰的权利。判断是否侵犯他人的空间隐私权，首先应确定该空间是否属于空间隐私权所保护的私密空间。权利人的私密空间即为空间隐私权的权利客体，该空间不仅是物，更是权利人人格性权利的载体，其既包括权利人可支配的绝对隐私空间，如私人住宅，也包括在公共空间下权利人具有合理隐私期待的有限私密空间。

本案中，张甲所处酒店房间属于其私密空间。首先，张甲处于与公众空间相分隔、受其支配由其专属居住的房间；其次，张甲在该房间内通话时房门关闭，通过空间特征及行为已经传达出其意欲通过物理层面的密闭与隔离实现对其隐私的保护；再次，张甲对其所处空间内发生的谈话不被偷听、偷录享有期待；最后，张甲所处其专属居住使用的酒店房间系社会普遍认可的隐私空间，其在该房间内进行通话以保障其隐私的期待亦被社会普遍承认是合理的。故张甲享有在该私密空间内不受他人窥伺、侵入、干扰的权利。

2. 侵犯空间隐私权的构成要件及责任承担

侵害空间隐私权的侵权责任构成应当符合一般侵权责任的构成要件：(1) 关于加害行为，空间隐私权属于绝对权，其要求义务主体承担不作为的消极义务，义务人只要不为积极的妨害或干涉权利主体行使空间隐私权的行为即可，侵犯空间隐私权通常表现为一种积极的作为，即做出一定的动作或动作系列而对他人的私密空间造成侵害；[①] (2) 关于损害事实，空间隐私权被侵害的损害后果通常不是造成直接财产利益损失，而是使被侵权人在精神上遭受“高度冒犯”等精神损害；(3) 关于因果关系，精神损害的结果往往与加害行为相伴而生，只要有侵害隐私权的行为，就必然有精神损害，这种因果关系一般不需要被侵权人单独举证证明；(4) 关于主观过错，行为人应当具有侵害他人空间隐私权的故意或过失。

侵害空间隐私权的责任承担方式主要为：停止侵害、赔偿损失和赔礼道歉。除侵入隐私空间外，该类侵权行为往往处于持续状态，适用停止侵害，可及时制止侵权行为，防止侵权行为的延续及损害后果扩大，具体体现为拆除录音录像设备、删除侵权信息、文件等。空间隐私权被侵害，权利人所遭受的损失主要为精神损失，也包括附带性财产损失。同时可依被侵权人请求，采取非公开赔礼道歉的方式，既可防止被侵权人的隐私公开范围扩大，又可减轻侵权行为对被侵权人造成的损害。

---

① 蔡长伟：《空间隐私权保护研究》，中南大学2013年硕士学位论文。

3. 空间隐私权的边界

空间隐私权系属私权，其权利的行使应当存在边界。一方面，空间隐私权的权利范围受到公共利益等的限制。隐私的概念天然地涉及其和社会之间的关系，法律上所保护的只是那些与公共利益无关的私人生活和私人信息，私人利益应当受到公共利益的制衡。① 空间隐私权作为隐私权的一种，具有可克减性，即出于维护公共利益等需要可对隐私权进行一定的限制。② 自然人的空间隐私权与公共利益发生冲突时，在符合特定目的与法定程序的前提下，空间隐私权的行使应当让步于公共利益。另一方面，空间隐私权的权利行使亦应当具有正当性。空间隐私权的行使必须符合诚实信用原则，不得滥用权利、妨碍他人利益的正当享有，权利人只有在不妨碍他人利益的情况下行使自己的隐私权，其权利行使行为才具有正当性。③

本案中，张乙系以侵害他人隐私权的手段制作录音，且张乙存在实现其所主张利益的其他合法途径，张乙所持排除其侵权行为违法性的利益并不具备迫切性和必要性，不符合利益衡量原则，张乙所持抗辩事由亦不属于公共利益和公共安全范畴，不构成对张甲空间隐私权的合理限制。

编写人：北京市第三中级人民法院　付辉　石艳明

---

① 王利明：《人格权法研究》，中国人民大学出版社 2018 年版，第 601 页。
② 王利明：《人格权法研究》，中国人民大学出版社 2018 年版，第 554 页。
③ 王利明：《人格权法研究》，中国人民大学出版社 2018 年版，第 601 页。

49

侵犯隐私权案件中侵权结果发生地不当然包括起诉人住所地

——范某诉某银行、萧某隐私权案

【案件基本信息】

1. 裁判书字号

北京市顺义区人民法院（2019）京 0113 民初 25603 号民事裁定书

2. 案由：隐私权纠纷

3. 当事人

起诉人：范某

被起诉人：某银行、萧某

【基本案情】

萧某于 2019 年 4 月 4 日陪同程某到 × 市某银行打印程某流水，由于萧某在 2018 年 9 月 18 日至 21 日委托程某替他向范某公司刷卡支付了一笔贷款，故查询打印程某账户该段时间的流水明细。但由于萧某误将范某的账号提供给银行工作人员，导致银行工作人员一时失误，打印了范某的流水。事后萧某将此事告知了范某。

范某认为萧某和某银行侵犯了自己的隐私，虽然此事发生在 × 市，但二被起诉人认为侵犯的是自己的隐私权，而隐私权与自己的生活起居息息相关，因此侵权结果发生地应当为自己的居住地，故向自己的居住地北京市顺义区人民法院提起民事诉讼。

【案件焦点】

侵犯隐私权案件中侵权结果发生地是否当然包括起诉人的住所地。

【法院裁判要旨】

北京市顺义区人民法院经审查认为，当事人向人民法院提起民事诉讼应当符合法律规定的起诉条件，条件之一即为属于受诉人民法院管辖。隐私权是指自然人享有的对自己的个人秘密和个人私生活进行支配并排除他人干涉的一种人格权。范某以隐私权纠纷为案由提起诉讼，该诉讼属于侵权之诉，根据《中华人民共和国民事诉讼法》第二十九条和《最高人民法院关于适用〈中华人民共和国民事诉讼法〉的解释》第二十八条规定，侵权之诉，由侵权行为地或被告住所地人民法院管辖，侵权行为地包括侵权行为实施地、侵权结果发生地。

1. 被告住所地。二被起诉人住所地及经常居住地均不在北京市顺义区，不适用“被告住所地”的确定管辖。

2. 侵权行为实施地。根据起诉人提交的起诉状及两份个人声明书亦可看出，起诉人主张二被起诉人涉嫌的侵权行为是指未经起诉人同意，被起诉人打印了起诉人的银行明细清单，该行为的实施地在某银行×市支行营业厅内，亦不在北京市顺义区，故不适用“侵权行为实施地”的确定管辖。

3. 侵权结果发生地。一般而言，侵权行为实施地与侵权结果发生地是同一的（特殊情形下存在分离）。侵权结果发生地是侵权行为直接产生结果的发生地，不等同于原告住所地。侵权结果的发生地应当理解为侵权行为直接产生结果的发生地，不能以权利人认为受到损害就认为原告所在地就是侵权结果发生地。换言之，本案系隐私权纠纷，侵权结果的发生地应当是该隐私被他人知晓地方，而并非权利人知晓其隐私被他人知晓的原告住所地。作为起诉人个人隐私的银行明细清单的秘密性，当被他人知晓后即不复存在了，起诉人隐私权受到损害的后果即时发生。二被起诉人涉嫌侵权行为的实施（打印了范某的银行明细清单），和侵权结果的发生（让萧某、程某知晓了该银行明细清单内容），是一个连贯的银行业务流程，故侵权结果应当最先发生在侵权行为实施地×市，而非北京市顺义区，不应适用“侵权结果发生地”确定管辖。

综上，北京市顺义区人民法院认为对本案没有管辖权，裁定对该案不予受理。

【法官后语】

关于隐私权案件侵权行为地的认定，实务界有一种错误的观点，即只要侵犯了隐私权，被侵权人的住所地就当然是侵权结果的发生地。持该观点主要有以下两点理由：(1) 从隐私权的特点来看，隐私权是比较私密的权利，与人身有直接紧密联系，因此侵犯隐私权必然以被侵权人的住所地为侵权结果发生地；(2)《最高人民法院关于审理名誉权案件若干问题的解释》(已于2021年1月1日失效，以下简称《解释》) 规定了名誉权侵权案件，被侵权的公民、法人和其他组织的住所地，可以认定为侵权结果发生地。隐私权纠纷也是人格权纠纷，可以类比适用该司法解释。

本案认为，隐私权侵权案件不应当比照适用名誉权案件的管辖规则。首先，隐私权和名誉权尽管同属于人格权，但是两类人格权的侵权结果表现形式不同，故侵权结果发生地不同。名誉权是指自然人、法人、其他组织享有的维护自身获得公正社会评价的权利，其目的是使社会群体知晓其品行、思想、道德、作用、才干等方面后，对其产生较为积极正面的社会评价，而往往对其作出社会评价的主体多数是权利人周边区域的社会群体。一旦侵犯其名誉权，势必影响到权利人周边区域社会群体对其的评价。故《解释》明确规定名誉权的侵权结果发生地包括被侵权人的住所地，符合名誉权的本质特征。而隐私权和名誉权则完全不同，从行为本质上说，名誉是让他人知晓，隐私是不让他人知晓。隐私权是指自然人不愿公开或让他人知悉个人秘密的权利，侵犯隐私的结果也必然是被侵权人的隐私在未经同意的情况下被他人知晓，侵权结果的发生地应当是该隐私被他人知晓的地方。因此，在隐私权侵权案件中，侵权结果发生地并不应当然包括被侵权人的住所地。其次，从《解释》出台的背景和目的来看，当时法律一并规定了名誉权、姓名权、肖像权等众多人格权，但是该司法解释无论是从字面还是内容上都可以看出是针对名誉权这一项人格权作出的，并未扩大适用。因此不能认为隐私权纠纷当然可以比照适用该司法解释。

就本案来说，某银行打印了范某的银行明细清单，让萧某、程某知晓了该银行明细清单内容，但该信息并未扩散被其他人知晓。知晓起诉人信息这一结果（侵权结果）仅仅发生在某银行内，因此，不能认定侵权结果发生在起诉人的住所地，故法院作出上诉裁定。

本案的意义在于阐述和解释了法院对于隐私权侵权案件侵权行为地和侵权结果发生地的认定思路和法律依据，不仅对于厘清该类案件的管辖有重要意义，对于厘清其他人格权侵权案件的管辖问题也有一定的参考作用。

编写人：北京市顺义区人民法院 成鹏 张莉

（二）其他

50

互联网群主将群成员移出群组是否构成侵权

——贺某凤诉肖某人格权案

【案件基本信息】

1. 裁判书字号

重庆市合川区人民法院（2019）渝0117民初6017号民事裁定书

2. 案由：人格权纠纷

3. 当事人

原告：贺某凤

被告：肖某

【基本案情】

肖某系重庆市合川区某小区的物业服务人员，也系该小区业主群的群主。贺某凤系该小区业主、业主群成员之一。贺某凤于2019年5月1日在业主群发表了物业涨价无合法程序及相关手续的言论。次日，肖某将贺某凤移出该群。后贺某凤曾要求重新进入该群但被拒绝。贺某凤认为肖某的行为严重侵害了其人格权，故向法院提起诉讼，要求判令肖某：（1）赔偿贺某凤精神损害费抚慰金10000元；（2）在某小区业主群向贺某凤连续公开道歉三天。

【案件焦点】

1. 互联网群主与群成员之间的入群、退群行为性质如何认定；2. 互联网群主将群成员移出群组是否侵害了群成员的名誉权。

【法院裁判要旨】

重庆市合川区人民法院经审理认为：群主与群成员之间的入群、退群行为，应属于一种情谊行为，可由互联网群组内的成员自主自治。肖某并未对贺某凤的名誉、荣誉等进行负面评价，没有侵权行为，贺某凤提出的重新入群、赔礼道歉等主张，系基于其被肖某移出群组行为而提起，不构成可以提起本案侵权民事诉讼的法定事由，不属于人民法院受理民事诉讼的范围。

重庆市合川区人民法院依照《中华人民共和国民事诉讼法》第一百一十九条、第一百五十四条规定，作出如下裁定：

驳回贺某凤的起诉。

【法官后语】

互联网群组，是指互联网用户通过互联网站、移动互联网应用程序等平台建立的，用于群体在线交流信息的网络空间，如微信群、QQ群、微博群、贴吧群、陌陌群、支付宝群聊等各类互联网群组。当下互联网空间的交往日益频繁，对于互联网空间内群组成员之间的行为该如何评价？群成员是否可就其被群主强制移除群组的行为提起诉讼？从法理上看，上述两个问题主要涉及情谊行为与民事法律行为的区分以及对民法调整范围的理解。

1. 情谊行为与民事法律行为的区别与联系

情谊行为是当事人之间基于信任或信赖而建立的事实关系，典型的如好意施惠行为，是指施惠人并无受法律约束之意愿，仅出于帮助、关爱他人之目的而实施的有利于增进受惠人利益的无偿行为。民事法律行为是民事主体通过意思表示设立、变更、终止民事法律关系的行为。民事法律关系主要体现为权利和义务，因而民事法律行为会产生当事人期望的法律后果，主要是法秩序对当事人自主意思特别是当事人具有受法律拘束意思的尊重和认可。相较而言，情谊行为与民事法律行为的本质区别在于，前者当事人之间就其约定欠缺法律和行为上的法律效果意思，无受其拘束的意思，不具有缔结法律关系的意图，即没有为自己设定法律上的权利义务并承担责任的意思。

情谊行为本身主要是受道德、宗教、礼仪、习惯等非法律规范调整；只有发生损害，情谊行为（事实行为）才转化为侵权行为（法律行为），受到民事法律规制，如好意同乘中的施惠人因驾车过失导致受惠人的人身伤害。换言之，情谊行为构成侵权要满足侵权责任构成的核心要件，要判断客观上是否发生了损害事实，主观上被告（施惠人）是否应该承担相应义务（如安全保障义务、合理的注意义务等）、违反义务的行为和受害人的损害之间是否有因果关系。

2. 民法的调整范围

《中华人民共和国民法典》规定，民法调整平等主体的自然人、法人和非法人组织之间的人身关系和财产关系。这种高度概况的抽象化规定，势必要求在适用民事法律时要结合行为人具体的行为或事实来"找法"，或依据当事人之间要约——承诺的意思表示而适用相应的合同法则，或依据侵权行为——损害事实的发生而适用侵权法则，或依据占有状态来确定行为人各自的权利义务关系等。而在当前的社会交往中，各主体之间会发生很多联系，充斥着大量的情谊行为与法律行为等，分别受到不同规范的规制，人民法院在受理民事纠纷时，要合理把握尺度，须对情谊行为等"法外空间"保持一定尊重，避免因过度"法律化"限制了当事人的自治范畴，压缩了道德情谊法则的生存空间，进而减损了社会体系自身的"弹性"。

因此，对于QQ群、微信群等互联网群组中群主和群成员之间关系的界定问题，依然还是需要从群主和群成员之间是否有通过其行为来设定法律上的权利义务关系这一核心要素来判定。具体而言，群主的建群、将群成员移除群聊以及群成员的入群和退群，尽管有主体的意思参与其中，但该行为客观上不会对群主和群成员创设法律上的给付义务或对待给付义务。因此，互联网群主与群成员之间的入群、退群等行为，属于情谊行为，互联网群主仅是单纯地将群成员移出群组并没有对其名誉、荣誉等人格利益造成损害，不构成侵权。

编写人：重庆市合川区人民法院　龙玉梅

51

安葬事宜决定权的权利主体及行使方式

——穆某生等诉郑某芝等人格权案

【案件基本信息】

1. 裁判书字号

北京市昌平区人民法院（2019）京0114民初6296号民事判决书

2. 案由：人格权纠纷

3. 当事人

原告：穆某生、穆某义、穆某荣、穆某平、穆某云、穆某玲

被告：郑某芝、穆某涛、穆某明

【基本案情】

杨某凤与穆某瑞系夫妻关系，二人共生育穆某荣、穆某平、穆某云、穆某玲、穆某生、穆某义、穆某兴子女共七人。穆某瑞于1997年3月31日去世，穆某兴于2011年9月2日去世。穆某兴与郑某芝系夫妻关系，二人共生育穆某涛、穆某明二子。2018年3月，杨某凤将穆某生、穆某荣、穆某平、穆某云、穆某玲、郑某芝、穆某涛、穆某明以分家析产、继承纠纷为由诉至法院，要求依法分割北京市昌平区小汤山镇东官庄村×××号院（以下简称东官庄村×××号院）11间房屋及北京市昌平区马池口镇百泉庄村×××号院（以下简称百泉庄村×××号院）8间房屋。法院经审理后于2018年9月17日作出（2018）京0114民初5664号民事判决书，判决东官庄村×××号院内北房东首一间及东房一大间（除厕所外）归杨某凤居住使用。该判决作出后杨某凤及郑某芝、穆某涛、穆某明不服，提起上诉，北京市第一中级人民法院于2018年12月20日作出（2018）京01民终9365号民事判决书，判决驳回上诉，维持原判。

杨某凤于2019年1月13日因病去世。穆某生、穆某义、穆某荣、穆某平、穆

某云、穆某玲等人将杨某凤的遗体停放在杨某凤享有居住使用权的东官庄村×××号院内北房东首一间直至2019年1月15日。2019年1月15日11时许，杨某凤的遗体被火化后，穆某生等人欲将杨某凤的骨灰盒继续放置在该房间内，郑某芝、穆某涛、穆某明均要求将杨某凤的骨灰予以安葬，不同意继续放置在该房间内，双方产生争议。穆某生一方报警后警察来到现场进行处置，但双方就是否安葬杨某凤的骨灰一事一直未能达成一致。后郑某芝、穆某涛、穆某明将杨某凤的骨灰盒抱至穆某瑞的墓地，与穆某瑞的骨灰进行了合葬。合葬时杨某凤的侄子杨某海在现场，其出庭陈述称安葬时已按照当地习俗烧纸、上供，合葬时穆某瑞的骨灰在东，杨某凤的骨灰在西。

郑某芝、穆某涛、穆某明主张杨某凤生前立有遗嘱，明确表明其去世后由穆某涛、穆某明为其办理后事。郑某芝、穆某涛、穆某明提交《遗嘱》一份予以证实，内容为："我今年86岁，在立遗嘱时头脑清醒，为了防止我百年后子女对我的财产问题产生争议，根据《继承法》的相关规定，立此遗嘱，内容如下：1. 在我过世以后，国家及村里发给我的一切款项和补助及房产全部由我的孙子穆某涛、穆某明继承。2. 在我过世之后，由两个孙子全权负责我的丧葬和一切后事。3. 穆某生和穆某义不得干涉。"遗嘱下方立遗嘱人处有杨某凤签字字样并按手印，代书人处由田某华签字，见证人处由梁某凤、靳某玲签字，落款日期为2012年4月10日。在本案审理过程中，梁某凤出庭陈述称杨某凤立遗嘱时头脑清醒，明确表示遗产由穆某涛、穆某明继承，丧葬事宜由穆某涛、穆某明负责，杨某凤的签字由他人代签，手印由杨某凤本人所按，遗嘱内容由杨某凤口述，田某华代书，遗嘱写好后给杨某凤念了内容，杨某凤明确表示认可。

【案件焦点】

谁享有对死者遗体进行安葬的权利，安葬权利如何行使。

【法院裁判要旨】

北京市昌平区人民法院经审理认为：从我国的社会风俗习惯来看，为死者料理安葬事宜一般均由近亲属完成，时间上通常以及时入土为安为宜，不宜拖延过久。近亲属对安葬事宜有争议的，如死者生前有明确意愿的，应依其意愿安排，死者生前无明确意愿的，应依死者所在地区的一般风俗习惯安排，但上述安排不得违反善良风俗和公共秩序。

穆某涛、穆某明作为杨某凤的孙子，与穆某生、穆某荣、穆某平、穆某云、穆某玲均系杨某凤的近亲属，杨某凤去世后，穆某涛、穆某明与穆某生一方均享有办理杨某凤后事、对杨某凤的遗体进行安葬、吊唁的权利。杨某凤去世后，穆某生一方已将杨某凤的遗体在东官庄村×××号院北房东首第一间放置了两天，杨某凤的遗体被火化后，郑某芝、穆某涛、穆某明要求将杨某凤的骨灰予以下葬，穆某生一方不同意，双方一直未能达成一致意见，在此情况下郑某芝、穆某涛、穆某明将杨某凤的骨灰盒抱走与穆某瑞的骨灰予以合葬，该行为虽未经与穆某生一方协商一致，稍有不妥，但该行为符合我国农村及时让死者入土为安的风俗习惯，并未违反公序良俗、一般社会道德及法律规定，亦不会对穆某生一方日后行使吊唁的权利造成妨碍。且郑某芝、穆某涛、穆某明提交的杨某凤于2012年4月10日所立的遗嘱有相关的证人证言予以佐证，可以证明杨某凤去世后由穆某涛、穆某明为其办理丧葬事宜并不违背杨某凤生前的遗愿。现杨某凤的骨灰已按照本地农村一般习俗与穆某瑞的骨灰进行了合葬，杨某凤已入土为安，故对穆某生一方要求郑某芝、穆某涛、穆某明返还杨某凤骨灰盒的诉讼请求，不予支持；穆某生一方未能证明郑某芝、穆某涛、穆某明的行为给其造成了严重的精神伤害，故对穆某生一方要求郑某芝、穆某涛、穆某明赔偿其每人精神损失费一万元的诉讼请求，依据不足，不予支持。杨某凤现已去世，本院希望双方作为杨某凤的家属，在相关事宜的处理上加强沟通，和睦相处，以使杨某凤得到安息。

北京市昌平区人民法院依照《中华人民共和国民法总则》第十条和《中华人民共和国民事诉讼法》第六十四条第一款规定，判决如下：

驳回穆某生、穆某义、穆某荣、穆某平、穆某云、穆某玲的诉讼请求。

【法官后语】

我国法律规范中并未明确规定安葬事宜的相关权利概念，亦未对遗体的法律属性予以明确。《最高人民法院关于确定民事侵权精神损害赔偿责任若干问题的解释》（2001年，法释〔2001〕7号）第三条第三项规定，非法利用、损害遗体、遗骨，或者以违反社会公共利益、社会公德的其他方式侵害遗体、遗骨的，其近亲属有权提起精神损害赔偿。一般认为，这是从保护近亲属精神利益的角度明确了遗体、遗骨不受非法侵害或利用，属于对死者人格利益的间接保护。《中华人民共和国民法典》（以下简称《民法典》）首次从立法层面明确规定了死者人格利益受法律保护，第九百九十四条规定：“死者的姓名、肖像、名誉、荣誉、隐私、遗体等受到侵害的，其配偶、子女、父母有权依法请求行为人承担民事责任；死者没有配偶、子女且父母已经死亡的，其他近亲属有权依法请求行为人承担民事责任。”该条新规标志着死者人格利益获得法律的直接保护。根据《民法典》修正的《最高人民法院关于确定民事侵权精神损害赔偿责任若干问题的解释》（2020 年）第三条对此进一步规定：“死者的姓名、肖像、名誉、荣誉、隐私、遗体、遗骨等受到侵害，其近亲属向人民法院提起诉讼请求精神损害赔偿的，人民法院应当依法予以支持。”该条从确立司法裁判规则的角度更加明确了法律对死者人格利益的尊重与保护。可见，自然人死亡后，其遗体、遗骨等人格利益并非随着自然人权利能力的丧失而完全失去规范评价的可能，而是衍生出新的权益内容并得到法律与社会公德的认可。同时，遗体、遗骨作为死者近亲属精神利益的载体，理应由近亲属行使如保护遗体、遗骨不受侵犯，吊唁和妥善安葬遗体、遗骨等权益，当该权益受到侵犯时，法律明确赋予其主张民事责任、请求精神损害赔偿的权利。

如何安葬遗体、遗骨，亦属于保护和支配死者人格利益的范畴。合理安排殡葬事宜、妥善安葬遗体在我国具有深厚的伦理和道德渊源，具体包括谁有权安葬、殡葬仪式安排、安葬方式、安葬位置选择等。从我国民间风俗习惯来看，一般由死者亲属负责相关的安葬事宜，当亲属之间对安葬方案存在争议时应怎样处理，现行法律并未作明确规定。《民法典》第十条规定：“处理民事纠纷，应当依照法律；法律没有规定的，可以适用习惯，但是不得违背公序良俗。”该规定明确了参照习惯处理民事纠纷的效力。

在我国各地区风俗习惯中，除了由亲属安排殡葬事宜，还存在“夫妻合葬”等传统，此外，也会有自然人生前以遗言或其他形式表达对其身后事的安排意向。在处理因安葬事宜引发的民事纠纷中，如何在现行法律框架内兼顾尊重民间习惯与公序良俗，本文提出以下四点意见。

一是尊重逝者遗愿。若自然人生前对其去世后遗体的殡葬仪式、安葬方式及位置等作出过明确的意思表示，或从其行为可推知对其身后事作出过安排，如为自己购买墓地、为配偶购买合葬墓地等，在上述意思表示或安排不违反法律规范和政策规定、不违背公序良俗时，应尊重逝者遗愿，优先依照遗愿确定安葬方案。

二是共同协商确定。在我国的社会传统中，安葬遗体不仅是为了让逝者入土为安，还承载着逝者亲属的精神需求，以遗体为载体，寄托对逝者的哀思与怀念，同时，因安葬产生的各项物资、费用也需在亲属间共同分担。因此，在确定安葬方案时，应兼顾当地的风俗习惯和后期亲属祭奠的便利性，由亲属间共同协商确定，保障亲属精神利益得到满足，确保安葬活动得以顺利进行。

三是参照法定继承的继承人顺序确定。当亲属间对安葬方案无法协商确定时，应由逝者的近亲属享有对安葬方案的决定权。近亲属之间协商不成的，参照《民法典》关于法定继承的继承人顺序，由第一顺序的继承人确定具体的安葬方案。即逝者的配偶、子女、父母享有第一顺序的决定权，其意思表示优于第二顺序的兄弟姐妹、祖父母、外祖父母的意思表示。《民法典》继承编在确定法定继承人范围与顺序时已经充分考虑了我国社会传统中的家庭伦理和血缘亲疏，其力求建立的法秩序已在法律实施过程中得到社会的广泛知晓与尊崇。在同样因自然人去世后为处理其身后事而引发的亲属间某种权益的分配纠纷中，参照适用法定继承人的继承顺序确定安葬方案的决定权，符合法律的基本原理和所追求的社会价值。同时，该顺序也与《民法典》第九百九十四条确立的请求权主体顺位相一致，有利于进一步明确侵权之诉中的诉讼主体。

四是酌情考虑与逝者生前共同居住的近亲属的意见。一方面，自然人离世前，共同居住的近亲属与其相互陪伴、共同生活，感情更为亲密，应考虑该近亲属对逝者更为深厚的哀思之情；另一方面，因与逝者在去世前共同居住，更加了解逝者生前对于身后事的态度和安排意向。因此，在同一顺序的法定继承人中仍不能协商确定安葬方案时，应综合考虑各法定继承人所提安葬方案的合理性与可行性，同时酌情倾斜考虑与逝者生前共同居住的近亲属的意见。

无论采取何种意见确定安葬方案，均需以不违背法律和公序良俗为前提，不得侵害集体利益与他人权益，且应尽可能地将对自然环境和社会环境的影响降至最低。此外，对于已经完成且不违反法律规定和社会公德的安葬行为，应以维持现状为宜，近亲属间主张未遵照逝者遗愿或未采纳己方安葬方案，要求其他近亲属协助重新安葬遗体的，应不予支持，对因此遭受的精神损害，可另行协商解决或单独提起诉请。

编写人：北京市昌平区人民法院　田雅娟　赵群彩

52

公序良俗在祭奠权司法救济途径中的考量

——严某某诉严某一般人格权案

【案件基本信息】

1. 裁判书字号

江苏省南通市中级人民法院（2019）苏06民终2753号民事判决书

2. 案由：一般人格权纠纷

3. 当事人

原告（被上诉人）：严某某

被告：（上诉人）：严某

【基本案情】

严某某与卞某某系夫妻关系，双方共育有四个子女，严某排行第三。卞某某于2010年因病去世，其骨灰由严某某存放于海门街道甲村，2018年移至该村安息堂存放。严某某长期居住在海门街道甲村，并与长子严某1共同生活。严某某与严某在拆迁补偿及其他家庭琐事方面存在矛盾。2019年清明前夕，严某在未通知严某某及其他近亲属的情况下，将卞某某骨灰从安息堂取走，并于4月2日安放在海门市青龙陵园E室×号穴位内。后严某某前往安息堂吊唁时，发现卞某某骨灰丢失，经过报警后才得知骨灰被严某取走。严某某认为严某侵害其祭奠权，故请求法院依法判决严某将卞某某骨灰盒迁回至甲村安息堂。

【案件焦点】

1. 严某是否侵害了严某某的祭奠权；2. 严某是否应当将卞某某的骨灰盒迁回甲村安息堂。

【法院裁判要旨】

江苏省海门市人民法院经审理认为：骨灰为自然人死亡后经火化而得的特定人格物，为亲属祭奠、悼念死者和寄托哀思的对象，凝聚着死者亲属的情感因素，具有丰富的人格象征意义和伦理色彩。骨灰作为特殊的物，存在所有权和处分权的问题，原则应在照顾各方亲属情感的基础上，通过沟通、协商、调解予以解决。在死者亲属就骨灰安置事宜不能达成一致时，应遵循以下顺序进行处置：首先，本着尊重死者生前遗愿的原则，按照死者遗嘱或嘱托对其骨灰进行妥善安置。其次，按照与死者亲密程度及血缘关系的亲疏远近确定骨灰管理人，由骨灰管理人决定骨灰的处置方式。鉴于因婚姻而形成的夫妻关系是社会最基本的关系，是家庭存在的基石。夫妻二人基于婚姻关系建立家庭，形成相对独立的生活单元，双方之间的关系最为密切，死者骨灰对配偶的精神利益影响最大。基于公序良俗原则并考虑到血缘因素以及联系紧密的程度，配偶应为骨灰管理的第一顺位主体，其次为父母、子女，最后为兄弟姐妹、祖父母、外祖父母等其他近亲属。最后，如果在先顺位的骨灰管理人未尽管理义务或管理不当，其他近亲属有权要求予以纠正。公民对已经去世的亲属进行祭奠，应当符合社会基本的伦理观念，并不得违背公序良俗。在一般情况下，只要是死者的亲属，均可以对死者进行祭奠。在行使祭奠权时，应尊重骨灰的管理者。以违反社会公德的方法侵害骨灰的，应当承担相应的法律责任。

卞某某生前未对其身后事安置留下遗言，应当按照社会公认的或者由其近亲属协商的方式进行处理。严某某作为卞某某的丈夫，与其共同生活数十载，共同养育四个子女，双方感情最深，死者骨灰对严某某的精神利益影响最大。无论是基于个人感情因素，还是考虑到公序良俗原则，严某某都应当作为配偶骨灰的管理人。严某某将卞某某骨灰安放在其长期居住的甲村，目的在于方便其寄托哀思、祭奠妻子。严某作为严某某、卞某某之子，在父亲严某某将母亲骨灰安置后近十载期间，未提出异议，说明其认可父亲对母亲骨灰的处分权利和处分结果。然而，严某因与父亲严某某在拆迁补偿和家庭琐事等方面存在分歧，在未征求严某某及其他近亲属意见的情况下，擅自将母亲骨灰移走安葬，并拒不告知严某某等近亲属骨灰安置地点，其行为违反了社会公德和善良风俗，已严重侵害了严某某的合法权益，客观上造成了严某某精神伤害。故严某某要求严某将卞某某的骨灰盒送回原处存放的诉讼请求，于法有据，予以支持。

江苏省海门市人民法院判决：

严某于本判决发生效力后的第一个清明节前5天将卞某某骨灰盒送回海门街道甲村安息堂。

严某不服一审判决，提起上诉。江苏省南通市中级人民法院经审理认为：骨灰存放地本应由死者亲属商议后确定，无特殊情况下，安放后不宜变动，但严某不顾及卞某某配偶及其余子女感受，私自变更存放地，该行为不因其事后通知其余亲属存放地而改变其未征得其他亲属同意的前提。一审法院根据死者遗愿、风俗习惯及与死者亲密程度等确认死者骨灰处置顺序并确认严某某为卞某某骨灰第一处置主体正确，且严某对原安置地一直未提出任何异议，视为其认可并同意严某某的处置。严某某一直居住在甲村，严某擅自变更卞某某骨灰存放地，现存放地距离严某某居住地十几公里，对严某某祭奠妻子造成不便，严某某予以反对，故一审法院判令严某将卞某某骨灰盒送回原安置地正确。

江苏省南通市中级人民法院依据《中华人民共和国民事诉讼法》第一百七十条第一款第一项规定，判决如下：

驳回上诉，维持原判。

【法官后语】

按照我国民俗习惯，祭奠权是指亲属之间享有对已逝亲属祭奠、悼念的权利，包括死亡事实、死者墓地知悉权，祭奠性纪念物品管理、处分权，丧葬事项决定权，祭奠活动参加权等。可以看出，享受祭奠权益的主体必须与死者具有某种特定身份关系。一般应确定以下两类人员作为祭奠权的主体：一是死者的近亲属。近亲属是基于婚姻和血缘关系所产生的社会关系，在法律上有明确的定位，也是自然人得以开展社会活动的最核心身份。二是与死者生前形成事实扶养关系的人、死者的直系非近亲属、死者子女的配偶与死者配偶的父母等人。

祭奠权产生于民间约定俗成的传统习惯，一般情况应按照本地或宗族的风俗习惯行使。但在不存在该种风俗习惯或存有争议时，应参照《中华人民共和国民法典》继承编关于继承顺序的规定，并根据与死者关系密切程度，适用以下规则：第一顺位为配偶、父母和子女；第二顺位为祖父母、外祖父母、兄弟姐妹、孙子女、外孙子女；第三顺位为与死者生前形成事实扶养关系的人、死者的直系非近亲属、死者子女的配偶与死者配偶的父母。鉴于祭奠权的身份性特征，祭奠权内容先由第一顺序人享有；当第一顺位权利人行使祭奠权存在数人且协商不成的情况下，考虑到因婚姻而形成的夫妻关系是社会最基本的关系，是核心家庭建立并维持的基石，推定夫妻双方之间的关系最为密切，应先由配偶行使祭奠权为宜；没有配偶或者配偶不愿行使权利时，由父母行使；既无配偶也无父母或者他们都没有能力行使祭奠权的，由其子女行使权利。子女有数人的先协商一致行使，协商不成的由长子或者长女行使权利，以此类推；亦可由与死者生前共同生活或联系较为紧密的子女行使。本案中，正是基于严某某是死者卞某某的丈夫，且严某对严某某处置卞某某骨灰盒的存放地未提出异议，推定严某某作为卞某某骨灰盒处置第一顺位权利人，应当按照其意愿决定卞某某骨灰的安置事宜。

由于我国目前法律体系中未对祭奠权明确规定，属于法律漏洞范畴。公序良俗原则是现代社会维护国家、社会一般利益及一般道德观念的基本原则，对祭奠权这一法律漏洞的填补具有重要作用。受地理环境、人文风情、道德习惯等因素的影响，各地公序良俗的情况各不相同。就本案而言，根据海门风俗习惯，同辈亲属之间互为通知、共同进行祭奠、悼念的权利和义务十分明确。父母一方过世，听从在世一方父母的安排；父母双亡，先由兄弟姐妹协商，协商不成的听从长子或长女的安排。严某某作为卞某某的配偶，基于几十年的夫妻关系，形成了较为深厚的夫妻感情，卞某某的骨灰盒由其安置，既符合风俗习惯，又符合人情。同时，无特殊情况下，骨灰安放后不宜移动。但严某不顾及其他亲属感受，私自变更卞某某骨灰存放地，且拒不告知存放地点，已严重侵害了严某某及其他亲属的合法权益，有违公序良俗。

因该案涉及祭奠权问题，根据海门习俗，骨灰迁回事宜具有严格的时节要求。一般情况下，迁坟、迁骨灰等事宜都安排在清明节前进行，而不适合在其他时节办理。根据这一习俗，法院灵活地作出了“严某于本判决发生效力后的第一个清明节前5天将卞某某骨灰盒送回”原安置地点的判决，有利于实现法律效果与社会效果的统一。

编写人：江苏省海门市人民法院　郭玉军

53

死者的子女受父母离世通知的权利及通知义务人的确定方式

——赵甲诉赵乙等人格权案

【案件基本信息】

1. 裁判书字号

北京市第三中级人民法院（2019）京03民终564号民事判决书

2. 案由：人格权纠纷

3. 当事人

原告（上诉人）：赵甲

被告（上诉人）：赵乙、赵丙、赵丁、赵戊

【基本案情】

赵甲、赵乙、赵丙、赵丁、赵戊五人系朱某之子女。

朱某于2011年1月31日订立公证遗嘱，指定长子赵丙为其遗嘱执行人并负责其后事处理。朱某又于2012年10月24日订立公证遗嘱，指定其后事由赵丙和赵乙全权处理，其他人无权干涉。

2016年9月29日下午，朱某被赵乙送往医院，当日朱某死亡。赵乙称朱某被送往医院后，赵戊得知消息亦赶到医院。赵乙在朱某去世后电话告知赵丙、赵丁，并表示后续所有事宜均由其负责。

本案当事人之间另有（2013）京0105民初5322号物权保护纠纷案，曾定于2016年9月29日15时30分开庭。该案承办人表示，赵乙一方于2016年9月29日向法庭告知其发生交通事故而无法开庭，故案件延迟至2016年9月30日上午开庭，赵乙未向法庭告知家里有人去世的情况，如果家里有人去世，法庭一般是不会在次日上午安排开庭的。

在朱某葬礼之前，赵乙、赵丙、赵丁、赵戊未通知赵甲朱某死亡及葬礼进行的时间。2016年10月3日，朱某遗体火化，赵乙、赵丙、赵丁、赵戊到场，赵甲未到场。

赵甲认为赵乙、赵丙、赵丁、赵戊隐瞒母亲死亡的消息，严重侵犯其吊唁权和知情权，使其精神受到损害，故起诉请求依法判决赵乙、赵丙、赵丁、赵戊连续三日登报赔礼道歉并赔偿精神损害抚慰金10000元。

【案件焦点】

就父母去世及殡葬情况，子女是否享有受通知的权利，如有，通知义务人应如何确定。

【法院裁判要旨】

北京市朝阳区人民法院经审理认为：法律规定，自然人因婚姻、家庭关系等产生的人身权利受法律保护。赵甲主张的在其母亲去世后享有的参加吊唁、遗体告别等权利系基于家庭血缘关系而发生，应当属于身份权中的亲属权范畴。

关于赵甲在其母去世后是否享有受通知的权利，现行法律并无明文规定。根据《中华人民共和国民法总则》第十条规定，处理民事纠纷，应当依照法律；法律没有规定的，可以适用习惯，但是不得违背公序良俗。在我国，子女共同处理父母的丧葬事宜、祭奠缅怀先人系古老且代代相传的习俗，属传统家庭伦理，此种习俗不仅是子女遵守孝道的体现，也有利于家庭意识的传承，对增强家庭团结和睦起到了积极的作用。无论父母与子女生前有何矛盾，无论子女之间在生活中有何间隙，均可在丧葬期间被搁置、淡化或原谅，共同处理好父母的丧葬事宜，不仅具有仪式上的庄重感，亦具有加强家庭成员联结的功能性。故而，子女共同安葬具有养育之恩的父母，符合人们自然的情感，契合社会和谐的愿望，应当认定为善良风俗。倘若死者的子女未能接到父母离世的通知，则上述习俗将无从实现，因此，死者的子女享有知悉其父母离世的权利，此种权利植根于我国传统丧葬习俗和家庭伦理，并具有制定法上的依据。

关于谁应该是朱某去世消息的通知者。在学理上，作为身份权客体的身份利益，具有权利和义务融于一体的双重性质，其本质上是权利，但却以义务为中心，权利人在道德和伦理驱使下自愿或非自愿地受制于相对人的利益，因而权利之中包含义务。基于血缘关系等享有亲属权的民事主体在亲属去世后参与或处理逝者丧葬事宜，既是其权利的行使，也属其应当承担的义务，并且在具体处理丧葬事宜过程中，由于各人分工的不同，其负担义务的类型亦有所区别。从通知实现的方式来看，消息应当自消息拥有者处散播。本案中，最先知悉朱某去世的人系赵乙和赵戊，故赵乙和赵戊负有先行通知义务。然而，根据赵乙在朱某去世后电话告知赵丙、赵丁的内容，赵乙表示后续所有事宜均由其负责，此种意思表示表明赵乙自愿担负处理丧葬的相关事宜，本院有理由认为通知朱某的其他近亲属应当包含在该意思表示之中，该意思表示自其相对人知悉其内容时即发生法律效力。综上，无论是从消息来源的最先拥有情况还是本案丧葬事宜的具体处理分工上，赵乙均应负有通知赵甲的义务。

现赵乙并无证据证明其进行了通知，且根据其向（2013）京 0105 民初 5322 号物权保护纠纷案审判人员的陈述，可见其存在故意隐瞒朱某去世消息的行为，该行为直接导致赵甲未能及时知悉母亲朱某去世，并未能向母亲的遗体告别，赵乙的上述行为侵犯了赵甲的人格权利，应承担相应法律责任。现赵甲要求赵乙、赵丙、赵丁、赵戊向其赔礼道歉，赵乙应向赵甲赔礼道歉。考虑到造成出现上述情况的原因亦有赵甲对朱某未完全尽到赡养扶助义务的原因，赵甲对于矛盾的产生亦有一定的过错，对赵甲要求精神损害抚慰金的诉讼请求不予支持。

北京市朝阳区人民法院依照《中华人民共和国民法总则》第十条、第一百一十二条、第一百三十七条第一款、第一百七十九条，《中华人民共和国侵权责任法》第二条、第六条第一款、第十五条规定，判决如下：

一、赵乙于本判决生效之日起七日内向赵甲书面赔礼道歉（道歉内容须经本院审定，如赵乙拒绝履行该义务，则由本院择一全国发行报刊，刊登本判决书主要内容，刊登费用由赵乙承担）；

二、驳回赵甲的其他诉讼请求。

赵甲与赵丙、赵丁、赵戊、赵乙均不服一审判决，提起上诉。北京市第三中级人民法院经审理同意一审法院裁判意见。判决如下：

驳回上诉，维持原判。

【法官后语】

祭奠，是生者对死者表示悼念和敬意的活动。吊唁，是指亲友接到讣告后吊丧并慰问死者家属。吊唁具有祭奠与慰问的双重内容，就其体现的人格权利而言，可以并入祭奠权来讨论。

祭奠为世界各国人民的风俗，在中国传统文化中亦占据独特地位。祭奠与我国传统礼法文化的核心价值理念孝文化的关联，使得其成为传统礼法统治的重要部分，具有一定的法律属性，更多被视为一种义务。近年来，祭奠是否属于一种法律权利，受到越来越多的关注和讨论，多数观点认可祭奠应被认定为是法律权利，在性质上应属于自然人身份权的范畴。

一般说来，身份权可分为亲权、亲属权和配偶权。亲属是由婚姻、血缘和收养而产生的人与人之间的社会关系。亲属权是指父母与成年子女、祖父母与孙子女、外祖父母与外孙子女、兄弟姐妹之间的身份权。祭奠权就其体现的社会关系的性质而言，应属于身份权中的亲属权范畴。

祭奠权在我国成文法中缺乏明确规定。有观点认为，《中华人民共和国婚姻法》第二十一条规定了子女对父母有赡养扶助的义务。根据其立法精神以及整部婚姻法的立法精神，可以符合逻辑地推定子女对父母亦负有死葬的义务。另根据权利义务相统一的原则，该法律义务的背后隐含着一条法律权利，即子女有资格对抗或者请求他人相应地为或不为一定行为，以完成其对父母生养死葬的作为。笔者认为该观点有一定牵强之处。首先，生养与死葬毕竟含义不同，所对应的权利亦有较大差别。其次，立法者的本意为何可能存在不同理解。最后，权利义务相统一的原则未必可以在每一个具体法律条文中得以体现。

《中华人民共和国民法典》（以下简称《民法典》）第十条规定，处理民事纠纷，应当依照法律；法律没有规定的，可以适用习惯，但是不得违背公序良俗。笔者认为，在我国，子女共同处理父母的丧葬事宜、祭奠缅怀亲人系古老并相传至今的习俗，该习俗一方面符合我国的传统孝道，体现了子女对父母的感恩和缅怀；另一方面，共同祭奠亲人，对于传承家庭意识，增进兄弟姐妹的团结和睦，也起到了积极的作用。因此，合理正当地祭奠先人，不仅是我国社会自古相传的风俗习惯，且此种习惯符合人们自然的情感，有助于家庭和睦、家风建设、社会和谐，不违反相关法律原则，应当认定为善良风俗。因此，我国的传统丧葬习俗是可以依照来处理民事纠纷的习惯，基于该习惯可以认为祭奠系一种民事权利。

关于祭奠权的主体范围。一般来说，父母和子女之间作为祭奠权利人并无争议，但其他亲属是否享有权利并无法律规定。笔者认为，虽然对亲属进行祭奠符合人之常情，但如果祭奠权的主体范围过大，一方面不利于对核心权利人权益的保护，另一方面可能导致无谓纷争。因此，有必要限缩祭奠权主体的外延。祭奠权作为亲属权的一种，其主体范围可适用关于近亲属的相关规定。根据《民法典》第一千零四十五条的规定，民法中的近亲属包括配偶、父母、子女、兄弟姐妹、祖父母、外祖父母、孙子女、外孙子女。因此，在上述范围内确定祭奠权的主体范围是合适的，也符合社会常理，超出该范围的亲属，已无必要列入该权利主体的范畴。

祭奠权作为一种权利，其正当行使需要两个基本条件：一是权利人知晓被祭奠人丧葬情况，如遗体告别的时间地点、安葬地点等；二是权利人被允许前往殡葬相关地点进行祭奠活动。因此，权利人应当享有被通知的权利。

关于通知的义务人。虽然从祭奠权的内容来看，通常是在遗体告别和殡葬环节进行，但从祭奠权纠纷的实际发生原因来看，往往是在亲人死亡时即匿而不报而导致纠纷。因此，亲人的死亡事实应作为首先通知的内容。其后，才产生遗体告别及殡葬的通知义务。就上述两个环节，相应的通知义务人往往存在差别。在亲人死亡后，最早获悉死亡消息的近亲属负有将该消息通知其他近亲属的义务。然而在实践中，在近亲属人数较多的家庭，通常有丧事的主要处理人，由其具体安排丧葬事宜，如果该处理人承诺丧葬事宜均由其处理，可以理解为包括通知亲友在内的各种事宜均应包含在其承诺范围内，故可认定应由该处理人负担通知义务并承担相应法律责任，其他近亲属可免于负担通知义务及承担责任。

本案中，赵乙向死者的其他子女表示后续所有事宜均由其负责，该意思表示表明赵乙自愿担负处理丧葬的相关事宜，故判决由赵乙承担未通知赵甲的法律责任。

编写人：北京市朝阳区人民法院　蔡峰

54

子女一方未经其他子女同意挖走父亲遗骨，侵害其他子女人格权

——万某义等诉万某祥、仝某芹人格权案

【案件基本信息】

1. 裁判书字号

江苏省宿迁市中级人民法院（2020）苏13民终862号民事判决书

2. 案由：人格权纠纷

3. 当事人

原告（被上诉人）：万某义、万某侠、万某红

被告（上诉人）：万某祥、仝某芹

【基本案情】

万某义、万某侠、万某红、万某祥系万某付与孙某兰的子女，万某祥与仝某芹系夫妻关系。万某付于1995年12月27日去世，孙某兰于2019年6月20日去世。

万某付去世后，被埋葬在耿车镇大同村的承包地内。2019年6月23日凌晨，万某祥、仝某芹将万某付的坟墓挖开，打开棺材，取走骨灰。万某祥于2019年6月24日在宿迁市公安局宿城分局耿车派出所接受询问时称“母亲去世后，大哥他们不让我参加我母亲的葬礼，我老婆建议把我父亲安置到更好的地方，我就连夜把我父亲的骨灰盒给拿走了”。

有证人证言称，村干部对万某义和万某祥两家如何送葬父母一事进行协调，万某义拒不同意万某祥一家参加葬礼。

2019年6月21日，万某义在耿车天堂居公墓购买双龙墓四区×号，并于7月9日将母亲孙某兰葬于该处。墓碑上万某付姓名刻为“万某富”，未贴万某付照片，

未明确其出生日期和身故日期，未刻万某祥及其家人姓名。

又，1996年3月22日，万某义和万某祥签订协议书，约定母亲在失去劳动力的情况下，一切生活费用和医疗费用由万某义负担。

现原、被告就万某付骨灰事宜协商未果，故而成讼。

【案件焦点】

子女一方未经其他子女同意挖走父亲遗骨，如何承担侵权责任。

【法院裁判要旨】

江苏省宿迁市宿城区人民法院经审理认为：民事主体从事民事活动，不得违反法律，不得违背公序良俗。万某义、万某侠、万某红、万某祥系一母同胞兄弟姐妹，父亲万某付和母亲孙某兰的去世必定会给双方造成精神上的痛苦和思念。万某祥和仝某芹本应尊重万某付死后的安葬现状，按风俗习惯将父母合葬，对其父母予以祭奠和哀悼，以表达对父母的思念之情，但其因母亲丧葬事宜纠纷将其父亲的遗骨挖走，违背“入土为安”的社会风俗，侵害了万某义、万某侠、万某红的合法权益，应承担相应的民事责任。

万某义、万某侠、万某红、万某祥均系万某付的子女，万某义、万某侠、万某红主张返还其父亲的遗骨是为了让父母进行合葬，故万某祥、仝某芹应将父母遗骨合葬，万某义、万某侠、万某红予以协助。万某祥、仝某芹对其行为给万某义、万某侠、万某红造成的精神损害应当进行赔偿，本院酌定精神损害抚慰金5000元。双方当事人作为同胞兄弟姐妹，应当处理好相互之间的关系，相互理解和尊重，在父母去世后更应和谐相处，共同祭奠生养自己的父母，以告慰父母的在天之灵。

综上所述，宿迁市宿城区人民法院依据《中华人民共和国侵权责任法》第六条、第八条、第十五条，《中华人民共和国民法总则》第八条，《中华人民共和国民事诉讼法》第一百四十二条规定，判决如下：

一、万某祥、仝某芹于本判决生效之日起二十日内将其父亲万某付的遗骨葬于耿车天堂居公墓四区×号，万某义、万某侠、万某红应予以协助；

二、万某祥、仝某芹于本判决生效之日起二十日内给付万某义、万某侠、万某红精神损害抚慰金5000元。

万某祥、仝某芹不服一审判决，提起上诉。宿迁市中级人民法院经审理同意一审法院裁判意见，判决：

驳回上诉，维持原判。

【法官后语】

根据《中华人民共和国民法典》（以下简称《民法典》）第九百九十条规定，自然人享有基于人身自由、人格尊严产生的其他人格权益。该规定是法律关于人格权保护的一般条款。第九百九十四条规定，死者的人格利益受法律保护。《民法典》第八条规定，民事主体从事民事活动，不得违反法律，不得违背公序良俗。基于前述规定，近亲属之间的祭奠权应受法律保护。

1. 子女对于父母遗体或遗骨享有的权利

中华民族的优良传统要求尊重祖先和长辈，其中就包括对死者遗体和遗骨的尊重。遗体和遗骨寄托着生者对死者的感情和思念，在一定程度上也体现着对死者的尊重和对生者的人格利益保护。祭奠，是对死者表示悼念、敬意的一种情感活动。祭奠权是近亲属通过一定外在表现形式对死者表示追思、追忆的权利，包括但不限于：以妥善方式安置死者的权利，在墓碑上署名的权利，参加逝者的葬礼及祭奠仪式，对死者遗体、骨灰的占有权。祭奠权的主体需和死者具有某种特定身份关系，即应为死者的近亲属。侵害祭奠权的行为有：毁坏、侵害死者遗体或遗骨，故意阻挠葬礼仪式，未经其他近亲属同意私自处理逝者遗骨等。其中，死者的遗体或遗骨受到侵害，行为人同时侵害了死者的人格利益和近亲属的祭奠权。

本案中，万某祥、仝某芹未与其他兄妹协商，私自将已入土二十余年的父亲骨灰取走，拒绝将父母合葬，其行为直接导其他子女无法祭奠父亲，侵害了其他子女祭奠权。

2. 侵害遗体或遗骨的责任承担问题

针对亲属而言，遗骨具有特定纪念意义和情感属性。祭奠权是基于死者近亲属与死者之间的身份关系而产生的精神利益，作为逝者近亲属，其平等地享有对逝者进行祭奠的权利，行使权利时，应当本着互谅互让、相互尊重的精神，不得损害他人利益，不得违背社会公序良俗和本地善良风俗。一方行使权利时损害另一方的祭奠权益，应承担侵权责任，赔偿另一方精神损失。

本案中，万某祥一方认为万某义一方侵害其祭奠母亲的权利，应采取合理、合法、恰当的方式维护自身的合法权益，而不能采取侵权方式进行维权。万某祥一方挖走父亲遗骨，导致父母不能合葬，违背遗骨入土为安的社会风俗，侵害了万某义一方的人格权，严重违背社会公序良俗和本地善良风俗，故法院判决万某祥一方应赔偿万某义一方的精神损害，并无不当。

编写人：江苏省宿迁市宿城区人民法院　邹志敏

55

因土地权属纠纷引发的轻微损坏坟墓的行为不构成对死者人格利益的侵害

——翟某力诉何某荣一般人格权案

【案件基本信息】

1. 裁判书字号

贵州省修文县人民法院（2019）黔 0123 民初 1527 号民事判决书

2. 案由：一般人格权纠纷

3. 当事人

原告：翟某力

被告：何某荣

【基本案情】

2019 年 3 月 3 日，翟某力欲将去世的父亲翟某某的遗骨安葬于何某荣耕种和管理的自留地中，于是委托其他亲属找何某荣协商，何某荣明确表示不同意。次日，翟某力及其亲属将翟某某的棺材抬到争议地中埋葬，何某荣知晓后遂上前阻止，双方引发纠纷。何某荣方报警后经民警劝阻，双方均未有进一步行动。民警离开后，何某荣见翟某力家已将坟垒好，且其亲属中有人出言不逊，遂上前从垒好的坟上搬了两块石头，翟某力的家人立即上前阻止，双方再次发生纠纷。后经民警再次现场处理，双方的纠纷得以平息，翟某力父亲的遗骨至今仍安埋于争议土地内。双方的纠纷经相关部门处理未果，翟某力以何某荣阻挠其父亲安葬、给其造成严重精神损害为由诉至法院，请求判令何某荣赔偿其精神损害抚慰金10万元。

【案件焦点】

1. 翟某力、何某荣就埋坟处的土地权属存在争议，是否应当先对土地权属进行确认再作处理；2. 何某荣的行为是否构成对死者亲属人格权的侵犯。

【法院裁判要旨】

贵州省修文县人民法院经审理认为，原告以被告阻挠其父亲的葬礼、侵犯其作为死者近亲属的人格利益为由主张精神损害赔偿，本案应为一般人格权纠纷。

关于本案争议焦点1，虽然原告称埋坟的地系自家山林地，但未提供证据证实，而被告提供证据证实争议地一直由其耕种和管理，且本案系侵权纠纷，原告基于被告阻挠其父亲葬礼、破坏坟墓的行为侵犯其作为死者家属的人格权而提起侵权之诉，而确认被告的行为是否给原告造成严重精神损害并不需要以土地权属作为依据，故原告有权提起侵权之诉，而不需要先对土地权属进行确认。

关于焦点2，坟墓作为后人祭祀和缅怀死者的场所，是具有人格利益的财产，原告在安葬其去世的父亲时应当就坟地的选择事宜妥善处理，避免纠纷的发生，但原告在与被告协商未果的情况下擅自将其父亲的遗骨安葬于被告一直耕种和管理的自留地上，系引发双方纠纷的根本原因，即便被告在阻拦原告安葬遗骨的过程中存在搬坟头上的石头的行为（姑且不论该行为是否属于正常的维权行为），但该行为未对坟墓的整体结构造成严重损坏，至今原告的父亲仍安葬于该自留地内，被告的上述行为并不构成对死者遗体或遗骨的侵害，原告向被告主张精神损害抚慰金无事实和法律依据，不予支持。综上，依照《中华人民共和国民事诉讼法》第六十四条规定，判决：

驳回原告翟某力的全部诉讼请求。

【法官后语】

人格权是民事主体对其特定的人格利益享有的权利，包含生命、健康、肖像、姓名、名誉、荣誉、隐私等方面的具体权利，以及民事主体享有基于人身自由、人格尊严产生的其他人格权益，是民事主体最基本的权利，是社会个体生存和发展的基础。《中华人民共和国民法典》（以下简称《民法典》）将人格权独立成编，从法律层面加强了对民事主体人格尊严的保护。其中第九百九十四条专门就死者人格利益保护作出规定："死者的姓名、肖像、名誉、荣誉、隐私、遗体等受到侵害的，其配偶、子女、父母有权依法请求行为人承担民事责任……"这一规定是对之前《最高人民法院关于确定民事侵权精神损害赔偿责任若干问题的解释》第三条规定的吸收，将死者人格利益保护纳入《民法典》，表明自然人死亡后，其主体虽然消灭，但其人格利益并非一并消灭，因此本案的出现并非个例。我国自古以来遵循孝道为先的理念，亲人去世后，安葬亡灵就是头等大事，司法实践中，针对死者遗体、遗骨、坟墓的侵权行为引发的一般人格权纠纷较为敏感，特别是在农村，近年来因为坟墓被破坏引发的纠纷日渐增多，而逝者亲属正处在痛失至亲的时刻，一旦处理不当，很容易激化双方的矛盾。就本案而言，坟墓作为安葬逝者遗骨的场所，寄托着逝者近亲属的怀念之情，也承载着后人祭祀和缅怀死者的功能，其完整性应当受到保护，逝者近亲属在选择坟地的时候更应妥善处理，尽量避免因坟地权属争议引发纠纷。坟墓作为民法上的"物"，是一种特殊的财产，能被民事主体所控制和支配，也能满足人们纪念、祭祀逝者的精神需要。毁坏坟墓的行为不仅是对他人财产的侵害，还可能构成对他人精神利益的损害，具体应根据侵害行为的情节和损害程度而定。当毁损坟墓的行为导致死者遗体或者遗骨发生变动、减少或者灭失时，对坟墓的毁损即对死者人格利益的侵害，死者亲属有权要求行为人赔偿精神损失；反之，毁损坟墓的行为未导致死者遗体或者遗骨发生变动、减少或者灭失的，仅构成对他人财产的损害。因本案原告在未与被告协商一致的情况下擅自将其父亲遗骨安葬在存在权属争议的自留地，对于引发纠纷本身存在过错，在原告安葬其父过程中，被告进行了一定的干扰，被告虽然有一定的侵权行为，但该行为未致使坟墓功能受到影响，亦未导致坟墓作为"物"的完整性受到破坏，尚未造成严重后果，不构成对死者人格权益的侵害，也未侵犯原告对其父的祭奠权益，故原告要求被告赔偿精神损失的依据不足，对其诉请依法予以驳回是正确的。

编写人：贵州省修文县人民法院　王芳琼

图书在版编目（CIP）数据

中国法院2021年度案例．人格权纠纷：含生命、健康、身体、名誉、姓名、肖像、一般人格权纠纷/国家法官学院，最高人民法院司法案例研究院编．—北京：中国法制出版社，2021.4

ISBN 978-7-5216-1718-4

Ⅰ.①中…　Ⅱ.①国…②最…　Ⅲ.①人格-权利-民事纠纷-案例-汇编-中国　Ⅳ.①D920.5

中国版本图书馆CIP数据核字（2021）第045822号

策划编辑：李小草　　责任编辑：吕静云　　封面设计：温培英　李宁

中国法院2021年度案例．人格权纠纷

ZHONGGUO FAYUAN 2021NIANDU ANLI . RENGEQUAN JIUFEN

编者/国家法官学院，最高人民法院司法案例研究院

经销/新华书店

印刷/三河市紫恒印装有限公司

开本/730毫米×1030毫米　16开　　印张/15.75　字数/214千

版次/2021年4月第1版　　2021年4月第1次印刷

中国法制出版社出版

书号 ISBN 978-7-5216-1718-4　　定价：58.00元

北京西单横二条2号

邮政编码 100031　　传真：010-66031119

网址：http：//www.zgfzs.com　　**编辑部电话：010-66034985**

市场营销部电话：010-66033393　　**邮购部电话：010-66033288**

（如有印装质量问题，请与本社印务部联系调换。电话：010-66032926）